斉藤　尚

社会的合意と時間：
「アローの定理」の哲学的含意

木鐸社

目次　　**3**

目次

序章……………………………………………………………………………………8

第一部　アロー『社会的選択と個人的評価』（*SCIV*）の解釈

第一章　道徳的ルールとしてのアローの社会選好順序………………………38

　　第一節　1951年以前の厚生経済学における科学と倫理　（41）

　　第二節　*SCIV* における社会的決定プロセスと社会厚生　（43）

　　第三節　バーグソンおよびリトルとアローの論争　（46）

　　第四節　*SCIV* の方法論的基礎　（50）

　　第五節　表明された選好と道徳的選好の違い　（54）

　　第六節　*SCIV* 以降　（60）

　　結論　（64）

第二章　*SCIV* におけるデモクラシーと社会契約 …………………………67

　　第一節　*SCIV* の政治哲学的基礎　（68）

　　　　第一項　アローのデモクラシー観：ポピュリズムと倫理的価値相対主義
　　　　（68）

　　　　第二項　全員一致の仮定に対するアローの定式化　（73）

　　第二節　社会的選択理論と社会契約論の比較　（76）

　　　　第一項　センの方法論　（76）

　　　　第二項　センによる社会契約論批判　（77）

　　　　第三項　社会契約と社会の存続基盤としての道徳　（80）

　　結論　（85）

第一部　結論

第二部　アローの定理とリベラル・デモクラシー

第三章　アローとリベラル・デモクラシー論者の論争：
　　　　パレート原理と権利の原理の対立を中心に…………………………90

　　第一節　アローの定理の枠組み　（90）

第二節　政治学におけるリベラル・デモクラシー論とアローの定理　（92）

第三節　社会的選択理論におけるリベラル・デモクラシーとアローの定理（95）

第一項　リベラル・パラドックス　（96）

第二項　第一の研究動向におけるセン研究　（98）

第三項　第二の研究動向におけるセン研究　（100）

第四項　アローによるリベラル批判　（105）

第四節　リベラル・デモクラシー論における権利の原理の基礎づけ　（108）

第五節　論争の意義と問題点　（110）

結論　（114）

第四章　人民の政治的意義：立憲主義と民主主義の対立問題を中心に
　　　　………………………………………………………………117

第一節　アローのデモクラシー観と現在世代　（119）

第二節　立憲主義の二つの潮流　（121）

第一項　ドゥオーキンの権利基底主義：人民の不在　（121）

第二項　対立問題と人民の概念　（123）

第三節　ルーベンフェルドの立憲主義における時間性　（139）

結論　（145）

第二部　結論

第三部　個人の人格と個人選好

第五章　「同時性」の概念への批判と「持続」の観念の導入……………151

第一節　アローのリベラル功利主義と現在主義　（153）

第一項　リベラル功利主義　（153）

第二項　現在主義　（156）

第二節　ベルクソン『試論』における合理性分析と自由論　（158）

第一項　意識の比較可能性に対する分析　（160）

第二項　時間の持続　（166）

第三項　意識の持続と自由な行為　（178）

結論　（185）

目次　　5

第六章　「持続」の観念の定式化……………………………………………187

　第一節　すべての可能な選択肢に対する選好順序　（188）

　　第一項　個人行動の仮定　（188）

　　第二項　真偽の検証　（190）

　第二節　ジョージェスク＝レーゲンによる「持続」の観念の定式化：
　数的連続性と直観的連続性の相違点　（196）

　　第一項　可算無限集合のケース　（197）

　　第二項　非可算無限集合のケース　（200）

　第三節　ベルクソンおよびジョージェスク＝レーゲンの科学観　（202）

　結論　（206）

第三部　結論

第四部　リベラル・デモクラシー論における全員一致の仮定

第七章　尊厳の政治と社会契約　……………………………………………210

　第一節　決定的道徳　（211）

　第二節　尊厳の根拠としての道徳的人格　（214）

　　第一項　尊厳の概念　（215）

　　第二項　時間と永遠　（217）

　　第三項　個人の人格の道徳的含意　（219）

　　第四項　自由な思考　（223）

　　第五項　個人の人格の尊厳に基づく基本的人権　（225）

　第三節　ベルクソン『二源泉』における社会契約　（227）

　　第一項　リベラル・デモクラシーにおける社会契約　（227）

　　第二項　ベルクソンとルーベンフェルド　（235）

　　第三項　社会契約の方法論　（238）

　第四節　アローとの比較　（244）

　　第一項　アローの権利批判に対する応答　（244）

　　第二項　アローの道徳観と哲学観に対する批判　（247）

　　第三項　アロー『組織の限界』における社会の存続と合理的判断　（250）

　結論　（254）

第八章　社会契約とアローの定理 ……………………………………255

　第一節　社会契約の構想　（255）

　第二節　社会契約以降の社会的決定　（259）

　　第一項　第二段階の決定：立憲的決定　（259）

　　第二項　第三段階の決定：社会選好順序の制約　（260）

　第三節　アローの社会厚生関数と本書の社会契約の関係性　（262）

　結論　（264）

第四部　結論

結論 ……………………………………………………………………266

補遺 ……………………………………………………………………273

参考文献 ………………………………………………………………288

おわりに ………………………………………………………………304

英語要旨 ………………………………………………………………308

索引 ……………………………………………………………………311

社会的合意と時間：
「アローの定理」の哲学的含意

序章

> *"If I am not for myself, then who is for me?*
> *And if I am not for others, then who am I?*
> *And if not now, when?"* [1]

問題の所在

　近代においてもっとも影響力のある政治思想の一つは社会契約論である。社会契約論は，国家はその構成員となる人々の合意に基づいて設立されたと仮定する。その合意すなわち社会契約において人々は，国家の設立だけでなくその統治の基本理念に対しても合意すると仮定される。このような仮定は，たとえば王権神授説に見られるような，特定の個人がかれ以外の構成員たちの意志に反してもかれらを統治する権限を授与されているという説に対抗し，そのような統治者の暴政を防ぐという意義があると考えられている。

　このような合意が成立するかどうかは重要な問題である。なぜならそう仮定することで，構成員たちが基本理念に基づく統治に従うことを民主的に正統化できるからである。他方で，もし合意が成立しないとすれば，統治の基本理念ないしは国家の存続理由が民主的に正統化されず，国家は構成員たちによる抵抗に容易に根拠を与えうるがゆえに，その存続を危うくするからである。

　このような社会契約は，基本理念に基づく憲法の制定とその支配に対しても民主的正統性を与える。したがって社会契約はその国家が法治国家として存続するための基盤である。さらに，前述したように，それは国家の

1　Talmud, Pirkei Avot 1:14. アローは『組織の限界』でこの詩を引用し，この詩は自らが考える個人的合理性と社会的合理性の関係を端的に表すと述べる（Arrow 1974a, 15/1）。

基本理念ないしはそれを守るべきであるという道徳的ルールを規定する。このようなルールは必ずしも完全に法令化されない社会規範となり，憲法やそのほかの法律とともに社会の存続基盤となるだろう。つまり，社会契約が重要である理由は，それが社会の存続基盤を作り出すからである。

社会契約の方法を説明する社会契約論には様々な種類があるが，本書が検討対象とするのは，民主国家の設立を「理想主義」ないしは「カント主義」的な契約によって説明すると分類される立場である。この立場は以下のように一般化できる。

理想主義的な社会契約論は個人が先験的に何らかの普遍的な内在道徳をもつことを仮定する。個人は自然状態において等しく内在道徳すなわち道徳的人格をもち，自律した人格であるが故に，かれは自己統治のために必要な諸権利，すなわち基本的人権を自然権として前政治的に有すると仮定される。しかし，自然状態では外的な障害によって，そのような権利が必ずしも各個人に保障されるとは限らない。したがって各個人は一致して，道徳的人格のもつ尊厳を基本理念とした国家の設立に同意するだろう[2]。その国家においては，その基本理念によって基礎づけられた各個人の基本的人権の尊重が憲法原理となる[3]。

もし基本的人権がそのように基礎づけられるならば，それには，自己統治のために必要な消極的および積極的自由の権利が含まれなければならない。したがって，理想主義の立場から民主国家の設立を説明する場合，それらの権利を含めた諸権利が各個人に平等に保障される政治体制，すなわちリベラル・デモクラシー体制こそが望ましい。理想主義的な社会契約論では，構成員たちはその体制をそれ以外の体制よりも選び，その体制による統治に合意すると仮定される。つまり，このような社会契約はリベラルが重視する基本理念とそれに基づく憲法を民主的に正統化する。

この合意形成の問題は，次のような理由から，リベラル・デモクラシー

2　この仮定は，イマヌエル・カントの社会契約論にも共通する仮定である。Cf. 谷澤 1995, 434-436.

3　憲法原理とは，憲法の基本理念を表現するがゆえに憲法改正によっても修正不可能であるか，あるいはその他の条項に比べて修正のための条件が厳しい原理を意味する。本書においてはその原理の内容は，すべての個人の道徳的人格を根拠とした基本的人権の保障である。

論において特に重要であるとみなされてきた。リベラル・デモクラシー体制は，基本的人権の尊重を憲法原理とみなし，多数決によって採択された政策を憲法に反するという理由で破棄可能な司法審査制度をもつ。デモクラシーをその時々の政策決定における多数決原理に従うこととみなす論者たちは，しばしば，多数決原理に反する司法審査を「反民主的」とみなし，リベラル・デモクラシー体制を批判する。その批判に応えるためには，憲法に民主的な正統性が与えられなければならない。リベラル・デモクラシー論者は，社会契約こそがその体制が存続するために必要とされる，たとえば代表的民主制や司法部の独立など，一見すると反民主的に捉えられる憲法で規定された制度の民主的正統性を担保するとしばしば想定してきた[4]。

本書の問いは，このような理想主義的な社会契約論の立場によってリベラル・デモクラシー国家の設立が論証可能であるか，である。なお，本書では以下の政治体制をリベラル・デモクラシーと呼ぶ。仮想的な全員一致による社会契約を仮定し，その際に道徳的人格のもつ尊厳という基本理念に対して各個人が合意をする。その合意を民主的な根拠として，基本理念を明文化した憲法が形成される。その憲法は基本理念によって基礎づけられた消極的自由と積極的自由を含めた基本的人権の尊重を憲法原理とし，憲法に反する政策決定を破棄する司法審査が容認される。本書の問いは言い換えると，このようなリベラル・デモクラシーに論理的整合性を付与できるか，である。

本書はこの問いに対して可能な限り論理的に答えるために，それに対して否定的な解答を示し，現在のデモクラシー論に影響を与えてきていると解釈できるケネス・アロー『社会的選択と個人的評価』を批判的に検討しながら議論を進めていく。

ケネス・アローは『社会的選択と個人的評価』(*Social Choice and Individual Values*, 1963[1951a], 以下 *SCIV* と略す）において，望ましい集団的意思決定の方法を研究し，そのような方法が存在しないという一般可能性定理

4　例外として，ルソーは社会契約と直接民主制の関係を説く。だがルソーもまた統治の維持のために代表制デモクラシーとそれを規定する憲法の必要性を認める（Rousseau 1903[1762], chaps. 12, 15-18）。

（以下，アローの定理と呼ぶ）を証明した。さらにアローはこの定理を応用することで，民主的国家の設立において国家の民主的正統性を示す，構成員の自由意志に基づく全員一致が存在するというカントやジャン・ジャック・ルソーのような「理想主義学派」（*SCIV,* 81/119）の仮定は論理的に成立不可能であることを証明した。このような全員一致ないしは社会契約は，本書が定義するリベラル・デモクラシー体制を支える基本理念の民主的正統性の根拠ともみなされてきている。

　アローが考える集団的意思決定の方法は，個人厚生を情報的基礎とし，それを表す各個人の個人選好順序を集計して社会選好順序を形成するという方法である。アローはその集計方法である社会厚生関数に四つの条件を付与する。詳しくは後述するが，条件1は個人選好順序が限定されないこと，条件2はある二つの対象に関する社会選好がその対象に関する個人選好のみに依存し，他の対象に関する個人選好の変化によって左右されないこと，条件3は全員一致の個人選好はそのまま社会選好に反映されること，条件4は独裁者がいないことである。アローの定理はこれら四つの条件を課された社会厚生関数の成立不可能性を，したがって社会選好順序の成立不可能性を証明する。また社会契約の成立不可能性は四つの条件のうちの条件1を修正することで証明される[5]。

　アローは新厚生経済学の問題関心を受けて，その数学的な手法を応用することで彼の定理を作ったと述べており，たしかにアローの定理は特にエイブラム・バーグソンの経済厚生関数に含まれる問題関心と手法の一部を受け継いでいる。だが，その批判的含意は新厚生経済学にとどまらず，数理政治学および政治哲学など広範囲にわたった[6]。そのため，この否定的な定理を反証しようとする試みが様々な領域でなされた。とりわけそのような試みがなされたのは，新厚生経済学から派生して創設された，社会的選択理論（Social Choice Theory）である。その分野は，アローの定理を数

5　ただし，1951年版の *SCIV* と1963年版の *SCIV* では条件設定が異なり，その後一般的に流通している条件は後者のものである。そのためここでも後者の条件を用いる。詳しくは補遺で述べる。

6　ポール・サミュエルソンは「アローの定理は，伝統的な厚生経済学の数理理論に対する貢献というよりは，数理政治学の未発達な教義に対する貢献であるというべき」（Samuelson 1967, 42）と述べている。

12 　序章

学的に反証することを当初の目的として，その後より一般的な社会選択の解明に発展した。また政治学においても，アローが同書で定式化した個人的合理性の仮定は，個人の自由意志もしくは選択の自由とその合理性の定式化として，合理的選択理論（Rational Choice Theory）に採用され，その分野の創設に寄与した[7]。

　しかし先行研究において，アローの定理およびアローによる社会契約の不可能性定理は，その膨大な研究量にも拘らず，完全に反証されたとは言い難い。たしかに数学的にアローの定理の反証となりうる可能性定理がいくつか証明されているものの，それらの定理も望ましい要請のいくつかをみたさないという欠点が明らかにされている。このような研究結果をそれ以外の様々な不可能性定理と併せて考えると，アローの定理以降の社会的選択理論における先行研究は，万人が納得するような理想的な民主的意志決定方法は存在せず，すべての意志決定は何らかの望ましい要請を欠くことを認めなければならないことを明らかにしている（cf. Sen 1970b, 38-40/48-50; 鈴村 2012, 123）。他方で，その定理の規範的側面からの研究，特に政治哲学の観点からの研究は少なく，あるとしても政治哲学の先行研究は社会的選択理論の研究の発展に追いついていないため，その定理がデモクラシー論や社会契約論に与える含意はあいまいなままである（Estlund 2002, intro.）。そのためアローの定理の否定的な結論は，依然としてデモクラシー論およびリベラル・デモクラシー論に対して暗い影を投げかけている。

　さらに，このような先行研究においては，アローの定理は単なる民主的な意志決定プロセスの不可能性を表すとみなされてきた。だが，後述するように，アローは決定プロセスの帰結である社会選好を社会の存続を基礎づける道徳的ルールであるとみなす。すなわちアローの定理は，帰結とし

7 　政治学に初めて合理的選択理論の分析手法とそれに伴って合理的な個人の仮定を導入したアンソニー・ダウンズは，自らの著書における個人の仮定とその条件を *SCIV* の「第一章と第二章の分析から導出している」（Downs 1957, 6/6n4）と述べており，アローによる合理的な個人の仮定は合理的選択理論の基礎をなすと考えられる。ただし，近年の社会的選択理論においてはアローが定式化した仮定をより複雑にする数々の試みがなされている。Cf. Arrow, Sen, and Suzumura 2002; 2011.

て導き出される社会選好順序，言い換えれば一般善の評価基準としての道徳的ルールの不存在証明をも意味する。そのためその定理は，社会契約論では社会契約によって合意されると仮定する道徳的ルールの不存在証明とも解釈でき，民主社会の存続可能性に対する問いかけでもある。しかし，この観点からアローの定理を考察する研究もまた少ない。

　本書は，アローの定理およびアローによる全員一致の仮定の不可能性定理を検証し，それらがデモクラシー論に与える含意を明確にするとともに，その否定的結論からリベラル・デモクラシーの存続基盤を擁護すること，すなわちアローの定理から擁護可能な社会契約を提示することを目的とする。本書の問いを敷衍すると，直接的には「社会の存続を基礎づける道徳的ルールの不可能性を証明したとも解釈可能なアローの定理の否定的な結論は，そのような解釈の下で克服可能か」である。より間接的な問いは，リベラル・デモクラシー国家の存続基盤は何か，もしそれが理想主義的な社会契約論者が考えるように社会契約であるならば，その際に合意される道徳的ルールは何か，言い換えれば，善についての多様な価値観をもつ諸個人が同意する一般的な善とは何かである。

先行研究との比較

　次に，より詳しく本書と先行研究の比較をし，本書の貢献を明らかにする。アローの定理に関する先行研究は数多くあり，それらを網羅的に扱うことはできない。第三章でリベラル・デモクラシーの観点からの先行研究のみを詳述するが，ここではその観点からの先行研究を大まかに取り上げる。

　ここで先行研究を分類するために，アローの定理の数学的構造を理解しなければならない。アローの定理の数学的構造は，個人選好順序から社会選好順序を導出すること，個人厚生のみを情報的基礎とすることなどの「アローの枠組み」と，前述した社会厚生関数の四つの条件である「アローの条件」に分けられる（Campbell and Kelly 2002）。その先行研究は，新しい定理を導出したりアローの定理の含意を明らかにしたりするために「アローの枠組み」を維持して「アローの条件」を変更する研究と，より異なる定理の導出のために「アローの枠組み」および「アローの条件」を変更する研究に分類できる。政治学においては前者の研究が比較的多く存在す

る。他方で社会的選択理論においては、前者とともに後者の研究も数多くなされている。

　政治学において、最初にリベラル・デモクラシー擁護の観点からアローの定理をはじめとした社会的選択理論の研究を分析した研究者は、ウイリアム・ライカーである。ライカー（Riker 1982）は1980年代までの社会的選択理論の研究のうち、主に「アローの枠組み」を維持した研究がリベラル・デモクラシーにどう影響を及ぼすかを考察した。ライカーによれば、それらの研究は社会的決定の結果が恣意的であることを明らかにするが故に、それに倫理的意義を付与するポピュリズムを否定し、そのような意義を認めないリベラリズムを擁護する。しかし、彼の研究に対しては次のような批判がなされてきた。そもそもアローは個人厚生のみを集団的意思決定の情報的基礎とみなす。リベラル・デモクラシーの意志決定の情報的基礎は個人厚生のみではない。ライカーは「アローの枠組み」を維持した社会的選択理論が、リベラル・デモクラシーの正当性に影響を与えないことを指摘したが、上記のように双方の情報的基礎は異なる。さらに、リベラル・デモクラシーの決定プロセスに対する論証が欠けている。言い換えれば、もし社会的選択理論における研究結果からリベラル・デモクラシー制度を擁護したいならば、その理論の手法を用いた、リベラリズムの理念に即した決定プロセスの構築が必要である（Coleman and Ferejohn 1986）。

　他方で社会的選択理論では、1970年にアマルティア・センによってパレート派リベラルの不可能性定理（Sen 1970a, 以下「リベラル・パラドックス」と記す）が発表されてから、アローの枠組みと条件の双方をリベラリズムの理念に即して修正する研究が進められた。リベラル・パラドックスは、アローの定理の厚生主義的な枠組みを批判し、自由権の原理を意志決定方法に課せられる条件の一つとみなす。そのパラドックスが証明するのは、自由権の原理とパレート原理、および定義域の非限定性条件が対立することである。その後、社会的選択理論および政治哲学の領域をまたいで、リベラル・パラドックスの解消を目指す研究が続けられている。一方で自由権はリベラリズムの最小要請であり、他方でパレート原理は民主的決定の最小要請である。それ故、鈴村興太郎が指摘するように、それらにおいて「問題となっているのはリベラル・デモクラシーの理論化可能性である」（Suzumura 2010, 619）。第三章で後述するが、この定理の解消は自由権を

パレート原理よりも優先する方向で進められ，様々な可能性定理が導出された。

　アローの定理からリベラル・デモクラシーを擁護するという本書の目的に照らして考えれば，このような社会的選択理論の先行研究によって，リベラル・デモクラシーの意志決定プロセスの解明がないという，ライカーに対する批判に答えられるであろう。ただし，これらの先行研究には，政治哲学的な観点からすれば次の二つの不足点と一つの応用可能性がある。

　第一にそれらの研究は，後述するように，権利の存在理由が明らかにされておらず，そのためもあって解法として示されている自由権がパレート原理に優先することの根拠が欠けている（第三章）。第二に，それらの研究のうちの権利の初期配分論においては集団的意思決定に先立って自由主義的権利の体系が配分されることが自明視されており，その民主的正統性が不明である（第四章）。したがって，これら二つの不足点を補う必要がある。

　第三にそれらの研究は，「アローの枠組み」を変更するにせよしないにせよ，アローの定理を社会的決定の問題として捉えたうえで，リベラル・デモクラシーにおけるその問題について考察する。しかし，アローの定理が社会契約および道徳的ルールの否定をも含意するという点を考察しない。前述したように，アローは社会厚生関数を集団的意思決定のプロセスとしてのみ考えているのではなく，それが導出する社会選好順序は一般善の評価基準であり，そのために民主的国家の存続を基礎づける道徳的ルールを導出するプロセスでもあると考える。

　先行研究においては，アローの定理がもつこのような含意の解明とリベラル・デモクラシー論者によるそれへの応答は，これまであまりなされていない。しかし，アローの定理からリベラル・デモクラシーを擁護するためには，アローが道徳的ルールに対して行う批判の妥当性にも目を向けるべきである。なぜなら，リベラル・デモクラシー論者にとって司法審査を伴うリベラル・デモクラシー制度の民主的正統性は，道徳的ルールに対する全員一致の仮定，すなわち社会契約の仮定によって与えられるからである。したがって集団的意思決定の方法だけでなく，道徳的ルールの成立可能性に対する問題提起もまた，リベラル・デモクラシーに対する重要な問題提起である。それゆえ，もしアローの定理に道徳的ルール批判という含意があるならば，私たちがよって立つリベラル・デモクラシー制度を擁護

16　　序章

するためには，アローによるそれへの批判に適切に応答する必要がある。

　以上より，本書は先行研究とは異なり，アローの定理を国家の存続を基礎づける道徳的ルールに対する批判的含意をもつものとして扱うとともに，アローの定理を応用した，*SCIV* における社会契約に対する不可能性定理をも検討する。

分析手法

　これらの検討にあたり，本書は以下の方法論的立場を採用する。方法論的立場として，本書は「論理学的な論証は哲学的問題の解明に役立つ」という立場を採用する[8]。

　本書がこのような方法的立場を採用する理由は，第一に，それが哲学的問題の解法に客観性を付与する（唯一ではないにしても）一つの強力な方法だからである[9]。

　第二に，それがアローの方法論的立場の一つの特徴だからである。それゆえにその立場にいることで，哲学的な批判としては有意義であるが数理的手法を用いないが故に効力に乏しい，一部の先行研究の方法論的な不足点を補えるからである。これまで，政治哲学の分野においてアローに対して反論をする先行研究の多くは，アローの定理の哲学的側面に対して反論を加えるのみで，その数理面に対する反論を行わなかった。哲学的側面への反論を受けて，アローはそのような反論には「論理的根拠がない(no logical ground)」(Arrow 1967b, 222) と再反論を加えてきた。アローが述べるように，アローの定理の影響力の要因は，デモクラシーにおける集計方法の不可能性を単に哲学的に論じたのではなく，その主張に一つの客観的な「論理的根拠」を伴わせたからである。したがって，もしアローの定理に対して有効な反論をしたいのであれば，アローの定理の数理的側面に注目しなければならない。

8　この言葉は次のアローの言葉から示唆を得た。「社会道徳の基礎に関するたくさんの文献〔…〕の見解と数学の関係性（relation between mathematics and the views）について〔…〕示す」(*SCIV*, 81/119)。この立場は，本書が扱う主要な思想家，アロー，セン，ベルクソン，ジョージェスク＝レーゲンに共通する立場である。

9　客観性の定義は第一章で行う。

第三に，本書はその立場を採用することで，社会的選択理論の先行研究の研究成果を取り入れつつ，リベラル・デモクラシーの擁護という観点からすれば，それらの研究がもつ不足点を補えるからである。それらの研究は，アローの定理の数理面に注目して決定プロセスの解明を主題とし，しばしばアローの定理のもつ哲学的基礎の分析を軽視する。だが，アローの定理がデモクラシー論に大きな影響力を与えた理由は，それが数理的に証明された定理であるというだけでなく，哲学的にも重要な問題を提起していたからである。したがってアローの定理がデモクラシー論においてもつ意味を十分に理解するためには，その哲学的側面の分析も必要である。

　分析手法として，本書はアローの定理の数理的側面を分析するために，通常社会的選択理論で用いられる記号論理学をしばしば用いる。

　アローの定理の哲学的側面を分析するためには，本書は*SCIV*を彼の政治・経済思想を表現したテキストとして扱い，アローの定理の文脈を重視する。*SCIV*において初めて提示されたアローの定理は，それだけが独り歩きをして後の社会的選択理論に影響を与え，その文脈はあまり重視されてこなかった。このことは，ほとんどの政治哲学の観点からの先行研究でも同様である。これに対して*SCIV*を読み解けば，アローの思想の背景やそれが数理的に定式化される過程が明らかになり，そうすることでアローの定理が元来有する思想的な意味が明らかになるであろう。このような意味が明らかになれば，アローの定理がデモクラシー論に与える含意はより明確になるであろう[10]。

　まとめるならば，アローの定理の含意を正確に理解し，それからリベラル・デモクラシーを擁護するために，本書は数理と哲学という二つの視点からアローの定理および*SCIV*を分析する。

　この方法論的立場を踏まえて本書の主題をより明確化するならば，それ

10　社会的選択理論の研究に対しても，本書は新しい視点や方向性を提示できると考えられる。たとえばロールズの『正義論』に対して，政治思想の研究はテキスト解釈を重視する。他方で社会的選択理論の研究は，そこにおける無知のヴェール下での合意というアイデアを定式化する（Harsanyi 1975）。後者は前者に対して，ロールズの議論がもつ論理的な不備を指摘できる。また前者は後者に対して，既存の社会的選択理論の研究が見過ごしてきたような，新しい視点や構想や概念を提示できる。

は *SCIV* を検討することをつうじて「リベラル・デモクラシー国家の基盤となる全員一致の仮定，すなわち社会契約はアローの定理から擁護可能か，可能だとすれば，それはどのようになされるか」という問題に哲学的および数理的方法によって解答することである。

本書の仮説

本書の仮説は「アローの定理から擁護可能な社会契約の一形態が存在する。その契約は，各個人の道徳的人格の尊重という理念に対する合意であり，それをつうじて各個人は道徳的性質および時間的な持続性をもつ『人民』という集団的アイデンティティを形成する。そのような理念および集団的アイデンティティが社会の存続を基礎づけるが故に，社会契約は社会の存続基盤となる」というものである。

この仮説を論証するために，本書は四部八章から構成される。第一部と第二部では，アローによる社会契約の定式化が，一方で科学的客観性をもつ分析手法によって証明されるものの，他方でリベラル・デモクラシー論者が想定する社会契約に比べて規範的な問題点があることを明らかにする。そのためにまず，*SCIV* の解釈をつうじて，アローが「科学的客観性をみたす手法によって倫理的問題が解明できる」という方法論の下で，社会契約を道徳的ルールを導出する合理的な社会的意思決定として科学的に定式化することを明らかにする（第一部）。次にリベラル・デモクラシー論者たちはアローに反して，社会契約は基本的人権を基礎づける道徳的人格の尊重に対する合意であり，そうであるが故に，合理的な社会的意思決定よりも規範的に優位すると考えることを明らかにする（第二部）。

第三部と第四部では，アローとリベラル・デモクラシー論者の考える社会契約の性質の差異を踏まえたうえで，アローの方法論を批判的に検討しつつ，後者を前者から擁護することを試みる。そのためにまず，それぞれが社会契約の主体とみなす個人選好と個人の人格の関係を問い，時間的に持続する後者が，その瞬間的な意志決定の定式化である前者によって完全に表現されることは不可能であり，またそれに先立って存在することを明らかにする（第三部）。次に，道徳的な性質をもつ後者を主体として社会契約がなされ，そうすることで「人民」が形成され，それが社会の存続基盤となることを明らかにする。また「人民」というアイデンティティを個人

がもちつづけるためには社会契約への時間的に継続するコミットメントを必要とし，そうであるが故に社会契約は，通常の社会的決定よりも規範的に優先されると主張する。またそのような社会契約はアローの枠組みに包摂されず，その前提として存在しなければならないと結論づける（第四部）。さらに第三部と第四部をつうじて，アローの方法論に対する倫理的問題の解明という観点からの代替案を提示する。

社会契約の概念整理

　続いて，本書が擁護を試みる社会契約の構想を，先行研究である政治哲学における社会契約論と，その社会契約論を応用した社会的選択理論の研究の中に位置づける。

　第一に，社会契約論における位置づけとしては，本書は冒頭で述べたカント主義的立場を採用する。社会契約論の膨大な研究をここで述べることはできないが，大まかには，カント主義的立場とは近代以降の社会契約論における，平等な立場にいる個々人の自由意志に基づく社会契約論の一つとして分類される。その中では，まず，社会契約が個々人の合理的動機に基づくと考えるトマス・ホッブズに代表される立場とは異なり，カント主義的立場は社会契約の動機が個人の道徳的性質に基づくことを想定する。次に，その立場は社会契約を通常の意志決定よりも規範的に優位する理想的な合意であるとみなす。ただし，後述するが本書はその立場の中でもジョン・ロールズに代表されるような理想状態における社会契約の可能性を問うのではなく，現実の個人が理想的な精神状態の下で行う社会契約を想定する。

　第二に社会的選択理論においては，社会契約の定式化に関する研究は限られる。その中では，ロールズ『正義論』（Rawls 1999[1971]）で示された，原初状態における社会契約を定式化した研究が多い。これらの研究は，無知のヴェール下での選択を不確実性下での合理的な選択と仮定し，その状況で当事者たちはロールズが論じるように格差原理を採択するか否かを問う（Harsanyi 1975; Hammond 1976）[11]。またルソーの社会契約論をゲーム論

11　個人が自らの社会的立場を知らない不確実性状況下での選択というアイデアは，ロールズに先立ちハーサニーが研究している（Harsanyi 1953, 1955）。その

20 序章

的に定式化する研究もなされている（Runciman and Sen 1965）[12]。

　第二の先行研究と本書の違いは，まず，それらの先行研究が*SCIV*を直接的に扱っていないが，本書は*SCIV*を哲学と数理の両面から分析する点である。次に，それらは社会契約を合理的な選択であるとみなすが，本書はたとえ通常の社会的決定が合理的な決定であるとしても，社会契約はそれに包摂されえない特有の性質と政治・経済的役割を有すると考える点である[13]。その理由は，後述するように社会の存続基盤を提示するために，社会契約は合理的決定ではなく道徳的人格をもつ個人による合意である必要があるからである。

個人選好と人格の関係を問う理由

　これまで，本書における問題の所在とその仮説，および本書が擁護しようと試みる社会契約の特徴を明らかにしてきた。それを擁護する過程において，本書ではアローの想定する個人選好と個人の道徳的人格の関係が問われ，後者は前者に包摂されず，前者に先立って存在すると結論付けられることが予告された。他方で特に社会的選択理論における多くの先行研究は，個人選好がもつ道徳的な性質を豊かにする方向で研究が進められてきている[14]。本書はそれらの研究を批判するわけではなく，それらとは異な

　後，ロールズ『正義論』における無知のヴェール下での選択に対するハーサニーの批判論文は前注10の通りである。

12　第三に，経済学的な手法を政治学に取り入れた公共選択の分野でも，「立憲的政治経済学」という名の下に様々な研究がある。これらの研究では主に憲法の採択が分析対象である。それらによれば，憲法は民主的意志決定により採択され，その後の効率的な資源の分配を行うためのルールを規定する。このルールの採択に対する合意が無限後退に陥らないために，最初に合理的な選択としての全員一致すなわち社会契約が仮定される（Buchanan and Tullock 1962）。これらの先行研究は，アローの定理がもつ，理想主義的な全員一致の仮定すなわち社会契約に対する合理的分析という側面を発展させた研究であるという点で本書と共通する。相違点は，一方でそれらの研究が立憲的決定を合理的選択とみなすのに対して，本書はそうみなさないという点である。

13　その点で，本書は社会契約を原初状態における合理的な当事者たちによる合意とみなす『正義論』におけるロールズではなく，それを理にかなった道徳的性質をもつ当事者たちによる合意であるとみなす『政治的リベラリズム』以降のロールズに親和的である。

る目的をもつ。選好に包摂されない道徳的人格の存在証明を試みる理由は，本書の目的にかかわる次の六点である。

第一の理由は，その試みがアローの定理という集団的意思決定の不可能性を表す定理の回避方法の一つだからである。前述したようにアローの定理に対する先行研究によって，合理的な選択主体の選好集計による集団的意思決定の理想的な方法は存在しないことが明らかにされている。これに対して道徳的人格を主体とした集団的意思決定方法を明らかにすることで，本書は先行研究の成果に反して，一つの理想的な集団的意思決定方法を示すことを試みる。

第二の理由は，社会契約は個人選好では包摂されない道徳的主体によってなされると仮定することで，社会契約において個人の道徳的人格の尊重という理念が合意される必然性を担保できるからである。言い換えれば，契約主体の道徳的性質によってその契約が合理的選択とは異なり，道徳的人格の尊重という特定の選択対象に対する合意とみなすことができるからである。

社会的選択理論における先行研究では，社会契約の規範的性質を，社会契約をそれ以外の社会選択と同様に合理的選択と仮定しつつも，その集計方法の条件によって特徴づけてきた。また社会契約論においては，初期ロールズにおけるように，社会契約と他の社会的決定はともに合理的決定であるが，契約の際の情報的基礎を制約することで契約を他の社会的決定と区別する研究がなされてきている（Rawls 1999, secs. 23-24）。すなわち，その手続きや情報的基礎こそが社会契約論を他の社会的決定と区別するという見方である。

このような研究は，決定プロセスに条件を課したり情報的基礎を制約したりすることで，その意味においては選択の規範的特徴を明らかにできるが，その帰結である社会善や選択対象の内容に対してあらかじめ制約を設けることができない。他方で理想主義的な社会契約論は，社会契約の内容は個人の道徳的人格の尊重という理念であり，契約主体が必ずそれに合意

---

14 たとえばセンは一元的な個人選好のみをもち，それに従う個人は社会的には愚か者である可能性が高いと述べた（Sen 1982, 84-106/121-167）。その後，個人は主観的な個人選好のみならず，間主観的な選好など様々な合理性をもちうるという研究がなされてきている（Harsanyi 1955）。

22 　序章

することを論証しなければならない[15]。その論証の一つの方法は，社会契約の契約主体を個人の道徳的人格であると想定し，必然的に，かれは互いの人格の尊重という理念に合意するとみなすことである。そのことが，本書が契約主体を道徳的人格と想定する第二の理由である。

　第三の理由は，道徳的人格は個人選好で包摂されないがゆえに尊厳をもつことができ，それが尊厳を有すると明らかにすることで基本的人権を基礎づけることができるからである。後述するが，個人の道徳的人格は完全には合理的に分析できないからこそ尊厳を有する。このように人格に尊厳を付与することで，先行研究の残された課題である，基本的人権の基礎づけ論の不足を補うことができるだろう。

　第四の理由は，そうすることで社会契約はその時々の社会的決定に対して規範的に優位すると主張できるからである。言い換えれば，二つの集団的意思決定の主体である個人の人格とその時々の個人選好の関係を問い，前者は個人選好に包摂されない道徳的性質をもち，後者に規範的に優位すると示すことで，社会契約の規範的な優位性に一つの根拠を与えることができるからである。

　第五の理由は，そうすることで時間的に持続する社会の存続基盤となるという社会契約の役割およびその時間的な特徴を明らかにできるからである。後述において，社会契約は時間的に持続する個人の道徳的人格が契約主体だからこそ，その契約が長期的に守られることが明らかにされる。他方でアローが考える社会選択と個人選好は，このような長期的なコミットメントを必要とする社会的合意の分析には不向きであることが明らかにされるであろう。

　第六の理由は，そうすることで異なる分野が土台とする個人観の関係を示すという学際的な問題に対する解決手段の一つを提示することができるからである。一方で合理性に包摂されない道徳的人格は，リベラル・デモ

15　ロールズは情報量の制約によって社会契約で正義の二原理が採択されるとみなす（Rawls 1999[1971]）。しかし，初期ロールズにおける合理的選択としての社会契約はアローらによって批判される（Arrow 1983, 96-114）。ロールズはその批判を受けて社会契約は当事者の合理性に包摂されない道理性による選択であるとみなす（Rawls 1996）。すなわち，本書と同様に，選択主体の道徳的人格に頼る。

クラシー論において尊重の対象であるのみならず，一部の理想主義的な倫理学においてはその理論の土台とみなされている。他方で個人選好とその合理的主体は，社会的選択理論でしばしば用いられる個人観である。この双方の個人観の関係を明らかにすることは，理想主義的な倫理学と社会的選択理論の関係を，そのいずれの個人観も軽視せずに明らかにすると考えられる。

　要するに，個人選好に包摂されない道徳的人格の存在証明をすることで，本書はアローの批判を避けつつ社会契約がもつ規範的特徴を明らかにすることができるであろう。そうすることで，本書は先行研究の不足点を補いつつリベラル・デモクラシー体制の擁護に貢献しうると考える。

　ただし本書は，合理的な個人の仮定を全面的に否定するのではなく，個人の人格の全体はそのような仮定で表現しきれないことを示し，その仮定が表現しえない道徳的人格の尊重に政治経済学的な意義があることを示すのみである[16]。言い換えれば，合理的な個人の仮定を分析することは，個人の人格の全体がどのようであり，その尊重にどのような政治経済学的意義があるかを考察するためにのみなされる。最終的に本書は個人の人格と個人選好の両立可能性を明らかにするであろう。したがって本書は，倫理学によってしばしばなされる，経済学的合理性に対する全否定的な批判に依拠することなく，同時に経済学によってしばしばなされる，個人選好以外の道徳的人格の存在と意義に対する無視ないし批判にもまた依拠しない。このような試みは，方法論的基礎となる個人像の対比と新しいそれの提示という観点から，倫理学ないし政治哲学と，社会的選択理論のより深い対話の可能性を開くであろう。

16　経済学が合理的な個人の仮定によって個人の全人格が示されると考えているかどうかは，論争の余地が残る。たとえば，デレク・パーフィットは個人の全人格は個人の成した経験に還元され，その経験は合理的な個人の仮定によって表現されうるために，個人の全人格はその仮定によって表現されうると考える（Parfit 1984, 341/468）。他方で，合理的な個人の仮定は単に理論的な道具であり，人格全体を表すわけではないと考える見方もある。
　このように，合理的な個人の仮定が全人格を表現しうるかどうかは論争の余地があるが，経済学に共通することは，その仮定が見過ごすものの意義を考慮に入れない点である。

24 　序章

　以上の理由により，本書はアローが用いる合理的な個人の仮定を応用するのではなく，それと道徳的人格の関係を問い，前者が後者を包摂できないことを明らかにする。そのことを明らかにし，かつ社会契約がそのような道徳的人格を主体としてなされたと仮定することで，アローの定理という否定的な結論から，リベラル・デモクラシーの存続基盤である社会契約および道徳的ルールを擁護することができると考える。

本書の意義

　続いて，アローの定理からリベラル・デモクラシーを擁護するという本書の目的の意義を示す。その意義は次の二点である。第一に，それはデモクラシーの規範的な望ましさに対して論理学的根拠を示しながら否定したアローの定理に対して，その論理的，規範的側面に対して反論を加えることで，リベラル・デモクラシーの規範的な望ましさに論理的な根拠を付与することができるという点である。

　アローの定理は，第一義的には厚生経済学の文脈で提起された問題であるとしても，政治哲学の「善き統治形態とは何か」という問いに対する一つの解答でもある。なぜなら，それは民主的で合理的な決定の不可能性を証明し，その実現可能性を否定的に分析することで「デモクラシーは規範的に望ましいか」という問題に対して否定的な含意をもつからである。

　より詳細に言えば，アローの定理は，合理的な個人がなす選択の自由（経済的自由）に政治的自由の意味を与え，その自由が無条件に肯定されるという「資本主義的なデモクラシー」[17]観とともに，その結果に倫理的意味を与えるポピュリズム的デモクラシー観に基づく民主的決定の不可能性の証明である。ただし同時に，アローは（リベラル・デモクラシーをも含む）民主国家の存続基盤である道徳的ルールおよびその設立の民主的正統性を示す社会契約が不可能であることをも証明する。つまり，アローによればリベラル・デモクラシーさえ望ましい統治形態であるとは言えない。

　たしかにアローは不可能性定理を導出したが，この否定的な結論は議論のスタート地点にすぎず，リベラル・デモクラシーの擁護はそれを現実の

17 　「資本主義的デモクラシー」（capitalist democracy）は，アローが自らが分析する国家形態を指して呼んだ言葉である。第二章で詳述する。*SCIV,* 1/3.

ものとして受け入れている私たちに対して，アローが投げかける理論的挑戦である。

本書はアローの定理による批判が妥当ではないことを，SCIV の分析によって示すことで，リベラル・デモクラシーをその定理の否定的結論から擁護する。このことは，デモクラシーの規範的な望ましさの証明というアローによって残された課題を，資本主義的デモクラシーの理念に基づいた集団的意思決定方法の存在証明によってではなく，リベラル・デモクラシーの理念に基づいた社会契約の存在証明によって解決することである。より正確に言えば，本書はその課題を，アローの定理をもってしても社会契約の成立可能性が否定されないことを論証することによって解決する[18]。だが，たとえそのような論証がなされたとしても，リベラル・デモクラシー国家において望ましい政策決定方法が存在するのかという問題は依然として残される。したがってその問題を分析する際に，アローの定理が示す数学的な問題がそのまま残されるかもしれない。本書はアローの定理に対して最終的な数学的解答を与えるとも主張しない。しかし本書は，アローおよび先行研究によってそう解釈されてきた，アローの定理とデモクラシーの規範的な望ましさの直接的な関係を切り離して，アローの定理からリベラル・デモクラシーを擁護することを目的とする。

多くの批判の中でとりわけアローの定理に注目する理由は，それがデモクラシーを科学的客観性を備えた手法を用いて定式化してその不可能性を明らかにしたという点で，他の思想と区別されるからである。つまり，その定理はある政治哲学的な理念の不可能性を一つの客観的で強力な根拠を用いて論証する。その客観的な根拠こそが他のイデオロギー的な主張からアローの定理を切り離すのであり，それを覆すことにこそ意味があると考えられる。このような試みは，望ましい統治形態とは何かという政治哲学の根本問題に対する一つの解答である[19]。

18　あるいは，長期的目標あるいは指針としての道徳的ルールの採択を目指す社会契約と，より具体的な政策決定を目指すアローの定理を切り離し，前者をアローの定理から擁護する試みである。

19　社会的選択理論の先行研究において，数理的には，アローの枠組みと条件のいずれかを修正することで既にいくつかの可能性定理が出されている。その中での本書の意義は次のように説明できる。後述するように，先行研究における

26 序章

　第二に，そうすることで本書は時間性という観点から社会選択ないしは合意について考察できるという点である。アローが*SCIV*で提示した社会選択は，彼が認めるようにある時点における意志決定を表している。またその意志決定は次の社会的意思決定があるまでのみ効力をもつとみなされる（Arrow 1974a, 28-29/25-28）。つまり，それは通常の社会的意思決定では覆されない社会の存続基盤を提示するわけではない。このような時間的特徴をもつ社会選択の不可能性を示すアローの定理に対する反論をつうじて，リベラル・デモクラシーにとって，その成立のためにもっとも重要な合意は，その時々の社会選択よりむしろ長期的に覆されない社会的合意であることが明らかにされるであろう。このような考察は，リベラル・デモクラシーの先行研究ではあまり重視されてこなかった時間論を社会的合意の分析に採用することを意味する。

リベラル・デモクラシーの定義

　本書で擁護を試みる「リベラル・デモクラシー」を，以下の三点の特徴を認める政治体制であると定義する。第一に，個人の道徳的人格の尊重という基本理念に対する社会契約による国家設立の仮定と，それによる基本理念の民主的正統性の保障という特徴である。また，その理念は社会の存続基盤である道徳的ルールとみなされる。第二に，基本的人権の尊重を憲法原理とする憲法に基づくリベラル立憲主義（liberal constutitonalism）体制という特徴である。すなわち，その体制は，そのような基本理念によって基本的人権が基礎づけられ，そうであるがゆえに基本的人権が憲法原理として憲法上修正不可能な事項とみなされる憲法に基づく体制である。第三に，司法審査制による多数決原理の制約の容認という特徴である。すなわち，それは多数決原理をつうじて採択された政策決定が憲法に反する場合，それよって制約されることを容認する体制である。

　本書で擁護するリベラル・デモクラシーは，以上の三点の特徴をみたす

　可能性定理の多くは集合的意思決定ルールの問題解明のための研究であり，リベラル・デモクラシーにおいて社会契約に対して課せられるさまざまな政治哲学的要請に応えられない。たとえ数学的に優れた可能性定理が証明され，それに社会的選択理論における意義があるとしても，もしそれが政治哲学的な要請のすべてに耐えられなければ，政治哲学の観点からすれば発展の余地がある。

限定的なものである。より詳細な特徴は本書をつうじて明らかにされるが，本書の定義が限定的であることは本書の目的に反することではない。なぜなら本書は，既存のリベラル・デモクラシーがアローの定理から擁護可能かを問うというよりも，アローの定理から擁護可能なリベラル・デモクラシー体制の構想を提示することを目的とするからである。

本書の構成

第一部

　第一部は，まず*SCIV*の解釈をつうじて，アローが社会契約を道徳的ルールを導出する合理的な社会的決定として定式化することを明らかにする。その際，アローの方法論を明らかにする。次に，アローが考える社会契約とリベラル・デモクラシー論者が考えるそれを比較する。

　第一章の目的は，アローの定理は客観的な科学的手法によって，社会的決定プロセスの解明だけでなく，道徳的ルールの解明をも目的としていたと示すことである。

　まず，問題の背景として，*SCIV*以前の新厚生経済学において経済学は価値自由な科学であるべきであり，倫理の問題を扱うべきではないという立場が主流であったことを明らかにする（第一節）。次に，このような立場に反して1951年版の*SCIV*には科学的な問題と倫理的な問題が，言い換えれば社会的決定プロセスの解明と社会厚生の評価基準の解明という二つの問題が内包されていたことを明らかにする（第二節）。続いて，その双方の関係が方法論的に基礎づけられていないというバーグソン，イアン・リトルからの批判を追いつつ，それに対してアローがカール・ポパーを引用しつつなした答えを示す（第三節）。さらに，新厚生経済学の方法論におけるポパーの影響を分析する。これをもとに，ポパーから影響を受けたアローの方法論を分析し，それが「観察可能なデータと合理的な演繹手法に基づく科学的論証によって，倫理的言説が解明可能である」という立場であることを明らかにする（第四節）。続いて，*SCIV*の文脈の上でアローの方法論を確認する（第五節）。最後に，アローの定理以降も，アローが社会的決定プロセスの帰結である社会選好順序を，社会厚生の評価基準すなわち道徳的ルールであると考えていたこと，ただしそれは瞬間ごとに変わりうると

いう暫定協定的な特徴を有することを明らかにする（第六節）。

第二章は，アローが政策決定と社会契約を社会的決定という一般的範疇の一類型とし，双方とも道徳的ルールを規定する社会的決定であるとみなしていたことを明らかにし，それに対するリベラルからの反論を明らかにする。また社会契約の理念を扱う分析手法としての社会契約論の利点を示す。

まず，*SCIV* のデモクラシー観を次のように示す。それは全員一致の個人選好は社会選好となるというパレート原理を採用し，それに基づく社会選択の帰結である社会選好を道徳的ルールとみなすポピュリズムである。ただし，社会選好は個人選好の変化に応じて変わりうるがゆえに，倫理的価値相対主義という特徴をもつ（第一節第一項）。次に，*SCIV* においてアローが社会契約を個人選好の部分的一致と定式化し，社会的決定に対するパレート原理をはじめとした諸条件をそれに課すことで，その不可能性を証明することを確認する。このことから，*SCIV* においてアローが社会契約を社会的決定の一類型とみなし，二つの決定のあいだに個人選好の変更以外の規範的な区分をしないことを導き出す（第一節第二項）。

これに対して，次に，社会契約という理念を分析するために社会的選択理論と社会契約論のいずれがふさわしいかを検討する。この問題に対して，センは相対主義的な社会的選択理論を擁護し，普遍的な道徳的ルールを定めようと試みる社会契約論および社会契約を不要とみなす（第二節第一項）。続いて，センに対する反論をつうじて，社会契約が提示する普遍的な道徳的ルールは社会の存続基盤となることを明らかにする。さらに，社会契約論こそがそのような社会契約の性質を明らかにできることを示しつつ，社会契約とそのほかの社会的決定の規範的な差異と前者の優越性を指摘する（第二節第二項）。

第二部
　第二部では，本書が示す社会契約が先行研究に対してどのような貢献をするかを明らかにする。そのために，社会的選択理論におけるリベラル・デモクラシー論を扱う先行研究において，パレート原理を尊重するポピュリズム的なデモクラシー論者と権利の原理を尊重するリベラル・デモクラ

シー論者のあいだに論争があるが，前者の批判に対する後者の応答には，次の二つの問題点が残されていることを指摘する。第一に，権利の原理がパレート原理に優先する根拠は何かという問題である。第二に，権利の原理を規定する立憲的決定を扱う先行研究は，権利の基礎づけ論がないか，あるいはその決定の際にその権利が必ず採択されるという確証が得られないか，いずれかであるという問題である。次に，それぞれの問題は社会契約への考察が欠けていることに起因することを明らかにし，本書がそれらをどのように解決するかを明らかにする。

第三章では，アローとリベラル・デモクラシー論者の論争から第一の点を明らかにする。まず，アローの定理の枠組みを示す（第一節）。次に，アローの定理に対してリベラル・デモクラシーの観点からなされた政治学の先行研究を概要する（第二節）。続いて，その観点からなされた社会的選択理論の先行研究であるリベラル・パラドックスを示し，それがパレート原理と権利の原理の対立を表すことを明らかにし，その解消のためになされた研究を分類する（第三節第一項－第三項）。続いて，アローによるリベラリズム批判，すなわち権利の存在理由が不明であるという批判とパレート原理の擁護を明らかにする（第三節第四項）。これに対して，リベラリズムの立場からアローの批判に応答するために，権利の存在理由は道徳的人格の尊重であることを示す（第四節）。最後に，アローとリベラル・デモクラシー論者の論争の争点は，パレート原理と権利の原理の対立であり，それぞれの根拠である個人選好の不可侵性と道徳的人格の不可侵性の対立であることを明らかにし，その対立が本書の第三部でどう解決されるかについての道筋を示す（第五節）。

第四章は，社会的選択理論の先行研究がもつ第二の問題点を立憲主義とデモクラシーの対立問題という文脈の上で明らかにし，リベラル・デモクラシー社会における長期的なコンセンサスとしての社会契約の意義を明らかにする。

まず，上記の対立問題を説明する。それもまた，リベラル・デモクラシーが尊重する権利の原理に対する多数決（あるいはパレート原理）の尊重という観点からの批判とそれへの応答をめぐる問題の一つである。より詳

細に言えば，それは多数決およびパレート原理に対する司法部による制約を肯定する司法審査の正統性をめぐる問題である。この論争において，アローはパレート原理を尊重する立場に位置づけられる（第一節）。次に，司法審査を擁護するリベラル・デモクラシー論の二つの立場を明らかにし，それぞれの欠点を示す。第一に，権利を自明視する権利基底主義である。それには，権利の基礎づけ論がないという問題点があることを指摘する（第二節第一項）。第二に，立憲的決定において権利が採択されると考える立場である。まず，社会的選択理論の先行研究である立憲的決定における権利の初期配分の研究を概略したうえで，対立問題という観点からみたその疑問点（権利の初期配分の自明視と立憲的決定の時間性の不足）を指摘する（第二節第二項(1)）。次に，それと理念的に親和性のあるステファン・ホームズの立憲主義を明らかにする（第二節第二項(2)）。続いて後者の時間性の不足を解消するために，ブルース・アッカマンの二元的政治を紹介しつつ，その特徴（権利を自明視しないが，立憲的決定で権利が採択される必然性がない）を明らかにする（第二節第二項(3)）。さらに，時間性の不足についてより明らかにするために，ジェド・ルーベンフェルドによる，アローの定理と長期的な人民の形成としての立憲的決定の差異についての考察を検討する（第二節第二項(4)）。最後に，ルーベンフェルドに残るアッカマンと同様の問題点（立憲的決定で権利が採択される必然性がない）を指摘し，本書が取り組むべき課題を提示する（第三節）。

　最後に，結論として，先行研究には権利の基礎づけ論がないか，さもなければそれが立憲的決定で採択される必然性がないという問題があるが，それは，立憲的決定に先立って社会契約が存在すると仮定することで解決されることを明らかにする。より具体的には本書は，基本的人権は社会契約に先立って存在する個人の道徳的人格の尊重によって基礎づけられるが（第三部），個人の道徳的人格がもつ自由意志によって結ばれる社会契約とその後の立憲的決定によって，それは法的に擁護され，また社会契約による制約があるがゆえに立憲的決定において基本的人権の尊重は必ず採択されると主張する（第四部）。ただし，先行研究の社会契約論は社会的選択理論からの批判に弱い。本書の社会契約論は社会的選択理論からの批判にも耐えうることを示す（第六章・第八章）。またそれは社会契約の動機付けの説明が不足しているが，本書はそれを明らかにする（第七章）。

序章　　31

第三部

　第三部では，第二部第三章の問題提起を受けつつ，第四部で提示する，アローの枠組みに還元不可能であると同時に，その前提となりうる社会契約の主体を明らかにするために，個人の人格が個人選好順序に先立つことを明らかにする。さらに，「科学的客観性をみたす論理的な論証によって倫理的言説が解明可能である」というアローの方法論的立場に反して，まず個人の道徳的人格のもととなるその全人格が彼の論証方法では表現しきれないことを明らかにする。

　第五章は，個人の選好順序とその主体である個人の関係を時間的な観点から検討することを目的とする。

　まず，選好順序と個人の関係についてその個人の生涯という時間の中で考える。リチャード・ポズナーによれば，合理的な個人が選好順序を形成する際に，現時点での厚生をその判断基準とする考え方においては，選好順序の主体である個人はある時点での個人であることが想定される。そこから，彼は時間的に同一性のある個人は，選好順序の主体である，ある時点での個人の集積であると解釈する。しかし，ポズナーの解釈には時間が瞬間の集積であるのか，それらの時点ごとの個々人がどのように生涯の時間の中で一つの「個人」という同一性を保つのかという問題が残される（第一節）。

　次に，この問題に関してアンリ・ベルクソン『意識に直接与えられたものについての試論』（*Essai sur les données immédiates de la conscience*, 1889）を参考にしつつ答えていく。

　論証方法としては，選好順序が個人の全人格を表すという立場に背理法で反論する。アローの合理的な個人の仮定においては，個人が作り出した，すべての可能な選択肢に対する選好順序があると仮定される。個人はその時々において，その時の選好順序に従って選択をする。もしその時々の選好順序をもつ選択主体の時系列的な集合が実際の個人の全人格を表すならば，その選好順序の集合は個人の全行動を表すことができるであろう。したがって，対偶により，もしそれが個人の全行動を表すことができないならば，その主体は個人の全人格を表さない。帰結主義と定義より，もし選

好順序の集合が個人の全行動を表すとすれば，すべての可能な選択対象に個人の全行動が含まれる。そうであれば，時間的に持続するすべての行動はその部分集合であるため，その集合に含まれる。しかし，このように仮定すると，時間的に持続する実際の個人の全行動はどの瞬間においても分割可能であるために，無限分割問題が生じる。この問題は，ゼノンのパラドックスという，現実の事象とは異なる結論を導くパラドックスを生み出す。したがって，背理法により選好順序は個人の全行動を表すことはできない。よって，その主体は個人の全人格を表すことはできない。そうではなく，選好順序は個人の経験の後で形成されるのであり，時間的に持続する個人が選好順序に先立って存在し，ある時点での選好順序を形成する。ここから，ある時点での選好主体のみが存在するのではなく，時間的に持続する個人がある時点での判断から選好順序を形成することが分かる。

　最後に，そのような個人の人格の全体によってなされる，所与の選択肢からの選択に包摂されない行為を「自由な行為」と呼ぶベルクソンの議論を参照しながら，所与の選択肢に対する個人の選好順序に基づく選択の自由とは異なる自由の観念を提示する（第二節）。

　第六章では，第五章で明らかにされたことを論理学の用法を用いて論証する。なぜなら，アローは論理学を分析手法に取り入れて，それによって彼のリベラル・デモクラシー批判を根拠づけるからである。通常，アローの定理に書かれたすべての可能な選択肢の集合である普遍集合は観察可能なデータに基づいた有限で離散的な集合として表されるが，アローはそれが連続性をもつケースの考察をも行う（第一節）。有限集合においては，個人の全行動をその中で表現することはできない。次に連続的な変数をもつ集合のケースを考える。このケースで個人の全行動が普遍集合内に含まれると想定するならば，「集合論のパラドックス」という問題が生じる。ニコラス・ジョージェスク＝レーゲンによればこのパラドックスは，無限集合，あるいは数的な連続性は実在がもつ直観的連続性を表現できると考えることによって起こる問題であり，その問題を内包するゼノンのパラドックスは，数的連続性が直観的連続性を表現できないことの根拠である。そのような観点から，本節ではアローの用いる集合論の限界を示し，持続する実在および人格は集合論の扱いうる範囲を超えたところにあることを示す

（第二節）。ただし，これらの議論はアローの合理性の仮定がもつ数学的な整合性を否定するためではなく，単にそのような仮定は規約として，あるいは近似として実在を表現し，それに包摂されない実在の主体がもつ性質と意義を明らかにするためにのみなされる。すなわち，アローに反して選択行動に表されず観察不可能で合理的分析不可能なもの，すなわち実在する個人の人格の道徳的価値を明らかにするためにのみなされる（第三節）。

第四部

　第四部では，本書の提示する社会契約の特徴と，それとアローの社会厚生関数の関係を明らかにする。

　第七章では，第三部で明らかにした個人の人格が社会契約の主体となり，その尊重が基本的人権を基礎づけることを明らかにする。

　まず，アローの方法論的立場を批判し，本書の方法論を示す。第三部で用いたベルクソンは方法論的に論理的論証による倫理的言説の解明を目指す点でアローと一致する。ただし，観察可能で論理化可能な科学的分析が不可能なものに倫理的意義を認めないアローに反して，本書は論理学的分析を用いて，観察不可能でかつ数学的に定式化できないものの倫理的価値を擁護する（第一節）。次に，第三部で明らかにされた個人の人格の性質から，その道徳性や卓越性などそれに尊厳を付与するために必要な条件が導出されることを示す。言い換えれば，個人の人格は論理的分析によって完全に還元されないことが論理的分析によって明らかにされうるし，分析できないからこそ尊厳をもつことを示す（第二節第一項－第二項）。さらにアローに反して，哲学的思考をアローの考える科学によっては分析不可能な個人の人格の内省であるとみなす（第二節第三項）。続いて，基本的人権は，道徳的人格の尊厳によって基礎づけられることを明らかにする（第二節第四項）。

　これまでの分析によって，第四章で提示した先行研究の不足点が補える。第一に，それは個人が集団的アイデンティティを形成する動機に対する説明を提示する。第五章で示されたように，個人の人格は数理的には分析不可能な「直観的連続性」をもつと定義される。ベルクソンの方法論によれば，それは形而上学的な意味での永遠性を表す。他方で，個人一人一人の

生は有限である。この時，個々人は個人一人一人よりも永続する集合体を形成し，それに自らのアイデンティティの一部である内的な永遠性を預けようとする。こうして形成される集団的アイデンティティは「人間性」と呼ばれ，個々人に内在する（第三節第一項－第二項）。

　第二に，社会契約は道徳的人格を主体とするからこそその人格の尊重という理念が必ず採択される。社会契約は第五章の最後に示した意味での「自由な行為」としてなされる。それは，このような道徳的人格をもつ個々人が互いを唯一の人格として尊重しあい，互いの尊厳を容認しあうという合意を結ぶことである。そうすることで得られる相互尊重というつながりをつうじて，かれらはリベラル・デモクラシー社会の存続基盤である「人間性」をもつ集合としての「人民」という集団的アイデンティティを手に入れる。続いて，個人の人格がもつ「直観的連続性」と集団的アイデンティティがもつ「直観的連続性」が数学的に同値であること，そうであるがゆえに本書の方法論の下では規範的にも同価値であることを明らかにする（第三節第三項）。

　最後に，これらの分析によって，アローの道徳観を批判する（第四節第一項）。そのうえで，第一章で明らかにされた暫定協定的な要素のあるアローの社会契約と本書のそれを比較する（第四節第二項）。

　第八章は，本書の考える社会契約の特徴をまとめるとともに，それが社会契約の成立後の社会において，アローの考える社会厚生関数に与える制約を検討する。

　社会契約とその後の社会的決定を次のように示す。まず，本書が提示する社会契約の特徴をまとめる。それは，個々人が互いの人格が有する尊厳を認めあい，「人民」という集団的アイデンティティを共有するという合意である（第一節）。続いて，社会契約は権利の初期配分および立憲的選択に先立って，その選択の際に権利が採択されることの基礎づけおよび民主的正統性のためになされ，その後でアローの定理が扱う政策決定があることを示す（第二節第一項）。その際，社会契約の後になされる社会的決定においては，社会契約と矛盾する理念をもつ選択肢は，たとえパレート原理によって選出されたとしても司法審査によって採用されないことを確認する（第二節第二項）。最後に，本書が扱ってきた様々な社会的決定のあいだの

関係を図示する（第三節）。

　序章をまとめることにする。本書はアローの定理からリベラル・デモクラシーを擁護するための一つの方法を示すことを目的とする。ただし，これまでのことから明らかなように，本書はアローの枠組みを肯定したうえで，彼の諸条件を変更することで，アローの定理の数学的証明を修正しそれを克服しようと試みる研究ではない。それは，個人選好の組み合わせと社会選好の関数というもっとも根本的な「アローの枠組み」が，道徳的ルールという観点からすれば，それだけでは社会の存続基盤として不十分であることを明らかにする試みである。その際，数理的な定式化であるアローの枠組みと，具体的な時間の中にいる個々人の関係が問われることになる。本書の目的が達成されることで，私たちが現実に受け入れている体制に対して理論的な根拠を付与することができるであろう。

　以下に本書の構成を図示する。

図1　本書の構成

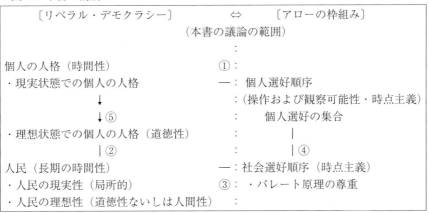

　図1を用いて，本書の論証過程を明確にする。本書の問いは，「社会の存続を基礎づける道徳的ルールの不可能性を示すアローの定理から，リベラル・デモクラシーは擁護可能か」である。その答えとなる仮説を図1に当てはめて答えると次のようになる。「リベラル・デモクラシーにおいて，そ

のような役割をもつ道徳的ルールは社会契約で採択される。その社会契約は，個人の人格を契約主体とし，それと人民の関係（②）を表すが故にアローの枠組み（④）に還元不可能であると同時に，アローの社会厚生関数に先立ってなされるべき前提である。それ故に，アローの定理から擁護可能である」。

　その仮説を明らかにするために，第一部では，第一章において，アローの定理と社会契約の不可能性定理が④の関係を示すこと，それが道徳的ルールの不可能性を含意することを明らかにする。第二章において，ただし，それが暫定協定的であり，社会契約（②）の役割を果たさないことを明らかにする。

　第二部では，先行研究におけるリベラル・デモクラシー論者とアローの論争を分析する。第三章では①の関係性，言い換えれば個人選好順序の尊重に基づく批判に応えるためには個人の人格の尊重を擁護する必要性があることを明らかにする。第四章では③の関係性を，言い換えればパレート原理の尊重に基づく批判に応えるためには「人民」という観念と社会契約（②）を示す必要性があることを明らかにする。

　第三部では，個人の人格が個人選好に包摂されないと主張する（①）。第四部では，人民という集団的アイデンティティが社会選好に包摂されない（③）とともに，社会契約が②の関係であると主張する。同時に，個人が理想的な道徳的人格に至る過程（⑤）を明らかにする。

第一部　アロー『社会的選択と個人的評価』（*SCIV*）の解釈

　はじめに，俎上に載せられているアローの定理はどのようなものだろうか。第一部では，第一に，アローの定理は，社会的決定プロセスの成立不可能性のみならず，それを応用することで社会契約の成立不可能性をも証明することを確認する。そして，アローがその双方の帰結を，社会の存続を基礎づける合意としての道徳的ルールとみなすが故に，アローの定理はそのような道徳的ルールの成立不可能性をも含意すると解釈する。第二に，アローがその際に依拠する「科学理論によって倫理的言説を解明可能である」という方法論的立場を明らかにする。第三に，一部のリベラル・デモクラシー論では，通常の社会的決定ではなく社会契約のみが社会の存続基盤である道徳的ルールを採択する合意であるとみなし，さらに社会契約にアローの考えるそれとは異なる道徳的かつ時間的特徴を付与することを明らかにする。

第一章　道徳的ルールとしての
　　　　アローの社会選好順序

> *"Scholars, both economists and writer on ethics,*
> *are trying to come to some kind of objective criteria."*
>
> (Arrow 1974a, 24)

　本章の目的は，1951年に発表されたアローの定理における方法論を明らかにしたうえで，その定理が科学的手法を用いて合意としての道徳的ルールを解明しようとした試みの一つであると解釈することである。

　この問題の背景を説明するために厚生経済学の歴史を端的に述べるならば，1920年代にはアーサー・セシル・ピグーによって創設された旧厚生経済学が主流であった。旧厚生経済学は経済厚生の価値判断は個人間比較可能な基数主義的個人評価に基づくとみなし，それが価値判断を扱いうると考えられていた。しかし，旧厚生経済学は1932年にライオネル・ロビンズによってその倫理的判断の非科学性が批判された。その後，彼の批判を受け入れることを一つの特徴として新厚生経済学が誕生した。新厚生経済学ではそれまで関連付けられていた厚生経済学の科学的分析と価値判断を方法論的に完全に分離した。サミュエルソンが述べるように，「倫理的価値判断が社会的分析に入ってはならないと主張することが，現代の経済学者の流行である。特にロビンズ教授はこの点を強調した。〔…〕科学的仮説が推論されたり証明されたりするのと同じ方法で，倫理的結論を導き出すことはできない」(Samuelson 1983, 220/226)。つまり，新厚生経済学は経済学から価値判断をなくし，純粋に科学としての経済学を設立したと考えられている。

　アローはアローの定理を発表した『社会的選択と個人的評価』において，アローの定理は新厚生経済学者であるバーグソンの多くの手法や問題関心を引き継ぐと述べている。他方で，アローは新厚生経済学の様々な特徴を取り入れつつも，それが倫理的判断を排斥する立場に対して否定的な態度

を示してきた[1]。アローによれば，

> （アローの定理は）単に技術的な争点なのではない。技術的なものと哲学的なものとは密接に混ざりあっていた。〔…〕一般に私のすべての仕事は，どの領域においても，私たちは技術的なものを切り離して，それをここに置き，哲学的な深い争点はあちらへと置くことができるという理念を否定しようとしてきた。〔…〕主要な争点と技術的な争点が同一視される社会的選択理論ほど，このこと（＝技術的なものと哲学的なものの関連性）をより明確にする分野はない（Kelly 1987, 54, 括弧内引用者）。

　この言葉に示されるように，アローの定理が発表された *SCIV* には技術的なものと哲学的なものの双方が含まれる。技術面では，同書は公理系アプローチによって，観察された個人選好順序を集計する集団的意思決定のプロセスの形式的な存在証明がなされている。数理的に言えば，それは望ましい諸条件をみたす社会厚生関数（social welfare function）[2]の存在証明である。社会厚生関数は，社会の構成員がもつ個人選好順序の論理的に可能な組み合わせの一つ一つと，一つの社会選好順序の対応関係を示す。アローの定理はその対応関係の存在証明が不可能であることを意味する。この側面からすれば，アローが問題にしているのは単に決定プロセスの証明であり，哲学的な問いは含まれないとも言えるし，しばしばそのような解釈がなされてきた[3]。他方で，アローは先の引用にあるように，その定理から哲学的問題を切り離して考えるべきではないとみなす。より具体的には，彼は後述のように，バーグソンが提示しつつも，新厚生経済学の範囲

1　それ以外の新厚生経済学の特徴として，序数的で個人間比較不可能な効用概念という情報的基礎と帰結主義とが挙げられる。アローはこの二つの特徴を新厚生経済学と共有する（鈴村 2001, 41－44）。

2　アローの用いる関数はバーグソンの社会厚生関数との区別のために社会的構成関数（social constitutional function）と呼ばれることもあるが，ここではアロー自身が用いた社会厚生関数という用語を使う。

3　規範的問いが含まれるとすれば，集計方法に課せられる条件の規範的望ましさに関する議論だけであろう（*SCIV*, 4-5/7-8）。

外とみなした社会厚生（social welfare）とは何かという哲学的な問題関心を，SCIV の中で引き継いでいると考えられる。アローにとって，個人選好順序と社会選好順序はそれぞれ個人厚生と社会厚生の理念を合理的に「操作可能」（operational）にしたものである。つまり，前述した社会厚生関数は価値中立的な単なる意思決定プロセスではなく，社会厚生の価値基準を導出するプロセスである。

　しかしながら，このようなアローの主張に反して，1951年における SCIV の初版での技術的側面と哲学的側面，あるいは社会的決定プロセスと社会厚生との関係は，バーグソンやリトルによる批判が示すように，必ずしも方法論的に基礎づけられてはいなかった。アローは1963年の第二版で彼らへの返答をつうじて，そのような基礎づけをしたと考えられる。それでは，アローはどのようにその双方の関係性を基礎づけたのだろうか。またそのことをつうじてアローの定理の含意はどのように広がるのだろうか[4]。

　結論を先取りすれば，本章は以下のことを明らかにする。アローは SCIV の中で社会的決定プロセスを技術的に解明することで，社会厚生とは何かという哲学的な問いもまた明らかになると考える。このことを，アローはポパーを援用しながら「科学理論によって倫理的言説を解明可能である」という独自の方法論によって基礎づける。さらに，もしこの基礎づけに成功し，かつ決定プロセスの帰結が社会厚生の価値基準であるならば，それは一つの価値観として構成員に内面的に受け入れられるべきであるし，なぜ受け入れられるのかが問われる。それに答えるために，アローは社会厚生の価値基準である社会選好順序を，多様な個人選好順序をもつ個々人が共存する社会の存続基盤である道徳的ルールとみなす。そのうえで，それに従うことは個人の欲求に適うがゆえに，あるいはその時にのみ，それは個人に受け入れられると考える。したがって，アローの定理は科学理論によって決定プロセスのみならず，合意としての道徳の証明可能性をも問

4　先行研究においては，アローの定理は SCIV から切り離されて分析されることがほとんどであり，SCIV を扱う研究はあまり存在しない。例外として，Amadae 2003, Amadae 2005, Delong 1991, Pildes and Anderson 1990, Pattanaik 2005 などがある。しかしそれらの研究もほとんどは SCIV を部分的に紹介するのみで，テキスト内在的な分析を行っておらず，行っている研究も本書で明らかにするような方法論的な問題については扱っていない。

うと解釈できる。

本章の構成は以下の通りである。まず，アローの定理以前における問題の背景として，1930〜40年代の新厚生経済学において科学と倫理は切り離して考えるべきとみなされてきたことを明らかにする（第一節）。次に，1951年版の*SCIV*には科学と倫理という二つの側面が，言い換えれば，社会的決定プロセスの解明と社会厚生の解明という二つの問題が内包することを指摘する（第二節）。続いて，その双方の関係すなわち科学と倫理の関係が方法論的に基礎づけられていないというバーグソン，リトルからの批判を示す（第三節）。さらに，その批判に対してアローがポパーを援用しつつなした答えを明らかにするために，ポパーにおける科学と哲学の関係を明らかにする。これをもとに，ポパーを援用したアローの方法論的基礎を分析し，それが「科学理論によって倫理的言説を解明可能である」という立場であることを明らかにする（第四節）。続いて，*SCIV*の文脈の上でアローの方法論を確認する（第五節）。最後に，アローの定理以降，アローが社会選好順序を道徳的ルールの定式化であると考えていたことを明らかにする（第六節）。

第一節　1951年以前の厚生経済学における科学と価値

本節は*SCIV*の初版が出版された1951年以前の厚生経済学史において，特に「幸福・厚生とは何か」という哲学的問題がどのように扱われてきたのかを概略する。

本章冒頭で述べたように，1920年にピグーは，基数的に評価され個人間比較が可能な個人効用を情報的基礎として経済厚生を判断する旧厚生経済学を創始した（Pigou 1978[1920]）。このように個人効用が基数的に評価されると仮定すると，効用あるいは幸福は可測的か否かという哲学的争点を避けては通れない。そのため旧厚生経済学においては「幸福とは何か」という哲学的問題は経済学から切り離せなかった。

その後ロビンズによって，基数的な個人効用の仮定が非科学的であると批判された。ロビンズによれば，もし個人効用が基数的であり，さらに個人間比較が可能であれば，「ある人の幸せは他の人の幸せよりも何倍大きい」と言える。しかし二人の幸福にこのような尺度を設ける科学的根拠は

存在しない。ロビンズは経済学は個人効用の基数評価をやめて，倫理的判断を排除した科学として確立されるべきであると主張した（Robbins 1935, Chap. 6）。

このロビンズの批判を受け入れて，個人効用を序数的にのみ評価する新厚生経済学が創設された。個人効用を序数的に評価する場合，個人の消費行動の選好順序が明らかになりさえすればよいため，それが個人の幸せを表現するか否かという価値判断は不要とされた。方法論的にも，サミュエルソンは新厚生経済学は最低限の価値前提のみに基づいた科学として確立されるべきであると考えた（Samuelson 1983, 243, 249/252, 258）。彼は厚生経済学は社会厚生の倫理的な内容を問わずとも，個人がもつ様々な価値判断の結果を検討するなどの仕事が可能であると考えた（Samuelson 1983, 219-220/226-227）。

そのような立場からサミュエルソンが社会厚生を導出するために定式化した関数が，アローが「社会厚生の価値基準は何か」という問題関心を引き継いだバーグソン＝サミュエルソンの社会厚生関数である。バーグソン＝サミュエルソンの社会厚生関数は最初にバーグソン（Bergson 1938）によって定式化され，サミュエルソンによって一般化された（Samuelson 1983, Chap. 8）。バーグソンはある一定期間の生産量や労働量など様々な要素に依存して経済厚生基準を導出する実数値関数として，経済厚生関数を定式化した。その後サミュエルソンによって関数は一般化され，近年では，バーグソン＝サミュエルソンの社会厚生関数はパレート原理をみたす社会選好に効用を対応させる実数値関数として定式化される[5]。

バーグソンとサミュエルソンは社会厚生関数がパレート最適性をみたすとは考えるものの，社会厚生の内容そのものは経済学の外部から，すなわち社会の当事者たちによってもたらされると考えた。この点から，サミュエルソンは経済学において価値判断は除外されるべきであるという見方に立っていた[6]。他方で，アローはバーグソンとサミュエルソンから「社会厚生の価値基準は何か」という問題関心を引き継ぎつつ，それが当事者た

5　補遺にて詳述する。

6　他方で，バーグソンは厚生経済学における社会厚生の評価基準が実際の社会で流通する価値評価と整合的であるべきと考えた（Bergson 1938; cf. 鈴村 2009，68-69）。

ちの個人厚生からどう導出されるのかという新たな問題を加えた。そして，アローは彼の定理においてその問題を新厚生経済学の枠内にとどめず，パレート原理以外にも妥当とみなしうる集計ルールの価値判断を伴う，より一般的で民主的な決定プロセスの問題とみなした（*SCIV*, 22-24/31-33）。

第二節　*SCIV* における社会的決定プロセスと社会厚生

　本節は *SCIV* におけるアローの定理の枠組みを紹介したうえで，その中にある社会的決定プロセスと社会厚生の問題の関連性を明らかにする。

　アローの定理は，集団的意思決定を個人選好順序の集計による社会選好順序の導出プロセスであるとみなし，そのプロセスにとって望ましいと考えられる四つの条件を設定し，そのような条件をみたす集計ルールの成立は論理的に不可能であることを証明する定理である。

　その定理を導出するにあたり，アローは消費者選択理論において使用されていた分析枠組みがより一般的な集団的意思決定の分析にも通用すると考えた。そのため消費者選択理論と同様に，まずすべての可能な選択肢の集合である普遍集合があり，個人はそれらを自分の評価基準に従ってランクづけすること，すなわち選好順序を作ることができると仮定される。このような個人選好順序を所与として，個人は「任意に与えられた状況において実際に利用可能な選択対象の中で，この一覧表（＝個人選好順序）において最高位にあるものを選択する」（*SCIV*, 2/5, 括弧内引用者）と仮定される[7]。この選好順序は選択肢が個人に与える満足によって定まる。

　個人が様々な選択肢の選好順序を決めるときに，守るべき規則として，以下の二つの条件が個人の選好順序に与えられる。

　　公理Ⅰ：すべての x と y に対して，xRy または yRx である[8]。
　　公理Ⅱ：すべての x と y と z に対して，もし xRy かつ yRz ならば，xRz である。

7　アローは *SCIV* で投票行動を想定し，立候補者の選択は政策の選択であると述べ，「選択対象は社会状態である」（*SCIV*, 17/24）と仮定する。

8　この公理は一般には $x \neq y$ の時には完備性，$x=y$ の時には反射性を表すとみなされる。

公理Ⅰは連結性の条件と呼ばれ，公理Ⅱは推移性の条件と呼ばれる。アローは個人がこの二つの公理をみたす選好順序をもち，その選好に基づいて行動するとき，その人は合理的であると定義する（*SCIV,* 19/26）。そのような定義において，アローは「社会のすべての個人は合理的である」（*SCIV,* 8/12）と仮定し，個々人の選好順序を集計する方法を模索する[9]。

要するに，アローは市場機構と投票を同じ集団的意思決定の形態であるとみなし，合理的な個人の仮定を投票行動の分析に採用する[10]。このように市場と投票の区別が無視されたために，個々人が選択する対象は，市場では財であり，投票では政策や政策が提供する社会状態であるという差異もまた無視される。言い換えれば，*SCIV* には選択対象の内容に関する考察が存在せず，それは「形式的な側面だけを問題にしている」（*SCIV,* 6/9）[11]。つまりそこでは「一組の既知の個人的嗜好から社会的意思決定の一つのパターンに移行する手続きを構成することが形式的に可能であるかが問われている」（*SCIV,* 2/4-5）。

また，社会も個人と同様に選好をもつと想定したうえで，その社会選好順序も同じく連結性と推移性をみたすと定義される（*SCIV,* 19/26）。集計ルールである社会厚生関数は，合理的な構成員がもつ個人選好順序を集計して社会選好順序を導出する形式的な方法である。つまり，アローにとって集団的意思決定とは個人選好順序の集計による社会選好順序の形成である。

社会厚生関数には定義域の非限定性・無関連対象からの独立性・非独裁性・パレート原理という四つの条件が課される。定義域の非限定性は，論理的に可能なすべての個人選好順序に対して社会選好順序が導出されうるという意味である（*SCIV,* 96/139）。無関連対象からの独立性は，選択対象

9　以下において，普遍集合に対して個人あるいは社会がもつ選好順序をそれぞれ個人選好順序，社会選好順序と呼び，二財に対する選好（二項関係）をも含めた選好をそれぞれ個人選好，社会選好と呼ぶ。

10　ただし，通常の市場分析では個人選好順序の集計方法は問われない。

11　アローは合理的な個人の仮定を形式論理学によって基礎づける。言い換えれば，アローにとって自らが読み替えを行った合理的な個人の仮定は，記号論理学という数理的手法に基づいており，一般的な集合的決定行為の分析に適用可能であるとみなされる。

以外の選択肢に対する個人選好が変化しても，もしその選択対象に対する個人選好が変わらなければ，その選択対象の社会選好順序は変わらないという意味である（*SCIV*, 26-28/37-40）。そして非独裁性は，ある個人を除いたすべての個人の選好順序が何であれ，その個人の選好順序がそのまま社会選好順序になるような個人が存在してはならないという意味である（*SCIV*, 30-31/42-43）。最後にパレート原理は，すべての個人がある選択肢をもう一つの選択肢よりも選好するとすれば，社会は前者の選択肢を選好しなければならないという原理である（*SCIV*, 96/139）。

　アローの定理は，このような諸条件をみたすいかなる集団的意思決定方法も存在しないことを意味する。その定理は，いくつかの数学的に定式化された仮定の下で，それらの条件もまた定式化された公理とみなし，その公理すべてをみたすルールを演繹的に導出するという，公理系アプローチと呼ばれる方法で証明される。

　この集団的意思決定のもっとも分かりやすい実例は投票である。アローは，投票は個人選好の集計による社会選好の形成として表現可能であると考える。詳細な証明は補遺に譲るものの，アローが定理を導出する際に出会った集計上の難点は「投票のパラドックス」（paradox of voting）と呼ばれる。投票のパラドックスは次の例で有名である。三人の個人がいて，それぞれの選好順序が三つの選択肢に対して個人 1：$x>y>z$，個人 2：$y>z>x$，個人 3：$z>x>y$ という個人選好順序をもつと仮定する。このとき，集団的意思決定の方法として，二つの選択肢のあいだで多数派の選好を選ぶという多数決の方法を採用するとする。その場合，二つの選択肢のあいだの社会選好は $x>y, y>z, z>x$ である。推移性の条件より，もし $x>y, y>z$ ならば $x>z$ である。しかしこれは多数決の結果である $z>x$ と矛盾する。また推移性を課さなければ $x>y>z>x$ という循環が生じ，社会選好順序を導き出せない[12]。つまり上記の難点は，いかなる集計方法も，私たちが日常的にしばしば用いる多数決でさえも望ましい社会選好順序を導き出せないことを示しており，極めて解決が困難なものである（*SCIV*, 2-3/5）。

12　ここでは多数決原理とは，選択肢のうちのそれぞれ二つの選択肢に対して，そのうちの片方を選ぶ人がもう片方を選ぶ人よりも多い場合に，集団的意思決定においては前者の選択肢を採用するというルールを指す。

アローによれば，アローの定理のこのような技術的な側面は，新厚生経済学の主流の考え方に反して哲学的な側面と密接にかかわっている。数学的定式化は価値自由ではなく，哲学的理念の表現である。「個人の厚生とは何か」，「社会の厚生とは何か」という哲学的な問題を科学的に分析可能にするためには，数学的に定式化可能な理念にそれを翻訳し，そうすることで操作可能にしなければならない。アローにおいて，個人選好順序は個人厚生の評価基準であり，その操作可能な理念である（SCIV, 107/154）。同様に，社会選好順序も社会厚生の操作可能な用語である。したがって，アローにとって個々人の選好から社会選好順序を導出するという問題は，個々人の厚生基準から社会厚生の評価基準を明らかにすること，あるいは個々人の善に基づいた社会善の導出という哲学的な問題の技術的な解決手段である。

要するに，SCIV においては，アローの定理は社会的決定プロセスのルールの導出という科学的問題であるとともに，社会厚生の評価基準の解明という哲学的問題でもあるとみなされる。しかし，このような見方はリトルとバーグソンから批判を受けることになる。

第三節　バーグソンおよびリトルとアローの論争

アローの定理に対しては，1951年に出された SCIV の第一版から12年後の第二版出版までにおいてさえ，様々な批判的な研究がなされた[13]。たとえば，バーグソンとリトルは SCIV が出版された直後からそれに対して方法論的な観点から批判を加えた。彼らの批判はアローが SCIV の第二版で取り上げて自らの方法論的立場を明確にしたために，その立場を知るうえで重要である[14]。

まずバーグソンは，主に次の点からアローを批判した（Bergson 1954）。アローは自らが求める集団的意思決定の方法を民主的な決定プロセスであるとみなす。集計プロセスが民主的であるためには，そのプロセスそれ自

13　最も有名な研究はアローの証明の混乱を指摘した Blau 1957 が挙げられる。

14　SCIV の出版直後から，アローへの批判には様々なものがあり，アロー自身が第二版で注で取り上げるものだけでも多大な数である（SCIV, 103/149n32）。

体が民主的要請に適うという手続き主義的な評価と，その帰結が民主的であるという帰結主義的な評価が考えられる。アローは社会選好順序が社会厚生の評価基準であるとみなすことで，後者の帰結主義を採用していると考えられる。

　しかし，アローが社会厚生関数に課したいくつかの条件は手続き主義でなければ成り立たない。たとえば帰結主義ならば，社会選好順序が推移性をみたさないことは問題にならない。バーグソンによれば，ルールを帰結で評価するとすれば，推移性の喪失はむしろ望ましい社会状態を生み出す。その理由は以下の通りである。社会選好順序が推移性をみたさないならば，個人選好順序が同一であるにもかかわらず，機会集合さえ異なれば，たとえばある決定では社会選好順序が $x>y$，次の決定では $y>z$，その次の決定では $z>x$ となり，結果として $x>y>z>x$ というサイクルが生じる。しかし，このように多数派の意見が固定していないことは少数派にとってむしろ望ましい。なぜなら，固定された多数派の存在は常に固定された少数派の意見を生み出すが，多数派が流動的であるならば少数派もまた流動的であり，同じ個人の意見が社会的に排除され続けるとは限らないからである。バーグソンの言葉を借りれば，推移性の要請は「多数派の搾取に対する少数派の恐怖を完全に考慮に入れているわけではない」（Bergson 1954, 237）。そのため，この要請は手続き主義でなければ意味がない。同様に，たとえば非独裁制の条件は手続き主義の要請である。なぜなら帰結主義であるならば，独裁者を容認して結果的に平等な分配を実現してもよいからである。したがって，アローの課す条件の多くは手続き主義を前提にしており，その点でアローの考えは矛盾している。

　さらに，もしアローが述べる通りに帰結主義である場合，次のような別の問題が生じる。ある政治的な決定プロセスがその帰結によって民主的であると評価されるためには，帰結が社会状態にかんする「私たちの価値」であると人々が容認する必要がある。しかし，アローが数学的に存在証明をする社会選好順序が「私たちのもの」であると，誰が市民たちに対して言えるだろうか。アローの社会選好順序は，単にアローのような理論家ないしは観察者が社会の外側から社会に示す概念にすぎず，そのような概念を社会の実際の構成員である市民たちが自分たちの社会の価値基準として受け入れる理由はない。

要するに，バーグソンは社会選好順序が社会厚生という価値判断を含むことに対して懐疑的であり，もしアローが自らの立場を維持するのならば，導出される社会選好順序が社会厚生の価値基準であることを市民が受け入れる理由を示さねばならないと批判した。

これらのことから，自らの社会厚生関数がバーグソンの関心を引き継ぐと考えたアローの主張に反して，バーグソンは自らの社会厚生関数とアローの社会厚生関数が無関係であると主張した。言い換えれば，バーグソンはバーグソン＝サミュエルソンの社会厚生関数を，観察者の視点からその形状のみを規定し，その内容に関しては経済学の外部から，言い換えれば社会の当事者たちからもたらされるとみなした。そのため，その関数を当事者たちの個人厚生の集計として捉えようとするアローの考え方に対して，バーグソンは価値観の受け入れという点から批判を加えた[15]。

バーグソンがなしたアロー批判は，リトルによってより明確に指摘された。リトルによれば，アローは集計のための彼の関数を社会厚生関数とも社会的決定プロセスとも呼ぶ。しかし，それを社会厚生関数と呼ぶ理由はない。なぜならそれは社会的決定プロセスであり，構成員の価値判断を裁定する役割をもつが，その帰結が社会厚生の価値判断を表す理由はないからである。さらに，もしそのプロセスによって出てくる帰結が価値判断を表すとしたら，多様な個人選好順序という価値判断をもつ個々人がどうしてそのような社会厚生の価値判断を受け入れるのかという問題が生じる。かれらは自分の価値判断とは異なる社会厚生の価値判断を受け入れる際に自己矛盾を起こすだろう。他方で，帰結が価値判断を含まないとしたら，

15　そのうえで，バーグソンはアローの定理は厚生経済学の分野には属さないとみなす（Bergson 1954, 243）。その理由は，厚生経済学は個人厚生に関してかれの価値観にふさわしいやり方で個人に助言をすることを目的としているのであり，アローの立場と解釈可能であるような，市民たちの厚生を向上することを目的とする公職者に対して助言することを目的としていないからである（Bergson 1954, 242）。これに対して，アローはバーグソンによる自身への解釈を受け入れつつ，公職者に対する助言こそが厚生経済学の役割であると反論する。なぜなら，それは社会がどのような政策を採用すべきか，どのように行動すべきかを問う学問だからである（*SCIV*, 106-108/153-156）。このことは，社会厚生を決めるのは個々人かそれとも個人の厚生を集計する為政者かという観点を含んでいる。

個々人はその帰結を単なる意思決定の結果として受け入れる可能性がある（Little 1952, 422-432）。

　要するに，バーグソンとリトルの批判は次の二点に要約できる。第一に，社会的決定プロセスの解明によって社会厚生の価値基準が導出されるとアローは述べるが，その理論的な根拠が提示されていないという点である。第二に，もしアローが述べる通り，社会的決定プロセスの帰結が社会厚生に関する価値基準であるならば，それは構成員の内面的な価値基準であるし，かれらがそれを内面的に受け入れる理由を明らかにするべきであるという点である。前者は *SCIV* に対する内在的批判であり，後者は新しい問題提起であると言える。以下，順を追ってアローの応答を見ることにする。

　第一節で述べたように，バーグソンおよびリトルの第一の批判の背景には，科学的論証と価値命題を分離して考えるべきだという彼らの方法論的立場がある。他方でアローはその双方を分離すべきではないと考える。彼らの対立はこのような方法論的な差異に基づくと考えられる。したがって，この批判に対するアローの応答をみることで，アローがどのような方法論によって科学的証明と価値の問題を関係づけるかを知ることができるであろう。第一の批判を受けて，アローは *SCIV* 第二版で社会的決定と社会厚生の関係について以下のように補足する。

　　リトルは社会的意思決定のための規則と厚生判断は同じものではないと力説した。〔…〕私はこの区別を明確に理解している。私が関心を抱いているのは実際に社会的決定プロセスであり，厳密に言えば，どの個人の厚生判断でもないと私は考えたい。しかしそうは言うものの，私の考えでは，社会的決定プロセスが社会厚生の直観的概念の適切な説明として役立つのだと付言せざるをえない。社会的善を明確に説明する（formulating）という古典的問題は，実は形而上学的種類に属するものであり，近代実証主義によれば無意味であるが，その根底にある論点は現実のものである（real）。この問題および他の倫理的諸問題に対する私自身の見解は，ポパーが表明しているものと一致する。すなわち「形而上学的，したがってたしかに哲学的な学説のかなりのものは，方法論的諸規則の実体化（hypostatization of methodological rules）として解釈できる」というものである（*SCIV*, 106/152-153, 強調

点は引用者）。

要するに，社会的決定プロセスと社会厚生の関係という問題に対してアローは，社会的決定プロセスの解明は社会厚生の説明となりうると答える。そして，その方法論的根拠としてポパーを引用する。しかしアローは *SCIV* においてこれ以上の説明をしていない。アローの論述におけるポパーの引用部分である「哲学的な学説のかなりのものは方法論的諸規則の実体化として解釈できる」という箇所の意味を明らかにし，そうすることで科学理論の哲学的な含意に関してアローがもつ見方を明らかにするために，次節は，ポパー『科学的発見の論理』（Popper 1956）を引用箇所を中心に分析し，当時の一部の新厚生経済学がそれをどう自らの方法論に取り入れたか，さらにアローがそれをどう取り入れたかを明らかにする。

第四節　*SCIV* の方法論的基礎

1920年代，科学哲学においてルドルフ・カルナップ，初期のルートヴィヒ・ウィトゲンシュタインらの研究に代表される論理実証主義が興隆する。その主義は，科学理論に対する従来のあいまいな方法論的規定を改め，実証可能な理論のみが科学であるという規定を定めたうえで，そのように規定された科学理論のみが有意味な学問であると主張した。一般に，ポパーは論理実証主義者の一人とみなされる。しかし，ポパーは科学理論の実証可能性を尊重するという点では論理実証主義と立場を共有しつつも，科学理論のみが有意味だというわけではないと主張するという点でそれに対して批判的である。本節では以下において，論理実証主義との比較をつうじてポパーの主張を明らかにする。次に，それを取り入れたアローの立場を明らかにする。最後に，ポパー本来の立場とアローの立場のあいだの差異を指摘する。

論理実証主義者は実証可能な科学理論のみが客観的理論であると主張する。論理実証主義者にとって科学の方法論的規定は，科学的命題は帰納的に導出され，それゆえにその真偽が経験的に実証可能であるということである。そして，このような方法論的な規定をみたす科学のみが客観性をもつ。

第1章　道徳的ルールとしてのアローの社会選好順序　　**51**

　しかし，ポパーは実証主義者の方法論的規定に対する主張に反して，帰納的方法によって科学的命題の真偽は解明されないと考える。彼が帰納法に反対する理由は以下の通りである。一方で，科学的命題はあらゆる事象に適用可能であるという意味で普遍的な命題でなければならない。他方で，経験的に明らかにされる命題は具体的な事例に当てはまる命題である。実証主義者は後者によって前者が導出されるとみなすが，普遍的な命題はそれらの具体的な命題の集積によって導出されない。なぜなら，帰納的な方法では，ある程度の帰納を重ねればその命題の普遍性が証明されるという帰納の正当性を示す閾値が示されないからである。たとえば，たとえこれまで黒いカラスしか発見されていないとしても，「カラスが黒い」という命題を科学命題と言うことはできない。なぜなら明日白いカラスが発見されるかもしれないし，何羽のカラスを検証すれば「客観的検証」と呼びうるのかが不明確だからである[16]。

　ただし，経験分析は科学にとって不要というわけではない。ポパーは科学的命題は経験的に検証されるべきであると考えるという点で，実証主義者に属する。ポパーによれば，経験的分析の役割は実証主義者が考えるような科学命題の導出ではない。その役割は，様々な命題が直観と演繹によって創造された後で，それらを経験にさらすことで現実的妥当性を比較し，どの命題が生き残るかをテストすることである。

　こうしてポパーは，科学理論は実証主義者が主張するような実証可能性を課すことによってではなく，「相互主観的にテスト可能な言明だけが科学に取り入れられてよいものだ」（Popper 1959, 56/68）という方法論的な取り決め（convention）を課すことによってこそ，初めて客観的であると呼ばれうると述べる。このことをポパーは科学理論の「客観性の要求」と呼ぶ。この「テスト可能性」（testability）の要請は導出方法と経験分析の二つに与えられる。科学的命題はその演繹的な導出手法が第三者の目に

16　さらに，帰納の原理それ自体は普遍的命題とみなされているが，この命題もまた帰納的に正当化されなければならない。すなわちその命題は，「この事例に関しては帰納の原理が成り立つ」という個別的命題が成り立つことから帰納されなければならない。それらの個別的命題についてもまた帰納的方法で正当化される必要があるが，その際には前述した問題が残されている（Popper 1959, 29/32）。

「テスト可能」であるとともに，経験的にも規則性があるが故に反復可能で，そのために「テスト可能」あるいは「反証可能」でなければならない。ポパーは，それらのテストを経て生き残りうる命題こそが真の，ないしは真に近い科学命題であると考える。

　このような方法論的観点から，ポパーは当時の選択理論が反証可能性をみたし，「生き残る科学理論」であるとみなす。その理由は次の通りである。ポパーが課す方法論的諸規則の一つは，新しい理論は既存の理論が説明可能な事象をすべて説明できなければならない，すなわち既存の理論よりも経験的事象を予測可能でなければならないという規則である。この点からすれば，経済学における合理的選択の理論はその仮定によって実際の個人の行動を大まかに予測することは可能であるし，予測可能性という点でそれに勝る代替案が構築されていないがゆえに，現時点では比較的生き残る科学理論である。つまり，それは現実行動にもっとも近い定式化，言い換えれば「近似」である（Popper 1960, 140-141/212）。

　このようなポパーによる経済学が客観的な科学理論であるための方法論的な基礎づけは，経済学者，特に経済学を科学理論として確立しようとしていた，ロビンズをはじめとした新厚生経済学に影響を与えた[17]。ただしかれらは，後述するポパーにおける哲学と科学の関係性にかんする議論には関心がなかったのであろう。かれらは，価値基準を放逐した科学として新厚生経済学を確立するためにのみポパーを用いたと考えられる。

　他方でポパーは，帰納的命題のみが客観的で意味のある科学理論であるという主張を論破したうえで，哲学に意味を認めない論理実証主義の立場もまた否定する。論理実証主義の立場からすれば，形而上学的問いは無意味と考えられた（*SCIV*, 106/167-168）。ポパーによれば，「（論理）実証主義者は『実証的』経験科学の領域外にも有意義な問題——真正の哲学理論によって扱われるべき問題——があるはずだという考えを嫌う。〔…〕かれは，そのように主張される哲学的問題なるものの中に，ただ『似非問題』，あるいは『パズル』しか認めようとしない」（Popper 1959, 51/61，括弧内引用

17　ロビンズによれば，ポパーが考える科学の客観性の要請は新厚生経済学にも当てはまる。ただし，自然科学とは異なり，社会科学においてはある理論が予測することで事象そのものに影響を与える可能性があるため，予測可能性が成立しづらいという点をポパーもロビンズもともに認める（Robbins 1981, 2-4）。

第1章　道徳的ルールとしてのアローの社会選好順序　　53

者）。そして，かれらは「経験科学だけが有意味である」（Popper 1959, 52/62）と考える。この考え方は帰納法の重視によって基礎づけられた。

　これに反して，ポパーによれば，科学が有意味で哲学が無意味であるわけではなく，二つのあいだに明確な線引きはない。前述したように，科学は帰納法よりも直観と演繹を必要とする。さらに，このような科学命題の客観性を確立するための方法論的諸規則は哲学的問題の解明にも役立つ。哲学に対するポパーの立場は以下の通りである。哲学ないし形而上学は，物事の本質は何かを追求し，それを解明しようと試みる。そのような問いは無意味ではないものの，「形而上学的な，したがってたしかに哲学的な学説のかなりのものは，方法論的諸規則の典型的な実体化（typical hypostatization of methodological rules）と解釈できる」（Popper 1959, 55/67-68）。「方法論的諸規則」は，チェスのゲームのルールのように何事かを共同でする際の方法論的な取り決め（convention）を意味する。それを理論に当てはめてみると，それはたとえば「事物の説明はテスト可能性でなければならない」という取り決めを意味する。また「実体化」（hypostatization）は，何かがあるものの実体・本質（hypostasis）となる（…tization）ことを意味する。したがって，「方法論的諸規則の実体化」は，たとえば「物事を因果関係によって説明しなければならない」という方法論上の取り決めが「物事の因果関係が存在する」という実体的なものに対する主張になり，「物事の本質は因果関係である」という哲学的主張になることを意味する。あるいは「物事を合理的に説明しなければならない」という取り決めが「物事の合理的な関係性が存在する」という主張になること，すなわち実体化されることを意味する。

　したがって，アローが引用する「哲学的な学説のかなりのものは方法論的諸規則の実体化である」という上記の文の意味は，ポパーによれば科学的説明の取り決めにすぎないようなものが，一部の哲学においては実体化されているということである。つまり，ポパーは哲学に意義があると認めるものの，実体的に存在する何か，言い換えれば，物事の本質を問う哲学的な問題を解決すると主張される「実体・本質」の存在を認めない。それら実体として論じられているものは理論構築のための一つの取り決めであり，哲学はそのような取り決めをめぐる議論とみなすことができる。そうであるからこそ，どの取り決めが望ましいかを決定する基準となる，科学

における方法論的諸規則が哲学に対しても適用可能である。

したがってポパーによれば，科学も哲学も批判的で合理的な方法を用いるという方法論的規則を適用することによって解明可能である。ただし，ポパーは一方で科学は第三者がテスト可能な合理的な分析とともに経験的分析によって基礎づけられるが，他方で哲学は実証的に分析不可能であることを認め，それは単にテスト可能な合理的な分析によって基礎づけられるとみなし，双方の方法論的諸規則の中身を区別する。

アローはこのようなポパーの哲学的理論に対する考え方と自分の考えが同じであると述べる。すなわち，アローは「社会厚生とは何か」という哲学的質問に対する本質的，実体的な答えは存在しないけれども，その合理的な定式化はたとえ一つの取り決めであれ，その概念の説明になりうるし，そのような説明をすることで哲学的な問題は解明可能であると考える。

このような補足説明によって，アローは「社会厚生とは何か」という哲学的問いが社会的決定プロセスによって明らかにされると考える自らの立場を，言い換えれば，哲学的問題はそもそも合理的説明以上のものではないと考える立場をポパーの方法論を援用しながら正当化する理由が明らかにされる。ただし，アローはポパーと異なり，経験的でかつ合理的な科学理論によって哲学的な問題が解決可能であると考えていると解釈できる。つまり，アローはポパーと異なり，科学と哲学との間に方法論的な差異を認めない。その点で，彼の方法論は独自性をもつと考えられる。またそうすることで彼は事実と価値のあいだの分断を方法論の観点から克服しようと試みる。次節では，このようなアローの方法論的立場を *SCIV* の文脈から読み解くことにする。

第五節　表明された選好と道徳的選好の違い

SCIV 初版と同年の論文において，アローは社会科学が科学であるためには間主観的な客観性をもつ数学的なモデル構築を取り入れつつ，それを実証的な観察データによって常に検証する必要があると述べ，論理的演繹と帰納的推理の双方の必要性を説く（Arrow 1951c, 130-132）。つまりアローが科学的客観性の要求と考えるものは，科学的言明は演繹に基づく普遍的命題であるとともに，実証によって検証可能でなければならないという

ことである。

さらにアローは *SCIV* において，自らの分析手法が自らが考える科学的客観性を備えていると考えていると解釈できる。そう解釈できる理由は以下の二点である。第一に，アローの手法は消費者選択理論の応用であるものの，彼はそれに公理系アプローチという演繹的手法を導入することで，自らの手法を普遍的な理論であると考える。アローによれば，前述したように「投票と市場の方法は，社会的選択をする際に多くの個人の嗜好を融合させる方法」（*SCIV*, 2/4）である。「社会選択の仕方に関するいろいろな価値判断の整合性について以下で論ずる場合に，投票と市場メカニズムのあいだの区別を無視し，両方とも集団的な社会的選択というより一般的な範疇の特殊なケースとみなす」（*SCIV*, 5/8）。つまり，アローは自らの分析枠組みが，単に消費者選択に当てはまる枠組みではなく，より普遍的な集団的意思決定の枠組みであると考える[18]。さらに，彼は演繹的手法によるモデル構築を行う。

第二に，アローは実証的なテスト可能性を自らの理論が備えていると述べる[19]。アローによれば，理論と現実は分離されるべきではない。彼は *SCIV* で以下のように述べる。

> 私は経済学をある一組の仮定から，実在（actuality）へのそれらの関連性にかかわりなく論理的帰結を引き出すこととは考えていない。経済学は現実のある一側面における一様性（uniformities）を発見する試みであると私はみなす（*SCIV*, 21/29n18）。

---

[18] アローが集計プロセスに課す四つの条件はいずれも観察不可能であり，科学的客観性の要請に欠けるという批判が可能である。これに対してアローを擁護するとすれば，それらは定式化可能であるがゆえに操作可能であり，多くの人が受け入れ可能な最低限の条件である。確かにそれらはアローの理論の価値前提である。しかし，サミュエルソンによれば，新厚生経済学は社会科学であるがゆえに価値中立的ではありえず，パレート原理など定式化可能で一般的な価値判断を前提とする。重要なのは，それらに対して理論家が自覚的でありうることである（Samuelson 1983, 17-18/25-26）。

[19] 定義域の非限定性を導入する際も，アローはその条件が自らの分析の一般性のために要請されると述べる（*SCIV*, 17-18/25-26）。

56　第一部　アロー『社会的選択と個人的評価』（*SCIV*）の解釈

さらに第三節で前述した引用文（49-50頁）の中で，アローは以下のように述べる。

> 私は社会が社会的決定をするための諸規則をつうじて選ぶ行動の中にそれら（＝社会的評価）を位置づけたい。この立場は，評価に対する序数主義的見解の自然な拡張である。それが個人に対して評価と選択を同一視するのとちょうど同じように，私は社会的評価とは社会選択以上の何物をも意味しないとみなす（*SCIV*, 106/167-168，括弧内引用者）。

アローは，観察可能な個人行動の解明によって社会的評価が明らかになるという考え方を「評価に対する序数主義的見解の自然な拡張」であると考える。序数主義的見解は，観察可能な個人選好によって表現可能な無差別曲線によって，個人選好順序が示されるという見解であると考えられる。この見解においては，基数主義的な個人効用の問題は扱われないため，「幸福，効用とは何か」という形而上学的な問いは不要になる。つまり「厚生判断は個人間で観察できる行動のみに基づくべき」（*SCIV*, 110/157）である[20]。

　このように，アローは自らの手法が自らが考える科学的客観性の要請をみたすと考えていたと解釈できる。つまり，それは観察可能なデータに基づく演繹的手法を用いた一般理論であり，実際の個人行動に基づいて理論構築ができる[21]。そうであるが故に，観察可能な個人行動を予測し，かつそのデータに基づいて理論の予測可能性の度合いが明らかになる。

　さらに，*SCIV* におけるアローの方法論的立場は，科学的客観性の要請をみたす自らの理論によって哲学的問題をも解明できるという立場である。表明された選好と道徳的選好が異なるという批判に対してアローが反論す

---

[20]　しかしアローと新厚生経済学の違いは，アローが観察可能な行為の理論構築によって哲学的問題をも解決可能であると考える点である。

[21]　このことは顕示選好理論に基づく。アローは1959年に顕示選好理論についての論文を公表している（Arrow 1959）。この文は1963年版の *SCIV* にあり，その版の脚注においても顕示選好理論の発展について触れられている（*SCIV*, 120/171n72）。

るとき，アローの方法論は明確に示される。

　アローは前述したアローの定理の否定的結論を回避するために，四つの条件のうちのどれかを緩和することを検討する。そのうちの一つとして検討されるのが，いかなる個人選好順序の組み合わせも容認されるという条件1の緩和である[22]。アローによれば，カントやルソーらの「理想主義的な」思想家は日常的に表明される選好と道徳的な選好を区別し，道徳的な選好においては全員一致の仮定が成り立つと考える（*SCIV*, 82-83/121）。この考え方を用いつつも，彼らに反して表明される選好（expressed preference）と道徳的な選好（moral preference）を同一とみなしたうえで，アローは条件1を緩和し，人々の個人選好順序が同一であるという制約を課せば，不可能性定理は問題にならないと述べる（*SCIV*, 74/109）。

　このような回避方法の前提にある，表明される選好と道徳的な選好を同一視するという点が正当化されるかをアローは検討する。彼はもっとも理想主義を体系的に表す思想家としてカントを挙げ，カントにおける道徳的命令と実用的命令の区別を示す。アローの解釈するカントによれば，個人は実用的命令としての個人選好順序と道徳的命令としての個人選好順序という二種類の選好順序をもつ。アローが考えるような日常的に表明される（expressed）個人選好順序はカントにおいては実用的命令に近い。このような個人選好はアローにおいては社会厚生の情報的基礎であるが，カントは，表明される選好は腐敗していて道徳的な価値判断の基準にはならず，極めて理想的な状態で表明される道徳的な命令としての選好こそが道徳的判断の基準であると考える。つまりカントの見解は，日常的な個人選好が社会的道徳を形成するというアローへの批判的見解である。

　これに対してアローは，カントの考える道徳的な選好は観察不可能であるが故に，理論構築のデータとして用いることはできないと反論する。アローは自らの主張を厚生経済学の文脈で明らかにするために，このカントの考え方を用いて，日常的に表明された個人選好を社会厚生の基準とみなす考え方を批判した論者として，モーリス・ドッブを挙げ，ドッブとアバ・ラーナーの論争を取り上げる（*SCIV*, 84/122）。

22　詳細に言えば，1951年版の*SCIV*における条件1と1963年版の*SCIV*における条件1'（公理UD）は異なる。詳しくは補遺を参照のこと。

58 第一部 アロー『社会的選択と個人的評価』（*SCIV*）の解釈

　ドップとラーナーの論争は，社会主義における計画経済と資本主義とのどちらが普遍的な経済法則を提供しうるか，言い換えればどちらが客観的な科学たりうるかを主題とした論争であると考えられる（cf. Amadae 2003, 90）。一方でドップは計画経済の科学理論としての客観性を擁護し，資本主義を批判する。他方でラーナーは資本主義の擁護の観点からその批判に反論する。結論を先取りすれば，アローはその論争を次のように解釈する。一方で，ドップは表明される選好は腐敗していて価値判断の基準にならないと主張する。他方で，ラーナーはたとえそれがならないとしても，それとは異なる理想的な道徳的選好がいかにして明らかにされ，合理的に説明されるのかと反論する。アローは自らの立場をラーナーに近いと述べる。

　ドップの主張は大まかに言えば以下の通りである。新厚生経済学者によれば，経済学はあくまでも社会善という目的を所与としたうえで，希少手段の適切な適用パターンを構築することにのみ関心がある。それは特定の状況下での目的を「規定」（prescribe）することはできず，その際の判断基準にもならない。他方で，かれらは暗黙のうちにある一つの規範に訴えかける。それは消費者選好の不可侵性である（Dobb 1933, 591）。つまり，それは消費者選好が個人善を表し，社会善はそれを反映すべきであるがゆえに，消費者選好は社会善の指標となりうるという規範である。そのため，もし消費者が全員一致である対象を選好すれば，そのような選好を社会は尊重しなければならない。「経済的デモクラシー」においても同じ不可侵性が投票者の選択に与えられる。しかし，広告や出版による影響を受けて，人々の選好の不可侵性は無残に害を被る。ドップが述べるには「もし資本主義下での消費者の選択が慣習によって左右され，広告によってだまされやすく〔…〕もしそれが『教育』される必要があるならば，なぜ私たちは野蛮な状態での表決を受け入れなければならないのか？」（Dobb 1933, 592）。つまり，資本主義において想定されている，表明される選好の不可侵性には意味がない。他方で社会主義国家では，利率や賃金率，資源の分配などは，国家による現在から未来にわたる分配についての決定によって決められ，市場における個人選好に基づく決定によるわけではない。こうしてドップは資本主義を批判し，社会主義を擁護する。

　「消費者選好の不可侵性」（*SCIV*, 84/123）に対するドップの批判は，バーグソンとアローが共通してもつ消費者の全員一致の選好は社会善の価値基

準となるという消費者主権の理念および，そこから引き出される個々人が表明する日常的な個人選好こそが，それを集計することで社会厚生の指標となるというアローの立場に対する批判である。

アローはドップに批判的なラーナーの意見を引き合いに出して，ドップに対して再批判を加える。ラーナーの指摘どおり，ドップの意見は観察可能な選好と道徳的な選好の差異を指摘するものの，どのような道徳的命令の一致が望ましいのか，それに到達するためにはどのような集団的な選択方法が必要であるのかということを論じていない。ドップは道徳的命令の一致に何らかの「超越的最適性」があると考えるが，このような超越論は合理主義の伝統に反する（*SCIV*, 84/123）。

アローによれば，「ドップの研究は社会的倫理の基礎としての合意（agreement）の原則を承認することによって引き起こされるジレンマを明確に示している」（*SCIV*, 84/123）。もし日常的に表明された選好が腐敗しており，理想的な選好に合意が見出されるべきであるとすれば，そのような観察不可能な理想的な選好とは一体どのようにして分かるだろうか。それに対して合理的な説明は可能だろうか。もしそれを超越論的に説明するのだとすればそれは倫理的絶対主義である。しかし「自由主義的定式化に潜む特定の不足点をどれだけ拒否されても，自由主義的伝統の中で育てられた者にとって，倫理的絶対主義は納得いかないものである」（*SCIV*, 85/123-124）。

アローによる古典的自由主義の定義を考えると，「自由主義的定式化」は観察可能な個人選好に基づいた社会選好の定式化を，さらにはそれによって社会善を追求する立場を示す（*SCIV*, 8/11-12）。アローは*SCIV*においてその根拠を明示しないものの，彼は別論文で以下のような厚生経済学の基本定理の数学的証明を行う。その証明によれば，消費者選択理論において個人は合理的であることが仮定され，個人の選択は個人選好に基づくとみなされる。個人の選択は市場において観察可能であり，顕示選好理論によって，観察されたデータに基づく個人選好は無差別曲線上に表現され，合理的分析が可能となる。そのような個人選好をもつ個々人の競争によって，社会は社会厚生という観点から望ましいパレート最適状態に至る[23]。つま

23　パレート最適状態とは，すべての個人がほかの状態とその状態を無差別とみ

り，厚生経済学の基本定理に基づけば，個々人の自由な消費行動こそがパレート最適状態を生み出すのであり，そのために表明された個人選好は社会厚生の促進という観点からして望ましい選好である。したがって，個人選好において「『である』（is）と『べきである』（should）は同一視される」（Arrow 1983, 97）。このような市場分析における考え方は，SCIV において，より一般的な社会選択の問題にも応用されていると解釈できる。

　他方で「倫理的絶対主義」は，個人選好に基づかず，いかなる経験的根拠も合理的な根拠も与えられないが，ある理想的で絶対的な道徳的命令が存在し，かつそれに対する合意が存在すると考える立場を指す。アローはそのような倫理的絶対主義は理論として成り立たないと主張する。

　要するに，SCIV におけるこのような議論からは，理論とは観察可能なデータに基づく普遍的で合理的な分析によって初めて成り立つのであり，「社会善とは何か」という規範的問題を解明する際もそのような方法論を採用するべきであるというアローの立場が読み取れる。つまり方法論的立場におけるアローの独自性は，哲学に科学的な方法論的規則が適用可能であるというポパーの考えを援用しつつも，ポパーよりもラディカルにそのあいだの方法論的諸規則の内容に差異を認めないという点にある。

第六節　SCIV 以降

　アローの定理の公表以降，アローは社会的決定プロセスの解明とともに，プロセスの帰結である社会選好順序が一つの価値判断であることに伴う問題点について考察したと考えられる[24]。

　なし，少なくとも一人がほかの状態をその状態よりも望ましいとみなす，そのような状態がない状態を意味する。一般に厚生経済学においては，パレート最適状態は社会善という判断基準から望ましいとみなされている。アローとジェラール・ドブリューによって厚生経済学の基本定理の数学的証明がなされている（Arrow and Debreu 1954）。

24　ただし彼の立場は徐々に変化する。SCIV の初版と第二版のあいだにおいては，アローはリトルに同意し，自らの社会選好を倫理的な価値判断とみなすことに反対する。彼によれば，社会状態に対する個人の評価こそがその人の倫理的価値判断である。なぜならば，それは社会状態におけるすべての個人の厚生および，配分状況など非厚生的な要素をも含めて考察の対象とするからである

第1章　道徳的ルールとしてのアローの社会選好順序　　**61**

SCIV の第二版以降も，個人が実際に表明する選好と道徳的選好を区別する理想主義学派とは異なり，アローは表明された選好を集計した社会選好によって道徳的ルールを表すことができると考える。たとえば『組織の限界』（Arrow 1974a）では，アローは前述した方法論的立場を貫きながら，社会選好順序を道徳に関する社会的判断として捉えている。アローは同書において，アローの定理を以下のように解釈する。

　　社会善は，〔…〕その社会の構成員がもつ個人的な価値からのある種の抽出である。ただし，この抽出は個人のあいだで相互に観察される行動に基づいてのみなされうる。たとえば，それは市場における購入や投票である。〔…〕社会的判断を個人の表明された選好を集計することによって作り上げようという試みは，常にパラドックスの可能性を導く（Arrow 1974a, 24-25/19）。

　このように述べたうえで，アローはパラドックスの可能性があるものの，道徳に関する社会的判断の形成ないしは社会的合意が社会の存続にとって必要であるとみなす。つまり，社会選好順序は単に社会的決定の帰結であるだけではなく，社会善の判断基準としての道徳を意味する。

　さらに，バーグソンおよびリトルの批判に応えるかのように，アローは社会選好順序を社会の要求あるいは個人が内面的にもつ社会的な欲求であると考える。つまり，個人はもともとある個人選好と，社会的決定の帰結を受け入れることで社会の維持を図る社会的な欲求の表れとしての個人的な社会選好という二種類の個人選好をもたなければならない[25]。そしてアローの定理で表されるように，二種類の選好は互いに対立することがありうる。アローによれば，

　　倫理や道徳を捉える一つの見方は，これらの原則は意識的であるに

（Arrow 1983, 49-50）。他方で *SCIV* 第二版以降アローは社会選好順序に倫理的意義を認める。

[25]　アローがハーサニーに影響を受けたか否かは不明である。だが，アローの社会選好と個人選好の区別に対する見方は，ハーサニーの倫理的選好と主観的選好の区別に共通する点がある。Cf. Harsanyi 1955, 314-316.

せよ，あるいは多くの場合には無意識的であるにせよ，相互の利益を
もたらすような合意（agreement）であるという考え方である。〔…〕
そのような合意は社会の存続にとって不可欠であり，少なくともその
働きの効率性に大いに貢献する。〔…〕／（アローの定理を含めた）議
論から分かることは，いかなる瞬間においても，個人は必然的にかれ
の個人的欲望と社会の要求とのあいだの対立に直面しているというこ
とである。それゆえに，私は完全な統一がありうる，すなわち，社会
的文脈と個人的文脈との間の完全な一致の感覚がありうるという観点
を拒否する。〔…〕

　社会的な欲求は形式を整えたルールや権威によって表明されるかも
しれないし，あるいは内面化された良心の要求によって表明されるか
もしれない（Arrow 1974a, 26-28/21-25, 括弧内引用者）。

つまり，多様な価値観をもつ個々人が共存していくためには何らかの合意
された道徳が必要であり，それこそが社会選好順序として表される社会的
価値判断基準が担う役割である。
　同様に，アローは別論文でも *SCIV* で示した「社会的倫理の基礎として
の合意の原則」という立場を引き継ぎながら，道徳的見地からの批判に対
する返答として，自らの道徳観を以下のように述べる。

　道徳的責務とは，暗黙なものかもしれないが，合意（agreement）を
実現することであると私は理解している。すべての構成員が直ちに自
らの攻撃的な衝動に従うような社会は，持ちこたえる（untenable）こ
とができないだろう。それゆえに，私はそれをすること自体が私に満
足を与える攻撃的行動を控え，そのお返しとして，他人も私に対して
攻撃的行動をとらないという合意が存在する。〔…〕社会が発展してい
くにつれて，暗黙のうちに合意を形成することが経済的であることを，
社会は自覚することなく気づくようになる。罪と正しさの内在化され
た感情は，本質的に社会的決定によって表される合意の自覚されるこ
とのない相当物である（Arrow 1967a, 118, 強調点引用者）。

アローによれば，人間は生得的には内的道徳をもたず，人間の自然本能

第1章　道徳的ルールとしてのアローの社会選好順序　　63

は攻撃的である。道徳はある社会が存続しうるために，それぞれの構成員が互いを攻撃しないようにするという社会的な合意のことである。

　このような合意は，アローが述べるように，「いかなる瞬間においても」見いだされる個人的欲求と社会的欲求の葛藤の中で暗黙裡に形成される。アローの定理の否定的な見解に反して，個々人がどのようにして一つの社会選好順序に合意するのかというプロセスをアローは明らかにしていないが，少なくとも経験上，そのような合意は存在する。そしてそれは，個々人がもつ社会的欲求によって受け入れられると仮定される。

　このような仮定はそもそもアローが仮定した個人の合理性の仮定に反すると考えられるかもしれない。しかしアローによれば，個人は自らの評価に従って社会選好を受け入れる。たしかに個人にとって最善策は独裁者として自らの個人選好がすべて社会選好になることである。だが，民主社会においてそれは不可能である。そのため，かれは合意がなされないことよりも妥協としてそれをする方が望ましいときに，次善策として合意を結ぶ（Arrow 1983, 78-79）。社会規範はこのような合意に基づいており，それは経済的効率性を高めるという点においても個人に受け入れられる。たとえば，信頼関係という社会規範は市場における取引コストの削減によって経済効率性を高めるために必要である（Arrow 1974a, 14）。つまり，個人が社会的欲求をもつ理由は，社会が存続した方がしないよりも自分にとって望ましいからである。

　ただし，そのような合意は永続的ではない。それは各瞬間において各個人に相互利益をもたらすときにのみなされ，そうであるがゆえに個人選好順序が変わるごとに変わりうる[26]。理論的にも無関連対象からの独立性条件から明らかなように，アローは個人選好は可変的であるという立場を採用しており，異時点間の選択では，機会集合内の選択可能な選択肢だけでなく，個々人がもつ選好も変化しうる（*SCIV*, 28/40）。したがって，たとえ社会選好が形成されるとしても，それは異時点間で可変的である。またそのような合意は過去からのコミットメントに拘束されずに，その時々において常に新しく成立する（Arrow 1974a, 28-29/25-28）。つまり，その合意は

---

[26]　ただし1970年代以降になると，アローは個々人は道徳的義務として多数派の意思に従うべきであると考えるようになる（Arrow 1983, 109）。

たとえなされたとしても，次の合意に至るまでのあいだしか拘束力をもたない。言い換えれば，アローの述べる合意はロールズの言葉を借りれば「暫定協定」（*modus vivendi*）である[27]。

　このように，アローにおいては個人選好と社会選好の調和は偶然的であり，前述した引用からも明らかなように，双方のあいだには常に緊張関係がある。ただし，暫定協定であるにせよ，アローは社会選好順序を社会的決定の帰結としてだけではなく一つの内面化されうる道徳として，そして個人選好と社会選好のあいだの対立関係を，個人の内面における個人的欲求と社会的欲求の対立関係として考えていたと言えるだろう。

　要するに，アローは社会選好順序を社会的な価値判断として捉えて，リトルとバーグソンによってなされたアロー批判の第二の点である，個人がどうやってそれを受け入れるかという問題をも踏まえて，個人は自己の評価に基づいてそれを受け入れるし，それは社会的欲求を表現すると考えた。そして社会の存続を基礎づける道徳的ルールは，そのような合意によって形成される。前述したように，アローは社会選好の導出過程を科学的客観性の要請を備えた手法によって解明するとともに，「倫理的言説は科学理論によって解明可能である」という方法論によって価値問題を扱うことを根拠づける。したがって，アローの定理は，社会の存続を基礎づける合意としての道徳的ルールを科学的に解明しようとした（否定的な結果を招いた）試みの一つと解釈できる。

結論

　結論として，*SCIV* の分析をつうじて，社会的選択理論の先行研究においてはアローの定理はしばしば社会的決定ルールの問題としてのみ扱われてきたが，その定理はそれだけではなく，道徳的ルールの存在証明の問題でもあると解釈できることが明らかにされた。また個々人はそのような道徳的ルールに対して個人の欲求に適う場合にのみ従うのであり，その点で個人の欲求と社会道徳のあいだには常に緊張関係があることが示された。さらに，そのような解釈は「科学理論によって倫理的言説を解明可能である」

27　ロールズによる暫定協定の説明および批判は，Rawls 1996, 447-448.

というアローの方法論によって基礎づけられていることが明らかにされた。

　アローの定理によって導き出された否定的な結論に反して，アローはたとえ暫定的な合意であれ，経験的にはそのような合意は「暗黙の裡に」社会に存在すると考える。他方でアローは *SCIV* 以降の論文で，これまでの社会的選択理論がアローの定理以降も，客観的な社会厚生の基準を解明できていないことを認める。このことは，経験的には存在するはずの社会規範を理論が依然として解明できていないとアローが考えていると解釈できる。その理由として，アローはアローの定理に見られるようなパラドックスだけでなく，個人の観察可能な選好が個人の感情のすべてを表現できないことや，個々人の多様な価値判断の相互比較や相互伝達の困難さなどを挙げている（Arrow 1974a, 19）。つまり，アローはこのような方法論に基づきつつも，それに支えられた理論の限界を指摘する。

　他方で，このような解釈は，アローの定理がもつ問いかけの含意を広げるであろう。もしそれが科学的な分析手法による道徳的ルールの解明を意図していたならば，それが提起する問題は決定プロセスの解明のみならず，道徳的ルールの科学的解明が可能かという問題にまで広げられる。そのような観点からのアローの定理の克服に道が開かれるであろう。

　さらに，アローがアローの定理を支えるために，ポパーを援用しつつ自ら生み出した方法論は，事実分析と価値判断が分離されるべきか否かという伝統的な問題に対して応用可能であると考えられる[28]。アローははじめに引用した論文や別論文ではより明確にその区別を批判し，その双方は密接にかかわると述べる（Arrow 2011, 26）[29]。

　このようなアローの方法論に対する想定可能な批判としては，それが事実命題と価値命題を分離しないが故にジョージ・ムーアの指摘する「自然

28　アローは *SCIV* の中で一方では経済学の科学的客観性を擁護しつつ，他方でそれによって倫理的判断ができると考えたと解釈できる。経済学が倫理を扱えるという立場はその後センに引き継がれる。しかしセンは科学的客観性と道徳的客観性は異なると考える（Sen 2009, 41/84）。

29　アローは経済学者と倫理学者の共通点を，客観的な価値基準を追求する点にあると考える。「学者たちは，経済学者であれ倫理学者であれ，ある種の客観的な基準（とは何かという問題）に取り組もうとしている」（Arrow 1974a, 24, 括弧内引用者）。

主義的誤謬」に陥っているという批判が挙げられる（Moore 1903)[30]。また，アローが個人選好において事実命題と価値命題が一致すると考える根拠とみなす厚生経済学の基本定理や消費者選好の不可侵性という概念は市場における考え方であり，それをより一般的に集団的意思決定の方法に当てはめることはできるのかという問題も残される[31]。これらの点については，後の章で考察される。

　第一章は，*SCIV* の方法論というメタレベルの議論を行いながら，その定理の含意とその方法論的基礎づけを明らかにした。第二章では，*SCIV* の分析をつうじてアローのデモクラシー観がポピュリズムであることを明らかにし，それとリベラル・デモクラシーの相違点を示す。さらに，道徳的ルールの解明という問題に対して社会的選択理論と社会契約論のいずれが分析手法として有用であるかを考察する。

30　しかし後年，アローは自分が「事実命題の『である』から規範命題の『べきである』を導き出すことはできないというヒュームの見解をもち続け」ており，その双方は異なるとも述べる（Arrow 1994, 1)。そのためここでの議論は *SCIV* と1970年代までの研究に限定される。

31　この問題に対する批判的研究として，Goto 2016。

第二章　*SCIV* におけるデモクラシーと社会契約

　本章は，アローのデモクラシー観とそれに基づく社会契約に対する見解を明らかにし，それと理想主義的な社会契約論における見解の相違点を明らかにすることを目的とする。さらに，道徳的ルールの解明という問題に対して，社会的選択理論と社会契約論の分析手法としての利点を比較することを目的とする。そうすることで，社会契約に対する双方の見解の相違点を示し，アローの手法は科学的客観性をみたすという利点があるものの，彼が考える社会契約は社会の存続基盤を担うというそれが本来もつべき役割を果たせないという欠点があることを明らかにする。

　以下において，まずアローのデモクラシー観は，彼がパレート原理を公理とした集計方法によって導き出される可変的な社会選好を道徳的ルールとみなすがゆえに，多数派の構成員のその時々の選好に倫理的価値を与えるポピュリズムであることを明らかにする。またアローの倫理的立場は価値相対主義であることを示す（第一節第一項）。次に，社会契約に対するアローの定式化は，アローの定理と比べて定義域の非限定性の条件を変更するのみであることを確認する。以上より，アローがアローの定理として定式化される通常の集団的意思決定と社会契約をともに，価値相対主義的で可変的な道徳的ルールを導出する社会的意思決定とみなすことを明らかにする（第一節第二項）。

　続いて，センによる社会的選択理論と社会契約論の比較分析を参照しながら，倫理的相対主義が社会的選択理論のアロー的な理論的枠組みに付随する特徴であることを明らかにする（第二節第一項）。次に，理想主義的な社会契約論はそのような特徴をもたず，普遍的道徳を扱いうることを示す。

またそこにおいては，社会契約は通常の集団的意思決定とは時間的にも帰結の倫理的価値という観点からしても差異があり，それは社会の長期的な存続基盤としての不変的な道徳を定めるという役割を担うことを明らかにする。そうすることで，このような道徳がもつ普遍性および長期的な不変性を明らかにする。また，アローの価値相対主義的で暫定協定的な道徳観によって，彼の提示する道徳は社会の存続基盤として十分ではないことを指摘する（第二節第二項）[1]。

結論として，アローの提示する道徳としての社会選好とは異なる社会契約はアローの考える社会選択とは異なり，それは社会契約論によってこそ扱いうるのであり，また長期的な道徳に対する社会契約とアローの考える短期的な道徳とは，双方ともに社会の存続にとって必要であることを明らかにする。

第一節　SCIV の政治哲学的基礎

アローが道徳的な個人選好を否定し，理想主義的な社会契約を現実の合意と定式化する背景には，前述したアローの方法論的な立場とともに，彼のデモクラシー観がある。アローは SCIV で，自らの立場と理想主義的な立場を二項対立的に捉える。本節はそのような SCIV の構図を分析することで，アローの定理の背景にあるデモクラシー観を明らかにする。

第一項　アローのデモクラシー観：ポピュリズムと倫理的価値相対主義

本項は，SCIV の分析をつうじて，その哲学的側面の一つであるデモクラシー観を，集計プロセスに課される諸条件の思想的背景を示しながら明らかにする。

第一章で述べたように，アローは SCIV において自らの理論が科学理論としての客観性を有すると考える。その客観性を支える SCIV の数理的手法の特徴として，消費者選択理論で用いられた合理的な個人の仮定の一般化と公理系アプローチの導入という，主に二点が挙げられる。

1　これは，たとえ可能性定理が証明されることでアローの定理の表すパラドックスが解消されたとしても残される問題である。

このような *SCIV* の数理的側面における特徴から，その哲学的側面における特徴が導出される。アローが合理的な個人の仮定を借りてきた消費者選択理論においては，各個人の選択の自由は不可侵であり無条件に認められ，社会厚生の価値基準となるという消費者主権の理念がある[2]。アローはこの理念を *SCIV* に採用する。この理念は，すべての個人の自由な選択は無条件に尊重されるべきであり，それを妨げることは個人主義に反し，それゆえに望ましいとはいえず，したがってそれを妨げる見方は何であれ独裁的で全体主義的であるという特徴を導出する。つまり，アローの定理は，リチャード・ピルデスとエリザベス・アンダーソンが述べるように，社会的合理性が個人的合理性に依存しない「プラトン的功利主義」を回避しながら，デモクラシーを基礎づけようという試みである（Pildes and Anderson 1990, 2188-2190）。そのために，その哲学的基礎は社会選好順序が個人選好順序に依存するデモクラシーと，そうではない独裁制や慣習支配の対立という明確な二項対立の図式によって成り立つ。さらにこの対立は，倫理的相対主義と普遍主義の対立に翻訳される[3]。このことは，アローの以下のような論述によって確認される。

　　　異なる社会状態の一定のペアの（社会的な）相対的ランキングは，

2 　「消費者主権」は，社会厚生を決めるのは生産者ではなく消費者であるという考え方である。

3 　「アローは倫理的相対主義がリベラリズムによりよく一致すると論じる。彼の定理は，諸目的に対するある社会的コンセンサスが，集団的意思決定の導き手としての個人の諸欲求を超える哲学的理想の結果として現れることを否定する」（Amadae 2003, 114）。
　　この立場に対しては，価値相対主義を認めることは，デモクラシー体制と非デモクラシー体制とのあいだも相対化してしまうために，デモクラシーの正当化にはならないという批判がある（ヨンパルト 1983, 250）。さらに，アローへの同様な批判がハワード・デロングによりなされている。デロングによれば，アローは価値相対主義の立場をとるにもかかわらず，個人が合理的に選択をし，その選択が公理Ⅰ，Ⅱをみたすということは普遍的な仮定であると考えている（Delong 1991, 42）。これらの批判は，価値相対主義は「すべての価値は相対的である」という命題自体のみを普遍的な命題であるとみなしがちであるが，実際はその命題さえ相対化されてしまうために，自らの立場を正当化できないという相対主義に内在する問題点を指摘するといえよう（井上 2003, 241 – 242）。

少なくとも何人かの個人の評価が変われば，一般に変わるであろう。個人的評価がどのように変わってもその（社会的な）ランキングが変化しないと仮定することは，プラトン的実在論の類の伝統的な社会哲学とともに，個々人の欲求から独立に定義された客観的な社会善を仮定することである（SCIV, 22/31-32, 括弧内引用者）[4]。

つまり，個人の選好順序に基づいた社会選好順序による価値基準のみが社会善の価値基準であり，それに基づかない価値は独裁主義的である。さらに，個人選好から独立した普遍的な価値は存在しない。先の引用文に続いて，アローは以下のように述べる。

　　近代の唯名論的気質にとって，あるプラトン的存在領域に社会的理想が存在するという仮定は無意味であった。ジェレミー・ベンサムと彼の後継者たちによる功利主義哲学は，その代わりに社会善を個々人の善に基づかせようと努めた（SCIV, 22/32）。

　アローによれば，個々人の善から独立した社会善の存在を認めることは普遍論争における実在論的な見方であり，普遍を認めることである。だが，彼の唯名論的な功利主義の立場からそれは認められない。また第一章で述べたように，倫理的絶対主義も認められない。さらに，社会選好を形成する個々人の選好順序はその時々において変わりうる。したがって社会選好も社会善も可変的であり，不変的な道徳は存在しない。
　このようなアローの見方の背景には，消費者選択理論から引き継いだ価値相対主義がある。つまり，その理論は財の集合に対する個人の価値観に基づく相対的な個人選好順序を仮定し，社会的選択理論においては，それらの集計が社会選好順序であると考える。それぞれは個人の善および社会善の評価基準である。しかしながら，個人選好は異なる環境，異なる個人によって相対的であり，社会選好順序もまた異なる個人選好，異なる社会によって相対的である。そのため個人的にも社会的にも普遍的で絶対的な

4　アローは「個人欲求に依存した相対的な社会的ランキング」と「個人欲求から独立した客観的な社会善」の二項対立を用いる。

価値は認められない[5]。

アローは「この（唯名論的な）タイプの見解は，政治的デモクラシーと，自由放任の経済学あるいは少なくとも消費者による財の自由な選択と労働者による職業の自由な選択を含む経済体制，の双方を正当化するものとして役に立つ」（*SCIV*, 23/32, 括弧内引用者）と述べ，功利主義はデモクラシーを，より詳しくいえば選択の自由に基づく資本主義的デモクラシーを正当化すると考える。アローの二項対立の図式に従えば，個人の自由な選択を無条件に肯定する功利主義は，個人欲求から独立した社会善を正当化する主義の対立物であり，そのためにそれは独裁制や慣習支配を正当化する主義の対立物である。

このように，相対的な価値観と普遍的で絶対的な価値が二項対立し，前者がデモクラシーを正当化するという見方は，アローが *SCIV* において一貫して採用する見方である。そして，この立場と形式的側面だけを考えるという技術的な立場が合わさると，すべての個人選好が考察の対象になるという定義域の非限定性の立場が，市民主権の条件の構成要素として導き出される。

　　私はどの選好が考慮に値し，どれが値しないかにかんする決定は，それ自体一つの価値判断であり，ア・プリオリな基礎づけによって決着をつけられないことを強調しておきたい。形式的な観点からは，一人の個人が自分の庭が工場の煙によって台なしになるのを嫌うことと，かれが中央アフリカで偶像崇拝が行われていることを極端にきらうこととは区別できない。〔…〕社会厚生の真に一般的な理論を求める場合には，評価に関する評価をも含む多様な評価体系全体をみなければならない（*SCIV*, 18/25-26）。

アローにとって，個人の相対的順序を制約するいかなる方法もア・プリオリな基盤に基づく価値判断であり，功利主義および唯名論の立場から，そのような基盤は認められない。

5　ただし，集計ルールに課せられる諸条件は価値判断であり，それに対しては多くの理論家が納得するような規範的な議論が必要である。

アローのこのような図式とその立場は，アローがその選択対象が何であれ構成員の全員一致の選好を無視する決定がなされてはならないという条件を，デモクラシーの集団的意思決定において望ましい条件に挙げる理由を提示する。また非独裁制の条件が民主的に望ましい理由をも提示する。

前述した条件（条件 4）とともに正の感応性の条件（条件 2）は，*SCIV*初版において，集計方法の望ましい条件の一つとしてパレート原理の代わりに社会厚生関数に課せられる条件である。前者の条件は，社会順序が賦課的であってはならないという条件である。社会順序の集計方法は賦課的であるといわれるのは，ある任意の x と y に対して，個人順序がどのような組であろうとも社会的順序が xRy となるときである（*SCIV*, 28/40）。このことは，その集計方法の下では，たとえすべての個人 i が $yPix$ と選好しても，社会順序が xPy となるような x, y が存在することを意味する。また正の感応性の条件は，もし x のランクが個人選好順序において上がるならば，社会選好順序においてそのランクが下がることはないという条件である（*SCIV*, 25-26/35-37）。

アローによれば，市民主権の理念は消費者主権の理念を応用することで定式化可能であり，前述したように，消費者主権の理念は各人の選択の自由とそのための諸権利を保障する。それが社会選択に応用されると，市民主権の理念は社会選択における個人の選択の自由を保障する。もし賦課的な集計方法を認めるとすれば，個人はその対象に関して社会選択の自由を認められない。このことは個人に与えられた権利に反する。アローの言葉を借りれば「私たちの社会の中では個人は誰でも，自分の評価を変えることによって，（社会選択においても）利用可能な選択対象のあいだで自由に選択できると仮定するのがたしかに望ましい」（*SCIV*, 28/40, 括弧内引用者）のであり，条件 2 と 4 は「市民主権の理念を表現している」（*SCIV*, 30/42）。

このようにして，ソニア・アマダエの言葉を借りれば「政治理論史上でもっとも哲学的に吟味されていない主権概念の一つ」（Amadae 2003, 107）である，アローによる市民主権の理念が導出される。アローにとって市民主権は，選択の自由が無条件に肯定されることであり，政治的自由は消費者主権による経済的自由と対応する。実際，アローは「条件 2 と 4 は消費者主権の通常の概念に対応するが，ここでは嗜好よりむしろ評価が関係している」（*SCIV*, 30/42）と述べて，双方の対応関係を主張する[6]。

さらに，アローは*SCIV*第二版では市民主権と正の感応性の条件をあわせてパレート原理を導入する。消費者主権の理念に基づき，アローはパレート原理によって導出される社会選好順序に倫理的意義を伴わせる。つまりその点でアローは，人々の一致した意志に倫理的意義を伴わせるポピュリズム的なデモクラシー観をもつ（cf. Riker 1982, Chap. 10）。他方で，アローの道徳観は絶対的，普遍的道徳を認めないという点で相対主義である。この二つの特徴は，経済学における消費者主権の理念と個人選好の相対主義に由来する。

第二項　全員一致の仮定に対するアローの定式化

本項は，アローによる社会契約の定式化を示し，アローが通常の集団的意思決定と社会契約を区別しないと示すことを目的とする。

前述したように，アローは*SCIV*の7章3節「理想主義の立場と合意（agreement）の概念」において，理想主義的デモクラシーにおける全員一致の仮定の数学的定式化と，その下での不可能性定理の回避方法を考察する。

アローによれば，理想主義派の基礎はすべての個人の意志が何らかのかたちで一致し，かつこの全員一致の仮定が社会の存続基盤であるという主張である（*SCIV*, 81-82/119-120）。完全な全員一致の意志は日常的に「表明された選択ではなく，環境の腐敗が除去されたならば表明されるであろう」（*SCIV*, 74/109）理想的選択によって明らかにされる。その学派では，このような選択のみが社会選好順序を形成する情報的基礎となる（*SCIV*, 83/121）。

しかし，前述したようにアローによれば理想的選択は観察不可能であるがゆえに，それを理論の情報的基礎として用いることはできない。理想主義者はそのような超越的な道徳的選好が観察可能な個人選好とは独立して存在するとみなすかもしれないが，そのような倫理的絶対主義は受け入れられない。その代わり，アローはフランク・ナイトの倫理的相対主義的な見解を比較的支持する（*SCIV*, 84-85/122）。ナイトの見解は，「道徳的命法の

6　嗜好（taste）は経済的な消費量による満足の度合いを表すが，評価（value）は消費量以外の要素を含めた満足の度合いを意味する（*SCIV*, 18/25）。

一致（consensus）が形而上学的絶対によって基礎づけられる必要はなく，特定の文化の相対的な社会的倫理規範に基づいてもよい」（*SCIV*, 83/122）という見解である。つまりアローはここでも倫理的絶対主義を，価値相対主義との二項対立として捉え，後者の立場から社会契約の成立を証明する[7]。

アローは，まず個人選好の完全な全員一致は可能性定理を導出するが，それは集計方法を形成する条件として「強すぎる」。そのうえで「社会の目的に関するある種の一致」（*SCIV*, 83/121）の重要性を認めながら，

> 　一般化の試みとして直ちに思いうかぶのは，すべての個人がいくつかの選択については一致した意見をもっているが，他の選択については必ずしもそうではないと仮定することである。すなわち，社会選択対象の可能なすべての順序対 *x*, *y* の中に，すべての個人が一様であると分かっているものがいくつか存在する（*SCIV*, 89/129）。

と定式化する。このように定式化された全員一致すなわち社会契約は不可能性定理を回避できないことが証明される[8]。

アローが社会契約に対してこのように彼の枠組みを適用することは，アローが社会契約を社会決定の一類型とみなし，個人選好の部分的な全員一致という定義域の非限定性条件の変更以外には，それと通常の政策決定の相違を考えない証拠である。第一章で明らかにしたように，このような社会契約は暫定協定としての役割のみを有する。

このような定式化に対しては，理想主義的な社会契約論の観点から様々な哲学的な批判が考えられる。しかし，第一章の議論と照らし合わせると，アローはそのような批判に対して，「論理的根拠がない」と答えうるだろう。言い換えれば，彼のデモクラシー観と定式化は自らの数理的手法の必然的帰結であり，自らの理論は科学的客観性をもつが，社会契約論は観察可能なデータに基づかないためにそれをもたず，そのために理論として必要な

7　ただしアローは必ずしも倫理的相対主義を全面的に支持しているわけではなく，それが現状維持に陥りやすいと指摘する（*SCIV*, 85/124）。

8　証明過程については補遺を参照のこと。

要請をみたさないと返答すると考えられる。そのような方法論的観点から，アローは社会的選択理論が理想主義的な社会契約論よりも理論として優れていると考える。

　以上より，*SCIV* において，アローのデモクラシー観は社会的決定の帰結に倫理的意義があると考えるポピュリズムであり，同時にアローの考える道徳的ルールは相対主義的であることが明らかにされた。さらに，アローは社会契約をアローの枠組みのままで定式化しており，通常の集団的意思決定と社会契約のあいだに，個人選好の部分的一致以外に規範的な差異を設けていないことが明らかにされた。また，社会契約に対しても，社会契約論ではなく社会的選択理論による定式化が方法論的に望ましいとアローが考えていることが示された[9]。このことは，第一章で述べたように，社会契約論者が社会契約をつうじて合意されると考える正義や道徳の問題さえ，社会的選択理論を用いて解明できるとアローが考えていることを意味する。しかし，アローによる社会契約の定式化と社会契約論批判に関する問題について，アローはこれ以上明確に論じていない。

　他方でセンは正義や道徳の問題を扱う際の社会的選択理論の優位性という問題を詳しく分析した。後述するが，センはアローにまして，社会的選択理論と理想主義的な社会契約論のあいだにある手法としての相違点を明らかにする。その上でセンは，後者がこれまで扱ってきた社会契約の理念それ自体を批判する。また社会契約で導出されるとみなされる正義や道徳の問題に関しても，後者の有用性を批判し，その解決手段として前者を擁護する[10]。次に，理想主義的な社会契約論に対するアローの批判に答えるよりも前に，社会的選択理論に比した社会契約論の分析手法としての有用性と社会契約という理念の役割を明らかにするために，センによる社会的

9　ただし後年においてアローは，正義の導出方法として現実の投票よりもロールズ的な無知のヴェール下での選択が望ましいと考えを変更する（Arrow 1985, 144-146）。

10　ただし，アローとセンにおいて社会的選択理論の用い方は異なる。アローは個人評価の集計によって正義の基準が導出されると考える（Arrow 1985, 144-146）。他方でセンは，そのような集計ではなく公的な推論が必要であり，社会的選択理論はその推論の際に議題を明確にすることに役立つと述べる（Sen 2009, 109-110/173-174）。

76 第一部 アロー『社会的選択と個人的評価』（SCIV）の解釈

選択理論と理想主義的な社会契約論の比較および後者への批判を明らかにし，それに答えていく。

第二節　社会的選択理論と社会契約論の比較

　本節は，センによる社会的選択理論と理想主義的な社会契約論の比較を参考にしながら，社会契約論の有用性と社会契約の役割を明らかにすることを目的とする。

第一項　センの方法論
　本節でセンを中心的に扱うよりも前に，センとアローのあいだにある差異について指摘しておきたい。

　まず，アローとセンの思想的背景には重要な相違点がある。両者はデモクラシー観も，それに伴い社会的決定プロセスの帰結に倫理的意義を認めるか否か，自由権を容認するか否かも異なる。一方でアローはこれまで指摘したように，SCIV においてはポピュリズム的なデモクラシー観を採用する。他方でセンは，第三章で述べるように社会的決定の帰結は社会善の評価基準であり，道徳的ルールを生み出すと考えるものの，パレート原理によって支えられる帰結が自由権に反する場合，それを必ずしも肯定しない。つまり，センのデモクラシー観はポピュリズムではなく，リベラリズムのそれである[11]。

　さらに，両者は方法論的にも異なる。社会的選択理論が倫理的言説を扱えるとみなす点で，アローとセンは共通する。他方で社会的選択理論は科学であり，「科学理論によって倫理的言説が解明可能である」という SCIV におけるアローの立場をセンは否定する。アローの立場を言い換えれば，それは科学的客観性と倫理的客観性を同一視する立場である。しかし，センはそのような立場を存在論的アプローチによる倫理学と呼び，それは倫理的言説に本来属する性質を捉えきれないと考える[12]。センは社会的選択

11　センはリベラルであるものの，彼のリベラリズムはライカーやリトルのそれとは異なる。詳しくは第三章で述べる。

12　センによれば，「観察可能で特定できる対象の存在を仮定する倫理的表現もあるが，それ以外の倫理的表現の主題は，そのような関連をもたない。記述と

理論が倫理的言説を扱えるとみなすが，それが科学的客観性を有するとは考えない。そのためセンは後述するように，社会契約論を科学的客観性の有無という方法論的観点から批判するわけではない。

このような差異があるものの，それについての更なる考察は第三章に譲ったうえで，両者は次の二点で一致すると考えられる。第一に，両者は社会的選択理論がもつ価値相対主義という特徴を認めつつも，その理論を正義論に採用するという点である。第二に，両者は正義の問題において社会的選択理論を理想主義的な社会契約論よりも有用性が高いとみなす点である。以下においてセンによる社会契約論への批判を明らかにし，それに答えることをつうじて二つの理論の特徴や差異を示したうえで，アローに対して社会契約論を擁護する。

第二項　センによる社会契約論批判

SCIV におけるアローの定式化に見られるように，社会的選択理論の先行研究では社会契約を定式化する研究が数多くなされてきた。その理由の一つは，社会契約論と社会的選択理論のあいだに類似点があるからであると考えられる。つまり，双方とも民主的な合意形成のプロセスを明らかにしようと試みるという点では類似するとみなされてきた。

他方で，センとアローに共通する，二項関係の個人選好を用いた社会的選択理論と，理想主義的な社会契約論の相違点もまた指摘されてきている[13]。センによれば，近年の代表的な社会契約論であるロールズの社会契約論は，原初状態において当事者が全員一致して受け入れることのできる正義の原理を問題にする (Sen 2009, 69/122)。この理論は，社会契約において合意された道徳的ルールあるいは社会正義を基本理念とした制度構築を目的とする。言い換えれば，社会制度は「合意（agreements）に依存し，合意は私たちを社会正義に導くと想定される」(Sen 2009, 83/140, 括弧内引用

　　評価の間には重なる部分があるものの，倫理学は，単に特定の対象の真実の記述を問題とするわけではない」(Sen 2009, 41/84)。

13　たとえば序章の注12（20頁）で取り上げた公共選択理論家のジェームズ・ブキャナンとゴードン・タロックは，政策決定と社会契約を区別し，アローの定理が扱いうるのは前者のみであると考え，独自の方法による後者の合理的分析を展開する（Buchanan and Tullock 1962）。

者)[14]。社会契約論では，社会正義を実現する社会こそが理想的で最善の社会である。言い換えれば，社会契約論は普遍的な理想に適う社会制度がただ一つ存在すると仮定する[15]。

　他方で，*SCIV* において始まり，センもその発展に寄与した社会的選択理論の特徴は，現実の社会状態のあいだの相対的評価基準を導入する点である。その理論を正義論に用いるために，センはそれを「相対的正義論」（Sen 2009, 98/159）と呼ぶ。センによれば，そのような特徴ゆえに社会的選択理論は，普遍的な理想を目指す社会契約論よりも現実的な有用性をもつ。なぜなら，最善に至るわけではないが現実的に解決を必要とする諸問題に社会契約論は対処できないが，社会的選択理論はそれらを扱いうるからある。その理由は次の三点である。

　第一に，社会的選択理論は単に先験的な理想を特定するのではなく，実現可能な社会状態に目を向けて，それらが理想に到達していないとしても，それぞれに対して相対的な評価を行うことができる。そうすることで現状改善が可能になる。第二に，それはある制度を取り入れるか否かを考察する際に，その制度や規則の要求が何かだけでなく，それらの社会的達成すなわち帰結として生まれる社会状態をも考慮することができる。第三に，それは，たとえアローの定理に代表される不可能性定理によって社会的評価に関して不完全性を残すとしても，実現可能な社会状態の部分的な相対評価を示すことで，社会正義にかかわる重要な問題について指針を提供することができる。たとえば，明らかな不正を取り除くという緊急な課題に対処することができる（Sen 2009, 70/123-124）。

　このように，センは理想的な制度構築の実現を志す社会契約論と，現実的な社会状態を相対的に評価できる社会的選択理論を区別し，正義論における後者の有用性を説く。そのうえで，センは「残された問題は，この整合的で首尾一貫した政治モデル（＝社会契約論）が，〔…〕私たちが生きて

14　この言葉は直接的にはデヴィット・ゴーチエの思想の要約として述べられる。センはロールズもそれに同意するだろうと述べる（Sen 2009, 85/142）。Cf. Gauthier 1986.

15　さらに，特にロールズにおいては，この合意が公正になされることでそれに基づく公正な制度が構築されることこそが重要であり，その結果として生じる個々人の社会状態は考慮されない（Sen 2009, 84/140-141）。

いる世界において，どのようにして正義の判断を導くことができるのかということである」（Sen 2009, 79/135，括弧内引用者）と述べ，社会契約論が現実問題に対して有用であるかどうかを考察する。センによれば，ロールズら理想主義的な社会契約論は超越論的理論（transcendental theory）であり，複数の選択肢のあいだの比較についての適切な指標を与えないが故に，現実問題に対する有用性に乏しい。これに対して社会的選択理論においては，常に理想的で最善の制度構築を目指すわけではなく，現実にある選択肢のあいだで何を選択するべきかを社会または個人に常に教えることができる。また，それは制度の導出過程の手続き的な正しさのみを問題とし，その制度が生み出す帰結を考慮しない。

　さらに，センによれば超越論的な社会契約論は現実的な社会的選択理論にとって，あるいは現実における相対評価にとって十分条件でも必要条件でもない。まず，社会契約論は十分条件であるか。言い換えれば，先験的で完全な社会は現実の選択肢の順序づけに対して何を言うことができるか。センによれば，社会契約論がたとえ最善のものを特定しうるとしても，トレードオフを解消させない限り，順序づけに対して何も言うことはできない[16]。次に，社会契約論は必要条件であるか。センによれば，最善の選択肢が明らかでなくとも部分的な順序づけをすることはできるため，それは必要条件ではない（Sen 2009, 98-102/160-164）。社会選好は暗黙なものであれ完全な順序として存在し，道徳的ルールを示しうると考えるアローとは異なり，センは社会選好が不完全な順序であることを容認する。センによれば，社会契約論とは異なり，社会的選択理論は最善の選択肢を特定しないかもしれない。しかし，その時に実現可能な選択肢から一つを選択したり，共通悪を取り除いたりすることで，現実的な選択が可能になる（Sen 2009, 102-105/164-168）。さらに，手続き的な正しさを明らかにしなくとも，いずれの選択肢がより正義に適うかを公的推論によって明らかにすることで，社会正義の問題を解決できる（Sen 2009, 42-44/84-87）。

16　センによれば，たとえばロールズにおいては基本的諸自由の保障という原則が社会契約で採択される。だが，基本的諸自由はさまざまであるにもかかわらず，社会契約論では，ある状態ではある自由が侵害され，別の状態では別の自由が侵害されるというトレードオフが起こるときに，そのどちらが望ましいかを決めることができない（Sen 2009, 98-99/160）。

80 　第一部　アロー『社会的選択と個人的評価』（*SCIV*）の解釈

　要するに，センは社会的選択理論と理想主義的な社会契約論の相違点を明確にし，アローと同様に前者を擁護する。また彼は後者を超越論とみなし，アローと同様にそれに対して懐疑的な態度を示す。言い換えれば，アローにおける価値相対主義と絶対主義の二項対立は，センにおいては相対的正義と超越論の二項対立として捉えられる。アローはその懐疑を方法論とデモクラシー観によって基礎づけて後者を批判し，前者を擁護した。センは社会契約論の現実的有用性を批判し，それと比較した社会的選択理論の有用性を明らかにする。さらにセンはアローよりも明確にその理由を提示する。方法論的には，センは自らの手法が科学的客観性をみたすとは考えない。しかし社会的選択理論のもつ明瞭性は，扱う問題を明確化することで社会の構成員たちが公的推論をする手助けをしうる（Sen 2009, 109-110/173-174）。

　このようにセンは，社会契約論であれ社会契約であれ，正義や道徳の問題を扱ううえでそれらを不要とみなす。この点でセンは，社会契約の意義を認めたままその分析に社会的選択理論を用いるアローよりも，ラディカルに社会契約論を批判すると考えられる。結論を先どりすれば，アローは，社会契約の意義を部分的に認めるものの，それが本来もつ特徴と役割を失わせたうえで，それを社会選択として定式化する。ただしアローに対しては，彼の定式化が社会契約の本来の役割を捨象するという批判が可能である。またセンに対しては，彼が社会契約のもつそのような役割を見過ごすと批判が可能である。そしてこの本来の役割を明らかにするために，以下においてセンに対して応答する。

第三項　社会契約と社会の存続基盤としての道徳

　センが指摘するように，社会契約論と社会的選択理論のあいだには様々な相違点がある。それに対するセンの分析を認めたうえで，社会契約と社会契約論が現実的な有用性に乏しいという批判に対しては次のように応えられる。

　第一に，アローも認めているように，社会契約は社会の目的に対する合意を含意する。したがって，それは現実における政策決定の長期的な目標となる（Rawls 1999, 231/352）。そのため，そのような議論は社会状態の相対的な順序づけをする際にも有用である。その時に実現可能な選択肢がい

ずれも理想的な社会制度の下における社会状態ではないとしても，社会契約論の掲げる理想によって，長期的な観点からみて理想的な社会に近づく選択肢を特定することができる。その際にいずれが理想に近いかに関してトレードオフがあるとしても，社会契約の基本理念に照らしてそれを解消する議論をすることはできる[17]。そのためそれは十分条件でありうるし，長期的な観点からみれば必要条件でもありうる。

第二に，社会契約は，現実の相対評価それ自体に対する外的で批判的な制御装置となりうる。第一章から論じられてきた表明される個人選好に関しては，センが提起した，環境によって自らの選好を歪める「適応型顕示選好」の問題などが残されている（Sen, 1985b)[18]。つまり悪環境によって真の選好がなされないという問題である。これに対して，社会契約論を用いて理想的な状態における意志決定を定めれば，前述したカント解釈で明らかなように，現実の選好よりも望ましい理想的な選好を明らかにし，それによって現実のそれを評価したり制御したりすることができる。

第三に，センが指摘していない二つの意志決定のあいだの差異として，社会契約が社会の存続基盤となる道徳を提示するという点が挙げられる。たとえばセンが理想主義的な社会契約論者として名を挙げたロールズによれば，仮想的な原初状態における合意は，暫定協定と対比されて次の性質をもつ。第一に，一方で暫定協定が諸個人の利益の均衡であるのに対して，社会契約は道徳的人格をもつ当事者たちによる，特定の正義の原理に対する合意である[19]。第二に，社会契約は一時的な選択とは区別されて，長期的に変わりなく保持されうる合意である。言い換えれば，センは政策評価における社会的選択理論の現実的有用性を説くが，それを時間軸上でみた

17　たとえばセンによって批判されたロールズの基本的諸自由は道徳的人格の尊重という基本理念に基づいていることを思い起こせば，トレードオフの状態においてもいずれが基本理念に対してよりふさわしいかを明らかにできるだろう。

18　適応型顕示選好とは，たとえば長く奴隷状態におかれた個人は，たとえ悲惨な生活状況であるとしてもそれに対して満足しているという選好を表明する可能性があることを指す。そのため顕示選好をその人の幸福の指標として用いることには問題があるとセンによって指摘された。

19　ここでは『政治的リベラリズム』のロールズにおける社会契約を指す。その合意においては，契約主体がもつ人格の道徳的性質によって合意の対象を設計し，それを必然的に定めることができる（Rawls 1996, 104)。

場合，それが異時点間の集団的意思決定において不変的な道徳的ルールを提示し続けるか否か，もしそのようなルールに反する決定をある時点で下した場合，それに対する制御装置が必要ではないのか，という考察を欠く。他方で社会契約論はそのような道徳的ルールを提示することができる。

　ただしここには，その時々の公的推論によって理想状態での意思決定と同じ決定を常にしうるかという問題が含まれる。センは完全にではないにしても，ある程度は可能と考えていたと解釈できる（Sen 2009, 40/82-83）。しかし，何が理想的な合意かという指標は依然として必要であると考える。

　これらの二つの性質，すなわち契約主体の道徳性とその契約自体の長期的な持続性をもつ社会契約は，それらの性質をもつからこそ民主社会の安定性に貢献し，その存続基盤になると考えられる。民主社会の存続のためにはどのような道徳が必要であるかという問題に関して，多くのリベラル・デモクラシー論者は，個々人の価値観の多様性を容認しつつも，その時々の社会的決定だけでは不十分であるという見解を示してきた。ユルゲン・ハーバーマスが述べるように，「民主的立憲国家が存立していくために求められる規範的な前提の水準は，自らを法の起草者と任じている国家公民の役割に関しての方が，単に法の受け手でしかない社会市民の役割に関してに比べて，はるかに高い」[20]。一方で，アローは政策決定をする主体と市場で経済活動をする主体のあいだに差を設けない[21]。ハーバーマスの言葉を借りれば，アローの想定する選択主体は社会市民である。他方で，ハーバーマスによれば，市民がもつ政治的な決定者（国家公民）としての役割は，経済活動をする者（社会市民）としての役割に比べて，公共の問題に関わるために多くの美徳を必要とする。さらに，たとえセンが述べるように，個々人はその時々の社会的決定と公的推論において国家公民としてふるまうべきであるとしても，実際に個人が社会市民としてふるまう可能性は常に残される。

　したがって，センに反して社会契約は社会の存続を基礎づけるという役割を担う。それは長期的な目標となり，現実の個人選好を外側から評価し制約しうる，不変的な道徳的ルールを導出する。さらにまたそのような道

20　ハーバーマス，ラッツィンガー 2007，3。
21　ただし，前述した嗜好と評価の違いは除く。

徳的ルールの民主的正統性を担保する。このような役割をもつ社会契約の解明に対して，社会選択理論は不向きである。なぜならそれは後述するように，その分析手法の特徴から，時々の社会選択を扱いうるが，長期にわたって不変的な道徳的ルールを導出できないからである。

　これらのことを踏まえたうえで，第一節で述べたアローによる社会契約の定式化に対して批判的に考察する。アローはセンと異なり，社会契約の理念それ自体の有用性を否定せず，その解明手段として社会選択理論を用いる。だがこのようなアローの立場に対しても，以下の反論が可能である。第一に，アローの定式化においても，社会契約においては，制度構築のための正義に適う道徳的ルールや基本的原理が採択されることが考慮に入れられていない。これに関して，アローは社会契約が社会目的のための決定であり，他方で政策決定がその目的を具体化するための手段の決定であることを認めつつも，自らが用いる分析手法はその抽象性から，いずれに対しても対応可能であると述べる（*SCIV*, 86-88/137-139）。またいずれの決定にせよ帰結である社会選好順序を道徳的ルールであると考える。しかし，そのように定式化する場合，社会契約で合意された基本理念が通常の集団的意思決定に与える道徳的制約や社会契約の優位性を明らかにすることができない[22]。

　第二に，アローは理想主義的デモクラシーの合意をあくまでも現実状態でのそれとして定式化する。第一章で論じたように，アローは超越的領域における合意の可能性を，少なくとも*SCIV*では認めていない。なぜなら，アローは観察可能な領域のみを情報的基礎とみなすが，超越的領域は観察不可能だからである。そのため，その合意は現実の選好に対する外的制約にはならない。

　ただし，これらの批判は，リベラル・デモクラシー論の観点からすれば有効であるが，アロー的なデモクラシー観においては応答が必要であるわけではない。しかし第三の批判はアロー的なデモクラシー観においても応

22　アローは*SCIV*で立憲的決定から政策決定に至る段階的な意志決定について述べる。そこでは前段階の決定によって当該段階の決定プロセスを解明するという関係が定式化されている（*SCIV*, 90/131）。しかし，本書の考えるリベラル・デモクラシー体制が採用するように，社会契約で合意された基本理念によって通常の意志決定が内容的に制約を受けるという関係は考慮されていない。

答が必要である。少なくとも，構成員が互いに平等な政治的権力をもつことを受け入れ，公共の問題に対して社会善のために選挙に参加する美徳をもつこと，あるいは構成員が社会契約によってそのような美徳をもつことに合意したと想定することは，リベラル・デモクラシーにとってもアローが考えるポピュリズム的なデモクラシーにとっても，それが存続するために必要である。もしアローの考えるように個人が自らの選好が政治的決定に反映されることのみを求めるとすれば，それが可能であると予測する場合にのみ投票を行うであろう。そうであるとすれば，大規模な選挙は個人の選好は反映されにくいと予想できるため，投票率が低下し，それによって民主的制度それ自体の存続が危ぶまれる[23]。したがって，「政治的美徳は，たとえそれがほんの小額ずつ『要求される』場合でも，デモクラシーの存続には不可欠である」。人々が政治的美徳をもつことで，民主社会は「暫定協定を越えたかたちでの安定性を得る」[24]ことができる[25]。他方でアローの考える社会契約は暫定協定であり，それは社会契約がもつべき，長期的な社会の存続基盤としての重要な役割を担うことが難しい。このような社会契約の道徳性と持続性は，後述するが，理想主義的な社会契約論が社会契約について分析する際には明らかにできる点である。

23　合理的選択理論においては，機会費用のかかる投票を有権者がなぜ行うのかという問題が議論されてきた。たとえばリチャード・タックは，有権者一人がもつ政治的決定力は極めて低く，かれは投票結果に対して自らの投票に効力をもつとは予測しづらい。したがって合理的な判断ならば投票を行わないはずであるが，なぜ多くの人は投票するのかを考察している（Tuck 2008）。*SCIV* 以降，アローは市場における選択と政治的選択の差異を考察するようになる。アローも上記の理由から，投票行動には市場とは異なる倫理観が動機として必要であると考えるようになる（Arrow 1970, 18-19）。そのためここでの批判対象はあくまでも *SCIV* と1960年代のアローである。

24　ハーバーマス，ラッツィンガー 2007, 8-9.

25　アローも「本書で提起されている問題，すなわち個々人の選択を集計する方法の形式的存在はたしかに上述の意味での統合された社会（integrated society）の必要条件である。しかし，その種の方法が統合（integration）にとって十分であるか，さらに十分条件の重要な一部であるかどうかは疑わしい」（*SCIV*, 2/4n2）と述べる。「統合された社会」とは，文脈からすれば選択の整合性が可能な社会という意味である。いずれにせよ，アローは社会選好が必要不可欠とみなすが，それのみが社会にとって必要であるという立場ではない。

以降の論証において，本書は，個人選好の集計としての社会選好の導出というアローの枠組みに焦点を当てて，たとえアローの定理の不可能性が数学的に解決されたとしても，アローの道徳的ルールは暫定協定的であり，それだけでは社会の存続基盤を基礎づける社会契約としては不十分であること，暫定協定とともに長期的な合意である社会契約があって初めて社会は安定性を得ると主張する。そして後者の普遍的な道徳的ルールは，アローの定理あるいは *SCIV* によっては否定あるいは包摂されないうえに，倫理的価値相対主義でもポピュリズムでもないことを明らかにする。このような議論は，それを扱いうる社会契約論の意義をも明らかにするであろう。

結論

以上より，アローが *SCIV* において，ポピュリズムであると同時に倫理的価値相対主義に基づくデモクラシー観をもつことを明らかにした。さらに，アローは同書にて社会契約の定式化を試みるが，個人選好の部分的一致を仮定する以外はそれを政策決定の定式化と区別しないことを明らかにした。そうすることで，アローがどちらの決定の帰結にも道徳的意義を与えるものの，いずれも暫定協定とみなすことを確認した。続いて，アローによるそのような立場に対して批判的検討をするために，その立場と理想主義的な社会契約論の比較を行い，社会の長期的な存続基盤の形成という社会契約がもつ固有の意義を明らかにした。

本章に対しては次のような反論があるだろう。それは，たしかにアローは *SCIV* の第7章で社会契約を分析したが，そのことはアローの目的にとって，アローの定理を修正し可能性定理を提示する試みの一つにすぎない。アローの目的はむしろ契約後の社会における集団的意思決定の解明であるから，彼の分析に大した意味はないという反論である。

しかしアローの定理は，単に集団的意思決定のプロセスの不可能性のみを含意するのではない。第一章で論じたように，アローによれば，それはデモクラシー社会の存続基盤となる道徳的ルールの存在の不可能性をも意味する。さらに，アローの定理の否定的な結論は，リベラル・デモクラシーが社会の存続基盤となる道徳的ルールを決定する装置として重視する，社会契約の妥当性をも分析の俎上に載せる。したがって，アローの定理と

アローによる社会契約の分析は双方ともに検討されなければならない。そうすることで，道徳的ルールの解明として解釈されたアローの定理の回避方法も明らかになるだろう。

第一部　結論

　第一部は，アローは*SCIV*において，客観的な科学理論によって暫定協定として示される道徳的ルールの不可能性が証明されたと主張すること，ならびに，そのようなアローの主張に対して，主に理想主義的な社会契約論の立場から批判することを目的とした。

　第一部の結論として，アローが彼の定理を次のように理解していることが示された。アローは自らの手法が科学的客観性の要請をみたしており，それにより哲学的問題も解明可能であると考える。アローが考える科学の客観性要請は，合理的説明と観察可能性である。アローの定理は，社会的決定プロセスおよび合意としての道徳の科学的な証明可能性に対する疑問を提示する。同時にアローはアローの定理を応用して社会契約を定式化する。社会契約は，リベラル・デモクラシー社会およびデモクラシー社会の存続を基礎づける道徳的ルールに対する合意である。アローによれば，社会契約もまた通常の集団的意思決定と同様に暫定協定であり，社会の存続を暫定協定によって基礎づける。

　しかし，第二章で論じたように，アローとリベラル・デモクラシー論者のあいだには，社会契約に付与する性質に差異がある。後者によれば，アローに反して暫定協定のみでは社会の存続は基礎づけられず，社会契約は暫定協定よりも長期にわたる遵守を要求する，社会の存続基盤となりうる道徳を提示する。さらに，後者は社会契約が理想的な政治制度や基本理念に関する合意としてほかの決定よりも優越すると主張する。これらの特徴は，センによる正義の問題の解明手段としての社会的選択理論の有用性の議論においても，アローによる社会契約の定式化においても，見過ごされていた。

　しかしながら，第三章で詳述するが，アローは理想主義的な社会契約論が主張する，自由権を含めた基本的人権がそれ自体でもつ意義も一時的な合理的選択とは区別された長期的に変わりない合意の意義もまた否定する。アローとリベラル・デモクラシー論者は，このような見解の差異からこれまで論争をしてきた。第二部はこの論争に焦点を当てることにする。

第二部　アローの定理と
　　　　リベラル・デモクラシー

　第二部の目的は「道徳的ルールとして解釈された意味でのアローの定理から，リベラル・デモクラシーは擁護可能か」という本書の問いが，リベラル・デモクラシー論におけるアローの定理をめぐる先行研究に対しても貢献可能であると示すことである。それらの先行研究は，本書とは異なり，アローの定理を通常の集団的意思決定における集合的決定ルール（collective decision rule）の問題としてのみ捉えたうえで，リベラル・デモクラシー論への影響を検討してきている。

　結論を先取りすれば，本書は次の理由からリベラル・デモクラシーが擁護可能であると主張する。後述するように，アローは社会契約を個人選好の組み合わせから社会選好を導出する関数とみなす。だが，理想主義的な社会契約論では，それは個々人の道徳的人格が集まって人民を形成することに対する合意とみなされる。そのような社会契約はアローの定理の枠組みに還元不可能であり，かつその前提条件として成立していなければならない。

　この結論の先行研究に対する貢献を明らかにするために，第三章は本書が個人選好と道徳的人格の関係を問う意義を，それがアローとリベラル・デモクラシー論者の論争に残された課題に答えられると示すことで明らかにする。第四章は社会契約で人民という集団的アイデンティティが形成されることの意義を，それが先行研究におけるデモクラシーと立憲主義をめぐる論争に残された課題に答えられると示すことで明らかにする。

90　第二部　アローの定理とリベラル・デモクラシー

第三章　アローとリベラル・デモクラシー論者の論争
──パレート原理と権利の原理の対立を中心に──

　アローの定理に対してリベラル・デモクラシーの観点から最初になされた先行研究は，主に政治学におけるそれと社会的選択理論におけるそれに分類される。前者で代表的な研究はライカーの研究（Riker 1982）であり，後者のそれはセンの「パレート派リベラルの不可能性定理」（Sen 1970a，以下「リベラル・パラドックス」と呼ぶ）である。

　本章の目的は，これらの先行研究を整理し，本書の貢献を明らかにすることである。本章の構成は以下の通りである。まず，アローの定理の枠組みを示す（第一節）。次に，政治学においてアローの定理に対してリベラル・デモクラシーの観点からなされた先行研究を取り上げ，その不足点を指摘する（第二節）。続いて，その不足点を解消するために，社会的選択理論における代表的な先行研究であるリベラル・パラドックスを取り上げ，パラドックスの解消のためになされた先行研究の動向を分類する。続いて，アローによるリベラリズム批判を明らかにする（第三節）。さらに，アローの批判に対して，リベラリズムの立場から応答する（第四節）。最後に，リベラル・デモクラシー論者とアローの論争の争点を明らかにするとともに，その争点が本書第三部でどう解決されるのかの素描を示す（第五節）。

第一節　アローの定理の枠組み

　アローの定理に対する先行研究を分類する前に，アローの枠組み（Arrowian framework）とその条件について論じなければならない。なぜなら，それらはアローの枠組みおよびその条件のどれかを変更したり，修正した

りすることで発展してきているからである。

アローの定理は，アローが提示する枠組みの中で，彼が社会厚生関数に対して課す四つの諸条件が対立することを証明する。まず，アローの枠組みは以下の五点によって成り立つ（Campbell and Kelly 2002, 37/43）。

　　　1：社会状態の集合には何の構造も与えられていない。
　　　2：社会は有限人からなり，固定されている。
　　　3：社会状態の集合上での順序づけのために使われる情報は，個人の厚生に関する情報のみである。
　　　4：社会選択プロセスのアウトプットは社会状態の集合上での順序である。
　　　5：個人による戦略的行動には言及しない。

　1は選択肢である社会状態の中身を問わないことを，2は選択主体である個人が有限数で変動しないことを，3は個人が個人厚生に基づいて選好を作ることを，4は社会選好が順序であることを，5は個人が正直に選好を表明することを意味する。

　次に，アローの条件は①定義域の非限定性，②無関連対象からの独立性，③パレート原理，④非独裁性である。アローは，上述した枠組みの中で①－④のすべての条件をみたす社会厚生関数は存在しないことを証明する[1]。

　アローの定理に関する先行研究の方向は大きく三つに分類できる。第一に，アローの枠組みおよび条件を認めたうえで，そこから導出される帰結にどのような政治的，経済的含意が含まれるのかを分析する研究である。第二に，アローの枠組みのみを認めたうえで，社会厚生関数に課された条件を緩和することで不可能性定理の解消を試みる研究である。第三に，アローの枠組みと条件の変更を伴う研究である。リベラル・デモクラシーの制度構築という観点からの先行研究もまた，この三つの分類に分散して存在する[2]。

　政治学における代表的な研究であるライカーの研究は第一及び第二の動

1　より詳細にはアローの定理は条件①，②をみたす社会厚生関数は，独裁的であるかパレート原理に反することを示す。詳しくは補遺を参照のこと。
2　本書で紹介する研究はそのうちのごく一部である。

92　第二部　アローの定理とリベラル・デモクラシー

向に属する。それはアローの枠組みを受け入れたうえで，アローが集計ルールに課す諸条件を変更させる研究をも参照しながら，それらがリベラル・デモクラシー論に対してもつ意義を検討する。

　他方で，社会的選択理論における代表的な研究であるセンのリベラル・パラドックスは，アローが提示したパレート原理を内包する集合的決定ルールの存在証明という問題を引き継いでいるものの，アローの枠組みおよびそのルールに課せられるパレート原理以外の条件を変更し，新しく私的領域における自己決定権の原理，すなわち自由主義の原理を導入する。つまりそれは第三の動向に属する。言い換えれば，それは，デモクラシーにおける集合的決定ルールを考察するアローの定理に比して，リベラル・デモクラシーにおけるそれを考察すると解釈されてきている。

　リベラル・パラドックスの先行研究においては，そのパラドックスの解消を目的として，リベラル・デモクラシー社会における集合的決定ルールの定式化と可能性定理を導出する様々な試みがなされてきた。同時に，論理的なルールの定式化を問題にするだけでなく，ルールに課される諸条件の規範的含意や，その含意のリベラル・デモクラシー論における妥当性などが議論されている。つまり，そのような議論は集合的決定ルールの解明を目的とするだけでなく，それをつうじてより統合的にリベラル・デモクラシーの「理論化可能性」（Suzumura 2010, 619）を問う。先行研究ではリベラル・パラドックスの論理的な解消方法はいくつも提示されているが，前述した統合的な観点から見た場合，発展可能な点が残されていると考えられる。

　第二節は，主に政治学における先行研究を考察する。第三節は，主に社会的選択理論における先行研究を考察する。

第二節　政治学におけるリベラル・デモクラシー論とアローの定理

　政治学におけるデモクラシー論の文脈でアローの定理を扱う先行研究においては，前述した第一及び第二の動向に分類される研究が多い[3]。その

3　ただし，キャンベルとケリーが定義する「アローの枠組み」における戦略的操作可能性に関しては，ライカーも取り上げる（Riker 1982, Chap. 6）。

うえで，「アローの定理がデモクラシー社会の実現可能性を否定するか否か」という共通の問題関心に基づいて，様々な研究がなされてきた[4]。なお，デモクラシーの「実現可能性」とは，デモクラシーの理念が政治体制として具現化されうることを意味し，ここでは直接的には集団的意思決定ルールが存在することを意味する。

　前述したように，アローのデモクラシー観はポピュリズムであると解釈できる。ポピュリズムにおいては，政府が人民の声を反映させた政策決定を行うことこそが，政治の民主的な正統性を保証する。しかし，アローは *SCIV* で，パレート原理をみたす集団的意思決定の方法が「投票のパラドックス」によって循環した社会選好を生み出すことを証明する。これは，たとえ多数決によって何らかの選択肢を選ぶとしても，その選択肢は必ず他の選択肢に多数決で負ける可能性が残されていることを含意する。しかしそうであるとすれば，その帰結に従った政策決定には人民の声の反映という民主的な正統性が付与されえない。つまり，その定理は人民の声を反映させる政治体制の実現可能性を批判すると解釈できる（Pildes and Anderson 1990, 2122-2126）。

　ライカーによれば，アローの定理およびそれ以外の社会的選択理論の研究成果は，ポピュリズム的なデモクラシー観の否定を含意する。前述したように，アローの定理はそれ自体でポピュリズムに否定的である。さらに，たとえアローの定理の枠組みを維持したうえで，「アローの条件」のうちパレート原理以外のいくつかを変更させて可能性定理が導出されたとしても，前述した含意は次の二つの理由から消えるわけではない。ポピュリズムは社会的決定の結果の倫理性を容認する。しかし，第一に，社会的選択理論の研究成果によって，たとえ構成員が同じ個人選好順序をもつとしても，投票方法の違いによって社会的決定の結果は異なることが分かっている。したがって，社会選好順序は個人選好順序だけではなく，どのような社会的決定のルールを選ぶのかにも依存する（Riker 1982, Chap. 2）。第二に，どのルールによる結果がもっとも望ましい結果であるのかを私たちは決める

4　アローの定理が1990年までのデモクラシー論に与えた影響については，Pildes and Anderson 1990, 2122-2126，それ以降に関しては，Mackie 2003, Chap. 1 などを参照。

ことができない。なぜなら，社会的選択理論におけるそれまでの研究結果から，日常的に投票において用いることが可能である集団的意思決定ルールの大半は，何らかの望ましい条件をみたさないことが明らかにされているからである（Riker 1982, Chap. 4）[5]。

　他方で，ライカーによれば，ポピュリズムに対比される見解はリベラリズムである。リベラリズムにおいては，デモクラシーにおける投票結果それ自体は倫理的価値があるとみなされない。そうではなく投票の役割は，特定の公職者の専制に対してその時々に人々が拒否権を表明する機会を保持し，そうすることで権力を分割することである（Riker 1982, 244/296）。したがって，そのような見解においては定期的に選挙が施行されることこそがデモクラシーにとって望ましい。定期的な選挙制度を含めた権力分割のためには，憲法上に規定された諸制約が必要である[6]。

　したがって，アローの定理をはじめとした社会的選択理論の研究成果はポピュリズム的なデモクラシー観を否定し，リベラリズム的なデモクラシー観を正当化する。言い換えれば，それらはリベラリズムが肯定する，社会的決定に課せられる憲法上の諸制約を正当化する。ライカーが考える諸制約の一つは「独立した司法部」の設立であり，この点からライカーは政策決定に対する司法審査を容認するリベラル・デモクラシーを擁護すると解釈された（Miller 1983）。

　ライカーの研究は，アローの定理をはじめとした社会的選択理論の研究成果が，デモクラシー論においてどのような意味をもつのかを初めて詳細に検討した研究であり，その点で意義深いものである。他方でこの研究に対しては，主に次のような批判がなされた。たとえ社会的選択理論の研究

5　たとえば，多数決原理はアローの課す条件のうち「定義域の非限定性」をみたさないが，それ以外の条件をみたす。他方で，最下位の選択肢に0点をつけ，それから上位になるに従って点数を加算し，各選択肢が得た得点数を比較するボルダ・ルールは「無関係対象からの独立性」をみたさないが，それ以外の条件をみたす（Sen 1970b, 38-40/48-50）。

6　憲法上の諸制約として，ライカーは以下の五点を挙げる。①異なる選挙区制に基づく多院制立法府・②立法権力と執行権力のあいだの分割・③連邦政府と地方政府のあいだの権力の分割・④独立した司法部・⑤任期の限定と定期的選挙（Riker 1982, 250/303-304）。

第3章　アローとリベラル・デモクラシー論者の論争　　**95**

成果がポピュリズムを否定するとしても，それらがリベラリズムを正当化するわけではない（Coleman and Ferejohn 1986）。つまり，主張できることはそれらの成果がリベラリズムを否定しないということだけである。またライカーはポピュリズムの対立概念はリベラリズムであるとするが，その対立概念は必ずしもリベラリズムではなく，他の政治形態，たとえば選挙制度をもたない官僚政治であるとも考えられる（Mackie 2003, 409-431）。すなわち，社会的選択理論の研究成果はリベラリズムを肯定するわけではなく，リベラリズムを正当化するためには異なる論拠が必要である。

　アローも同様に，彼の定理によって集団的意思決定ルールの存在が否定されることを認めながらも，たとえばライカーが定義する憲法的諸制約の一つである，立法部から独立した権限を与えられた司法部によって，社会的決定の帰結がパレート原理に反するように変更されるべきであるとは考えない（Arrow 1967a, 221）。要するにアローは，たとえアローの定理によってパレート原理を「公理」と前提にしたうえで集団的意思決定の方法が存在しないとしても，パレート原理が「公理」すなわち自明の理であることを否定することには直結しないと主張する。すなわち，それはパレート原理の制約を認めるリベラリズムを擁護するわけではない。

　これらの政治学の先行研究から分かることは，それらの研究ではアローの定理がポピュリズム的なデモクラシー観に立ちながらそれに否定的な含意をもつことは共通意見として示されたが，それがリベラル・デモクラシーに対して有する批判的な含意については未解決のまま残されているということである。

第三節　社会的選択理論における
リベラル・デモクラシーとアローの定理

　前節で明らかにされたように，政治学における先行研究では，アローの定理がもつリベラル・デモクラシーへの含意は必ずしも明確ではない。他方で社会的選択理論においては，ライカーが定義した「憲法上の制約を認めるリベラリズム」の実現可能性および理論化可能性を，その理念に基づいた集合的決定ルールの存在証明という，アローの定理とは別の論理によって示す研究が発展した。その領域においては，アローの定理の枠組みを変更してリベラル・デモクラシーの理念を取り入れた，リベラル・パラド

ックス（Sen 1970a）に代表される研究がなされた[7]。

　まず，リベラル・パラドックスを紹介する（第一項）。次に，それに対する先行研究の動向を三つに分類し，本書との関係を明らかにする（第二項－第四項）。

第一項　リベラル・パラドックス

　社会的選択理論におけるリベラル・デモクラシー論においては，アローの枠組みの三つ目である，個人の厚生のみを情報的基礎とする点を修正して，個人権という非厚生主義的な情報的基礎を導入し，アローの定理とは異なる枠組みと条件によって新しい定理を導出する研究がなされてきた（cf. 鈴村 2009，Chaps. 10 – 12；Suzumura 2010）。この研究動向における最初にしてもっとも有名な定理がリベラル・パラドックスである（Sen 1970a）。彼はその定理において，非厚生主義的な個人権の情報を用い，それが厚生主義的な情報であるパレート原理と対立することを示す。この定理の意義について鈴村は以下のように述べる。

　　（センの）この不可能性定理の意義は，社会的選択理論の抽象的な論理のためのこまごまとした練習問題であるというだけのものではない。問題になっているのはリベラル・デモクラシーの理論化可能性（theoretical possibility）である。すなわち，個人の自由の最小限の領域を社会的に保護することと，パレート原理の受け入れがその最小限の要求であろう，多数決のルールが確立することとの間の論理的な両立可能性が問われているのである（Suzumura 2010, 619，括弧内引用者）。

　つまり，鈴村は，リベラル・パラドックスはリベラル・デモクラシーにおける集団的意思決定の不可能性を証明することで，リベラル・デモクラシーという理念が理論化可能かどうかを問う定理であると解釈する。

　パラドックスを説明するにあたり，センは，機会集合から選択集合を導

7　ただし，リベラル・パラドックスに代表される権利の原理とパレート原理の対立の問題は依然として未解決であるという見方もある。これらの研究における課題の検討は，鈴村 2009，Chap. 12 などを参照。

出する集合的選択ルールに次の三つの条件を課す。一つ目は定義域の非限定性である。二つ目はパレート原理である。三つ目は個人の「自由主義的権利の社会的尊重」の原理と解釈される。すなわち，二つの社会状態の差異がある人の私的事項にかかわることのみならば，そのペアのあいだの社会的決定に対してはその人が決定力をもつという原理である。リベラル・パラドックスは，少なくとも二人の個人がそれぞれ一つのペアに対して決定力をもつならば，パレート原理と定義域の非限定性をみたす選択集合の要素は存在しないことを表す（Sen 1970a; 1970b, Chap. 6）。

　リベラル・パラドックスは次の例によって有名である。ここに，一冊の『チャタレー夫人の恋人』という本があり，厳格なＰと放蕩なＬの二人がいるとしよう。その時，採りうる選択肢は，他の情況が一定であると考える場合，二人とも読まない $(0, 0)$ か，Ｐ氏が読む $(r, 0)$ か，Ｌ氏が読む $(0, r)$ かである。二人はこれらの三つの選択肢に対して次の選好順序をもつと仮定する。

$R_P : (0, 0) > (r, 0) > (0, r)$
$R_L : (r, 0) > (0, r) > (0, 0)$

　センは，この三つの選択肢を含む機会集合 S から選択集合 $C(S)$ を導出するにあたって二つの条件を課す。パレート原理より，二人の個人がともに $(r, 0) > (0, r)$ であれば，$(r, 0)$ を含む機会集合 S から $(0, r)$ は選択されない。次に，個人の「自由主義的権利の社会的尊重」の原理より，Ｐ氏は $(0, 0) > (r, 0)$ という選好をするため，S に $(0, 0)$ があれば $C(S)$ に $(r, 0)$ は含まれない。同様にＬ氏の選好により，$C(S)$ に $(0, 0)$ は含まれない。よって，二つの条件と定義域の非限定性をみたす集合的選択ルールは存在しない（Sen 1970a; 鈴村 2009，240-241）。

　鈴村によれば，センのパラドックスの枠組みはアローの枠組みのうちの１，２，５をみたし，４を修正し，前述したように３に反対する。４の修正に関しては，アローは社会選好順序が完全合理性であることを要請するのに対して，センは選択集合の非空性のみしか要請していない。これらのことから分かることは，リベラル・パラドックスはアローの定理に比べて要請が低いということである。それにもかかわらず不可能性定理が導出さ

れたことは，社会的選択理論における厚生と権利の対立が根深いことを表している（鈴村 2009，247－248）。

リベラル・パラドックスの解消を目指す先行研究は三つの方向に分かれる。第一の方向は，自由主義的権利の概念へのセンによる定式化を受け入れたうえで，センの自由主義的権利の条件を緩和するか，パレート原理を緩和するか，あるいはその双方を緩和することで，双方の対立を解消しようとする研究である（第二項）。第二の方向は，私的領域に関する個人の選好が社会的決定において決定力をもつという，センによる定式化が，自由主義的権利の定式化として正統ではないという批判的研究である（Suzumura 2010, 618）（第三項）。第三の方向は，よりラディカルに，センが公理とみなす権利の自明性に対する批判的研究である（第四項）。

第二項　第一の研究動向におけるセン研究

第一の研究動向における影響力のある先行研究は，ブラウの定理およびセン＝鈴村の解法である。

まず，ブラウの定理（Blau 1975）を紹介する。ジュリアン・ブラウはおせっかいな個人の権利を停止することでリベラル・パラドックスの解消を図る。ブラウの研究を理解するために，まず以下の選好順序を考える。

R：$x>y>z>w$

R：$x\sim y>z>w$

R：$x>y>z\sim w$

この時，三つの選好順序に共通する特徴は $xRy, yP(R)z, zRw$ である。したがって，推移性により xRw である。この場合，選好順序 $xP(R)w$ は $yP(R)z$ よりも「序数的な意味で強い」（stronger in the ordinal sense）選好であると呼ばれる。

この概念を用いて，ブラウは「おせっかいな個人」を，自分の私的領域に関する選好よりも他人の私的領域に関する選好が「序数的な意味で強い」個人であると定義する。そしてブラウは，ある人がおせっかいな個人ではない場合のみ，その人の私的領域に関する権利が受け入れられるという「修正された自由主義」の公理を導入し，それが定義域の非限定性およびパ

レート原理と矛盾しないことを証明した。前述した例ではP氏とL氏はともにおせっかいな個人であるため，彼らの自由主義的権利は尊重されない。したがって（0, 0）と（r, 0）とが選ばれる。

しかしこの解決方法は，構成員が二人の場合という制約があるうえに，ある個人がおせっかいな選好をもつ時，かれのもつ権利を放棄させる代わりに，その選好が社会的決定に反映される。そのために，それはリベラルの伝統に基づいた決定であるとは言い難い。なぜならリベラルは伝統的に，諸個人のもつ権利が社会選好よりも優先されると考えるからである。むしろ，おせっかいな個人がいる場合，その選好から相手の個人の権利を擁護する必要がある。このような観点から，よりリベラルの伝統に基づいた解法を示す研究が続けられた[8]。

次に，リベラルな個人による解決を試みるセン＝鈴村による解法（Sen 1976; Suzumura 1978; 1983, Chap. 7）を紹介する。セン＝鈴村による解法は，ブラウの解決方法に反して，パレート原理と自由主義的権利が対立する場合，個人の権利を擁護し，パレート原理を制約することを考える。パレート原理は全員一致の意志決定をそのまま社会的決定として採用する原理である。したがって，誰かの権利に反するパレート的な決定をなくすためには，自分の選好が誰かの権利に反すると知ったならば，その選好が社会的決定の情報的基礎として「カウントされる」ことを望まない個人が，社会にただ一人でもいればよい。鈴村はこのような個人を「リベラルな個人」（liberal individual）と呼び，社会に一人でもリベラルな個人がいれば，リベラル・パラドックスは解消されることを証明した[9]。この定理はセン自身

8　権利の自発的な交換という概念を導入することで，リベラル・パラドックスの解消を目指す研究がある。アラン・ギバード（Gibbard 1974）は，個人の権利は自由な契約に基づいているため，もしその権利を行使することで結果的に行使しないよりも悪い結果が生じると予測可能である場合，個人はその権利を行使しない自由をもつと考える。たとえば，チャタレー夫人の恋人の例でいくと，P氏は自由主義的な権利をもつために，（r, 0）を選択集合から排除することができる。しかし，L氏も同様に（0, 0）を排除できることをP氏はあらかじめ知っている。そうなると，残された選択肢は（0, r）のみとなり，この選択肢はP氏にとって（r, 0）よりも好ましくない。したがって，P氏は権利行使を控えて，（r, 0）を排除しない方が賢明である。

9　補遺で詳述する。

がリベラル・パラドックス以降に表明した考え方に基づいている（Sen 1982, 313-315/87-92）。

　セン＝鈴村の解法によって，リベラル・パラドックスには一つの解が与えられたと考えられる。しかし，そのパラドックスに対しては依然として批判が可能である。その批判の一つはセンのリベラル・デモクラシー解釈に向けられる。センのリベラル・デモクラシー解釈は，私的領域における個人の決定権を社会的決定の内部に取り入れるという立場であり，この立場は，たとえば前述したライカーのそれとは異なる。このように，リベラル・デモクラシーについての解釈は複数存在し，センの解釈を批判することは可能である。次に，リベラル・パラドックスに関する研究の，第二の研究動向を見ることにしよう。

第三項　第二の研究動向におけるセン研究

　本項は，第二の研究動向を紹介し，それに対する本書の貢献を明らかにする。

(1) ノージックによるセン批判

　第二の研究動向の代表的な研究として，ロバート・ノージックによる以下のようなセン批判がある。

> 　個々の権利は，社会的順序づけを決定するのではなく，特定の選択肢を排除したり，他のものを確定したりすることによって，社会選択の行われるべき限界を画定するのである。〔…〕誰の権利とも別に，すべての可能な選択肢がまず順序づけられるとしても，問題状況に変わりはない。なぜならその場合には，誰かの権利行使によって排除されていない選択肢の中で最高位のものが実施に移されるからである。個々の権利は，（リベラル・パラドックスにおけるように）社会的順序づけにおけるある選択肢の位置または二つの選択肢の相対的位置を決定しない。権利は，社会的順序づけに対して働いて，それが生み出しうる選択を制限する（Nozick 1974, 166/280, 括弧内引用者）。

つまり，ノージックはパレート原理が適用される社会選択に先立って，権

利の原理がその選択肢を制約すると考える。このようなノージックの議論は，リベラル・パラドックスにおけるリベラル・デモクラシー解釈よりも，より伝統的かつ現実的なリベラリズムの考え方に近い[10]。

　ノージックによるセン批判がリベラル・デモクラシー解釈として的を射ていることを前提にすると，ノージックが述べる権利擁護のための制度構築が問題になる。実際のリベラル・デモクラシー制度では，ノージックが指摘するように通常の民主的決定において，もしある選択肢が個人の権利に反するならば，それはあらかじめ排除されるし，もしそのような選択肢が事前に排除されずに選択されたとすれば，司法部が事後的にその意思決定の違法性を指摘する司法審査制がある。この制度は，ライカーが擁護した独立した司法部によって可能になる制度の一つである[11]。司法審査制は，社会的選択理論で扱う通常の集団的意思決定に対する社会契約の規範的制約やその役割を示すうえで，重要な制度の一つである。したがってその制度に焦点を当てることは，社会の存続基盤である道徳的ルールを提示する社会契約論の解明という本書の目的が，集合的決定ルールの問題とどう関係するのかを明らかにするであろう。さらにそれは，司法審査制をもつリベラル・デモクラシー体制における集合的決定と社会契約の関係について明らかにする。したがって次に，ノージックの理念を制度化する司法審査制と通常の集団的意思決定の関係について考察する。

(2) リベラル・パラドックスと立憲主義

　ノージックの批判によって明らかにされたことは，リベラル・デモクラシーにおいては個人の権利の擁護のために集団的意思決定が外側から制約されるべきだということである。しかしノージックはそのための制度構築について明らかにしていない。そのためノージックの批判を受け入れつつ，

10　そのためノージックの考え方を社会的選択理論の方式で定式化すれば，セン＝鈴村の解法とは異なるリベラル・デモクラシーにおける意思決定の定式化が可能である。この観点から，第四章で詳述するように，ノージックの観点を取り入れたリベラル・デモクラシーにおける集団的意思決定の定式化を試みる研究が，社会的選択理論でなされた。

11　ライカーによる司法審査擁護論は，Riker and Weingast 1988. なおここで言う実際の制度とは，アメリカ合衆国における立憲主義体制を指す。

102 第二部 アローの定理とリベラル・デモクラシー

より実際の制度に近い方法で，センのリベラル・デモクラシー解釈に対する代替案を提示しなければならない。ここでの目的は，センのリベラル・デモクラシーの構想に対する代替案の一つとして，ロールズのリベラル・デモクラシー論を司法審査制を中心に明らかにしつつ，本書の考えるその構想を提示することである。

　ロールズはノージックと同様に，個人の権利の擁護のための集団的意思決定への制約を肯定する。ただしセンに対する代替案とした場合，センとロールズのあいだには，第二章で述べたように，社会的選択理論と理想主義的な社会契約論という理論的な相違点がある。他方で，両者にはそれぞれがリベラル・デモクラシーの観点から規範的に望ましいと考える集団的意思決定プロセスの解明を試みるという点や，福祉国家リベラリズムの観点から再分配の際の平等の評価基準は何かを考察する点などの共通点もある。そのため，両者はこれまで様々な理論的交流をしてきた[12]。

　センがリベラル・パラドックスで明らかにするような集団的意思決定は，ロールズによるリベラル・デモクラシーの集団的意思決定の構造においては，四段階シークエンスで表される第三段階の意思決定である，通常の政策決定に位置づけられる[13]。ロールズは一回限りの選択を考察するセンと異なり，以下のような四段階シークエンスの議論をつうじて意思決定を複数段階に分ける。ロールズによれば，第一段階では，当事者たちは仮想的な原初状態において正義の二原理を全員一致で選択する[14]。これは社会契

───────────────

12　センによるロールズ『正義論』の批判は Sen 1982, 364-368/247-256. それに対するロールズの応答は Rawls 2001, sec. 51 を参照。

13　鈴村は，社会的選択理論は個人の環境や社会的地位を無視して個人選好の論理的組み合わせを情報的基礎とみなすという点で，理性的な個人ならば誰でも納得するような理想状態での意志決定であり，その点でむしろ社会契約論と類似性があると述べる（鈴村 2012）。たしかに，個人が社会制度に先立って与ええると考える点で，二つの理論は類似性がある。しかしそれらには相違点もあり，その一つは，一方で社会的選択理論は個人選好が，他方で社会契約論では個人の人格が社会に先立つとみなされる点である。本書もまたこの相違点を重視する。後述するように，第三部では個人の人格が個人選好に先立つことを明らかにする。ただし，そうであるからと言って，個人の人格は社会に依存するが故に個人選好もまた社会制度に依存するとみなすわけではない。

14　正義の二原理とは，基本的諸自由の平等な分配を定めた第一原理と，公平な

約の一バージョンである。次に第二段階では，当事者たちは仮想上の憲法制定会議に移る。ここでは，すでに選択された正義の二原理の制約を受けつつ，政府がもつ憲法上の権力と市民がもつ基本的権利のシステムを設計する。より具体的には，正義の二原理のうちの第一原理である基本的諸自由が保障されるべきであることが憲法原理，あるいはロールズの言葉を借りれば憲法の必須事項とみなされる。第三段階は立法段階である。法律は正義の二原理のみならず，憲法が設ける制限にも応じる。この段階では，経済，社会政策に対して，個人はそれが（第一原理の制約下で）正義の二原理のうちの第二原理である公平な機会の均等の原理および格差原理に適うか否かを判断する。つまり，社会契約の理念的制約の下で政策決定が行われる。そのため，第一段階で採択され，第二段階で憲法上の権利と規定された諸権利などを擁護する司法審査制によって，パレート原理が制約される。最後の第四段階では，裁判官と行政官が個々の事例にルールを適用し，市民がルールを遵守する。ここでは，あらゆる人々がすべての事実を完璧に知りうる立場にある（Rawls 1999, 171-176/266-273）。

　このように，ロールズ，センともに第三段階でのパレート原理の制約を認める。ただし，ロールズが想定するパレート原理と権利の関係は，センのそれとは異なる。前述したように，リベラル・パラドックスではパレート原理と自由主義的権利の原理はともに公理である。セン＝鈴村の解法でさえ結果的にパレート原理よりも自由主義的権利の原理を優先するものの，二つの原理を同じように公理とみなす。つまり彼らの解法では，二つの公理が対立した場合に，いずれかの原理の自明性を問うことはせず，それを前提にしたうえで，自由主義的権利の原理が結果的に反映されるように個人選好が抑制される。

　これに対してロールズは，パレート原理によって導出される社会選好が基本的諸自由の尊重という理念に反する場合，それを破棄することを容認する。ロールズによれば，仮想的な原初状態では個人は正義に適う不偏的な判断を下しうるけれども，現実においてすべての（少なくとも過半数の）個人が常にそのような判断を下すとは限らない。現実には，個々人は自ら

機会の保障と格差原理がみたされる場合にのみ経済的不平等が認められるとする第二原理のことを指す（Rawls 1999, 53/84）。

104 第二部 アローの定理とリベラル・デモクラシー

の社会的境遇に影響を受け，偏りのある選択をしうる（Rawls 1999, 118/
184）。それゆえに，現実の個々人がどのような選択をするとしても，リベ
ラルの理念が守られるような制度構築が必要である。その制度の民主的正
統性のために彼が用いるのが原初状態における社会契約論と四段階シーク
エンスである[15]。

　このように第三段階の政策決定の際の多数決原理に対して，それが憲法
に反する場合，司法審査によって社会的決定を破棄しうるとみなす政体は
立憲政体と呼ばれる。他方で，民主的なプロセスを経た意志決定による帰
結を無条件に肯定する政体は手続き的民主制と呼ばれる。ロールズは「立
憲政体では，人格と社会の構想は，憲法という公的憲章においてより完全
に明確化されており，それが保障するもろもろの基本的な権利や自由とよ
りはっきり結びつけられている」（Rawls 2001, 146/259）とみなし，立憲政
体を手続き的民主制よりも支持する[16]。社会的選択理論の用語によれば，
ロールズは特定の選択対象に対するパレート原理の制約を容認する（List
2011, 284）。つまり，彼はパレート原理の自明性をも批判対象とみなす。
この点で，ロールズによるパレート原理批判はセンやセン＝鈴村のそれよ
りもラディカルである。

　司法審査に関して言及するロールズの制度論は，パレート原理と権利の
原理の関係という観点からすれば，センよりもノージックに近い[17]。さら
に，ロールズはノージックよりも司法審査制というより実際の制度に即し
た議論を展開する。つまりそれはノージックよりもライカーの制度論に，
あるいは現実におけるリベラル・デモクラシー国家の制度に近い。ただし
ライカーと異なる点は，ロールズは，社会契約によって民主的正統性を与

15　このような考え方は第一章で述べた理想的選好と表明される選好の差異と同
　じである。
16　デモクラシーの理念が何であるかについても，各人の権利の尊重という立場
　から，ロールズはアローと対極の立場にいる。ロールズによれば，個人の基本
　的な自由にかかわる政策について多数決原理を採用しないこと，つまり政治的
　な選好の領域を限定することがデモクラシーの理念に適う。Rawls 1996, 36-37.
17　ただし，ロールズとノージックのあいだにも様々な差異がある。最も明白な
　点は財の再分配に対する見方の差異である。ノージックは個人の権利を擁護す
　るものの再分配政策を否定する（Nozick 1974）。他方でロールズはその政策を
　肯定する。

えられているからこそ憲法は政策決定における多数決原理を制約するとみなす点である。

　以上のようなロールズの研究は，ノージックの研究と同じ研究動向の発展に寄与できる。すなわち，センとは異なるリベラル・デモクラシーの解釈を提示する。彼らはセンよりもラディカルにパレート原理の自明性を問題視し，個人の権利の優位性を説く。その論拠をロールズは社会契約の規範的優位性に訴える。本書が最終的に提示するリベラル・デモクラシーの構想は，ロールズのそれにもっとも親和的である。本項をつうじて明らかにされたことは，リベラル・パラドックスをはじめとした社会的選択理論の研究が考えるリベラリズムと本書のそれの差異である。そして，前者に比べて後者の方が実際のリベラル・デモクラシー制度に近いことである[18]。

　次にリベラルに対するアローの批判を追い，それに対して本項で明らかにされたリベラル・デモクラシーの構想から応答を試みつつその限界を指摘することで，本書が後半部でそれにどのように貢献するかを素描する。

第四項　アローによるリベラル批判

　リベラルに対してパレート原理の自明性を説くアローは，前節で明らかにされたパレート原理批判に反論する。このような反論は，リベラル・パラドックスに関する第三の研究動向である，自由主義的権利の原理そのものの自明性および，それがパレート原理よりも優先されるというリベラリズムの見解の妥当性を問う批判的研究に位置づけられる。

　セン＝鈴村の解法は，他者の権利の原理に抵触する個人選好が社会的決定に反映されることをリベラルな個人が辞退することで，パレート原理と権利の原理の対立を解消しようとする。このような解法は，前述したように，パレート原理と権利の原理をともに公理とみなすものの，自由主義的権利の尊重という理念に基づいて，理念的には前者よりも後者を優先すると解釈できる。ロールズはよりラディカルに，権利の原理の優先性とパレート原理の制約を説く。

　ところが，新厚生経済学においては，パレート最適性は自明であり，い

18　本書の不足点はリベラルな集合的決定ルールを解明しないという点である。また，本書の構想とロールズのそれとの差異は第八章で述べられる。

かなる理由であれそれに反する原理を認めることには躊躇するという一般的立場がある。それを端的に示すのが，アローによるパレート原理の擁護論である。アローは次の三つの理由から自由主義的権利を批判し，パレート原理を擁護する。

第一に，アローは権利の存在理由は個人効用の向上のためであり，それ自体での存在理由は不明であると考える。

> 〔リベラル・パラドックス〕は極めて重要な問題であり，それは洞察力があり，すばらしいものであると考える。しかし，〔…〕なぜ私たちは諸権利をもつのか？〔…〕基本的には判断は諸帰結に基づくという点で，私は功利主義と立場を共有する。〔…〕私は権利とは，ある人をより高い効用レベルまで高める手助けをする取り決めであると考える。〔…〕どのような権利が正統であると一体誰が定めているのか？〔…〕このことが，私が諸権利の問題に関してあまり共感的な態度をとれない理由である。すべての人はあらゆるところで諸権利（という理念）を増殖させていて，完全に麻痺状態に陥っている。〔…〕誰かが私たちが議論しうるような諸権利の論理を提供しない限り，問題の全体像があいまいなままであると思う（Kelly 1987, 59-60，括弧内引用者）。

つまりアローは功利主義的立場から，諸権利がそれ自体で存在意義があるとは考えない。さらにアローは自身の方法論的立場から，権利の原理の「論理」すなわち数学的定式化が諸研究によって異なり，そのために問題の所在があいまいであると批判する。

第二に，アローは「すべての個人が自らの個人的な発展と満足を得るための方法を見つける機会をもつべきであるという，リベラルの一般的見解を共有する」（Arrow 1967b, 222）としながら，パレート原理は「各人の自由を尊重するために」擁護されると考える。第一章で述べたように，アローにとって個人の自由は，社会的決定の際に個人選好順序が社会選好順序に反映されることである。言い換えればそれは，社会厚生の最大化を目指す功利主義と消費者主権の理念に基づいており，「消費者選好の不可侵性」という理念を保障することである。アローによれば，個人選好順序として表される選択の自由の尊重とパレート原理は，双方とも「人間のもっとも

偉大な知的達成物の一つ」（Arrow 1967b, 221）である価格体制，すなわち市場における核心的な理念である[19]。

　第三に，自由主義的な権利に対するセンの定式化はあいまいだという点である。個人の私的領域を定めるセンに反して，アローはすべての意思決定は社会的性質をもち，個人的な決定と社会的決定という線引きはできないと考える。たとえば，論文を書いているのは自分だが，その際社会的な言葉を使い，他人が生産した紙やペンを使うという点では，そのような行為も社会的である。さらに，たとえ理念的にそのような線引きができるとしても，個人のみにかかわる選択と社会選択を区別する「論理的方法がない」（Arrow 1967b, 222）。

　アローはこのようにリベラルの見解を批判した後で，リベラリズムの「制約された社会選好を好む価値判断は，社会的連帯を強調する他の価値判断と同様に，個人が二つの社会的行動の判断をする際に使用する価値体系の一部として数えられるべきである」（Arrow 1967b, 223）と述べる。つまり，アローによれば社会選好の制約という意見それ自体が主観的あるいは個人的な価値判断にすぎない。アローは「この判断が他のすべての考慮（価値判断）を凌ぐほどの重要性を有すると主張することは難しい」（Arrow 1967b, 223, 括弧内引用者）と考える。

　要するに，アローはパレート最適性の理念とその定式化を経済学の観点から擁護しながら，リベラルな権利のあいまいさを指摘しつつ，もしリベラリズムが権利の原理によってパレート原理の制約を求めるとしたら，それには賛同できないと答える。

　これまでの議論を要約すると次のようになる。一方でセンは自由主義的権利の原理とパレート原理をともに公理とみなすが，二つの原理が対立した時には間接的に権利の原理を優先する。ロールズはより直接的にパレート原理の自明性を疑問視する。他方でアローはパレート原理のみが公理であると考え，自由主義的権利の原理を公理とは認めない。センとアローの論争は，非厚生主義的な自由主義的権利を尊重するセンと，厚生経済学に

19　アローは，社会選択は政治的な問題で対外政策や司法制度にかかわるために，それを扱おうとする一部の経済学者が混乱していることを認める。なぜなら，経済学者たちは市場における価格調整のような分析をすることに慣れているからである。Arrow 1967b, 221.

おける中心的な原理であるパレート原理を尊重するアローの対立を表すで
あろう。デモクラシー論の観点からすれば，私的な保護領域における選択
の自由としての個人権を尊重するという意味でのリベラル・デモクラシー
の理念を支持するセンと，厚生主義的な枠組みでデモクラシーの理念を支
持するアローの対立を表すと考えられる（鈴村 2009，248-250）。さらに，
リベラル・パラドックスから派生した議論においては，個人権を含めた基
本的人権を尊重するリベラル・デモクラシー論者と，個人厚生を尊重する
アローの対立を表すと考えられる。

第四節　リベラル・デモクラシー論における
権利の原理の基礎づけ

　本節は，自由権に対するアローの批判の一つである，権利の存在理由の
問題に答えることを目的とする。アローが批判するセンはアローに対して
直接的に応答していない。間接的にも，センは自由主義的権利がなぜ個々
人に平等に尊重されるべきなのかという基礎づけ論を展開しない。

　他方で，リベラル・デモクラシー論者，中でもリベラルな諸権利に基づ
く資源の平等な分配を目指すリベラル平等主義者たちによって，これまで
権利の原理の存在理由に関する研究がなされている。その代表的な論者は
ロールズとドナルド・ドゥオーキンである。本節と次節ではこれらの基礎
づけ論を明らかにしたうえで，その限界点を指摘する。

　ロールズによれば，前述したように，基本的諸自由はあらゆる政策に先
立って個々人に平等に保障されなければならない。さらに，第二原理にお
ける分配対象である基本財はその不平等な分配がもっとも恵まれない人々
の利益になる場合のみ認められる。その中でも，自尊心が守られることが
もっとも根本的な基本財である（Rawls 1999, 386-388/577-580）。ロールズ
において「自尊心」（self-respect）は自己の価値への肯定感とその能力への
信頼を意味する（Rawls 1999, 386/578）。個人が基本的諸自由とともになる
べく平等に自尊心の社会的基盤をはじめとした基本財をもつべき理由は，
諸個人はたとえ社会的な地位や境遇，あるいは特性としての才能において
不平等であるとしても，その基盤となる道徳的人格を平等に有するからで
ある。道徳的人格は，正義の原理に基づいて行動したいという正義の感覚
[20]と自らの善の構想を追求する合理性（rational）を有することを意味する

（Rawls 1999, 442/661）。かれらの道徳的人格は不平等な才能などのそのほかの性質にかかわらず平等に尊重されなければならない。したがって，諸個人のもつ不平等な特質によって生じる社会的な報酬や，かれらの多様な善の構想の集計に基づく社会政策に優先して，基本的諸自由と基本財に対する諸個人の権利は尊重される。つまり，各個人の道徳的人格の尊重によってそれは基礎づけられると解釈できる。

　ドゥオーキンは，ロールズ正義論の解釈を展開しつつ権利の基礎づけ論をより詳細に展開する。ドゥオーキンによれば，権利は諸個人の道徳的人格に対する「平等な配慮と尊重」（equal concern and respect）という観点から基礎づけられる。

　　　政府は，その支配に服する人々を，配慮をもって，すなわち苦しみ挫折することのある人間として扱わなければならず，また尊重をもって，すなわち自分たちがどのような生を送るべきかについて理性的な（intelligent）構想を形成し，そのような構想に基づいて行動することのできる人間として扱わなければならない。さらに政府は，人々を配慮と尊重をもって処遇しなければならないだけでなく，平等な配慮と尊重をもって処遇しなければならない（Dworkin 1977, 272-273）。

つまり政府は個人が営む生に対して平等に配慮し尊重しなければならない。ドゥオーキンによれば，ロールズの社会契約論にも「平等な配慮と尊重」の理念がその支柱として存在する。ロールズは自尊心の尊重を基本財の一つであるとみなす。しかし，ドゥオーキンによればそれはむしろ，それ以外の基本財を基礎づけるための抽象的な概念である[21]。それは「平等な配慮と尊重」の理念であるとも尊厳の理念であるともいえる（Dworkin 1977, 199/265）。

20　後年には道理性（reasonable）と呼ばれる。
21　より詳細に言えば，ドゥオーキンはロールズの社会契約論の枠組みが自らの権利論を擁護するために有用であると考えるものの，社会契約によって初めて権利が採択されるとはみなさない。むしろ，ロールズの社会契約論が成り立つためには，その前提条件として「平等な配慮と尊重」および権利の不可侵性が要請されると考える（Dworkin 1977, 177-181/234-239）。

110 第二部 アローの定理とリベラル・デモクラシー

　要するに，ドゥオーキンおよび彼が解釈するロールズによれば，権利の原理は個々人の道徳的人格に対する「平等な配慮と尊重」ないし尊厳によって基礎づけられる。このような権利の原理の基礎づけ論は，前述したアローの問題提起に対するリベラリズムからの応答の一つである。

第五節　論争の意義と問題点

　本節の目的は，アローによるリベラリズム批判の第二点と第三点に応えつつ，これまでの議論に対する本書の貢献を明らかにすることである。

　これまでの議論から明らかなように，リベラル・パラドックスには，多くの厚生経済学者と多くのリベラルがそれぞれ自明であると考える公理同士の対立があることが見て取れる。そしてその論争は，パレート原理の自明性に対して一石を投じてきた。鈴村が指摘するように，「古くはジョン・スチュアート・ミルの『自由論』にまでさかのぼる自由主義的権利の社会的尊重の原理に重要な意義を認める限り，厚生主義的なパレート原理に厚生経済学の神聖不可侵な原理であるという位置づけを与え続けることに対しては，疑問の余地があるといわざるを得ないことになる。《パレート派自由主義者の不可能性》を発見したセンは，この不可能性定理を彼の厚生主義に対する原理対立的批判のもっとも尖鋭な武器として縦横に駆使した」(鈴村 2009, 249) と言える[22]。

　この論争において今後検討されるべき問いは，互いが公理とみなす原理がどのような根拠をもつかという点である。一方で，アローはパレート原理の存在理由は，消費者主権の理念によって支えられた個人選好に基づく選択の自由の尊重にあると考える。

　詳述すれば，アローは構成員の自由な選択の上に成り立つパレート原理を，社会厚生の基準として公理であると考える。前述したように SCIV の初版において，アローはパレート原理の前身である市民主権の条件を，消

22　厚生主義への原理対立的批判とは，「厚生主義的な原理と非厚生主義的な原理の間に論理的な衝突の根強い可能性があることを指摘して，厚生主義的な原理と比肩する説得力を非厚生主義的な原理が備えている限りにおいて，厚生主義的な原理の支配的な影響力に疑問を突きつける」(鈴村 2009, 236) 批判方法という意味である。

費者主権の理念の政治的決定への応用であるとみなす。消費者主権の理念は，社会厚生が消費者の自由な選択に基づくべきであるという理念である。前述したように，この理念は，消費者の自由な選択を妨害してはならないという「消費者選好の不可侵性」と「消費者の権利」という理念を生み出す。このことを政治的決定に応用すると，パレート原理は社会選択において市民がもつ選択の自由を保障するとともに，その自由の擁護のために肯定されなければならないことが導き出される。

他方で，リベラルはその解釈と定義に差があるとはいえ，自由権の保障を公理であるとみなす。そして，かれらの多くは自由権が個人の人格（personality）の尊重を根拠として保障されると考える。自由権の根拠は個人の人格の尊重であるという考え方は，ロールズ，ドゥオーキンのみならず，多くの伝統的なリベラルに共通する見方である[23]。センもまたこの見方に賛同すると考えられる。ただし，権利の存在理由は単なる個人の人格の尊重ではなく，個人の道徳的人格の尊重である。リベラリズムは個性が社会的圧力に抑制されないことを求めるが，他者に危害を及ぼす行為に対する社会的抑制を認めないわけではない。リベラルな権利が認められるためには，同時に個人も倫理的抑制を要請される。そして，このリベラル・デモクラシー社会の成立条件である「道徳的人格の平等な尊重」こそが権利の原理の存在理由である。

ここで混乱を招くのは，アローがもともと市場における個人的決定のための権利である「消費者選好の不可侵性」をパレート原理の存在理由とみなす点である。アローは前述したように，「消費者主権」を「市民主権」に応用する。つまり，アローとセンのあいだには「自由」の概念の構想に相違がある。一方でアローは，経済的自由を政治的自由に適用するという立場から，社会的決定において個人選好が社会選好に反映されるべきであるという，参与の自由（積極的自由）の意味で自由を捉える。そしてその自由を擁護する理由は，それが厚生経済学の基本定理によって，社会厚生の最大化に貢献するからという厚生主義的なものである。しかし，アローは

23　たとえば，ミルによれば個人の多様な個性（individuality）の発達には価値があり，それが社会的圧力によって抑制されてはならないという理由で自由権は保障される。また思想の自由に対する社会的抑圧は人間の知性や道徳性にも悪影響を与える（Mill 2003[1858], 121-122/113-115）。

112 第二部 アローの定理とリベラル・デモクラシー

一方で市場ではパレート最適性の規範的な望ましさを根拠として保証された個人の選択の自由の保障を，社会選択の問題においてはパレート原理の根拠とみなすと考えられる。他方でセンは，私的領域における選択決定権として自由（消極的自由）を捉える。

　つまり，アローは積極的自由を論拠として厚生主義的なパレート原理を公理とみなし，センは非厚生主義的な消極的自由を根拠として自由権の原理を公理とみなす。そして互いの公理の根拠とみなされる異なる自由の尊重のそれぞれは，一方で表明される個人選好が個人善を表すがゆえに認められる，表明される個人選好の不可侵性が，他方で道徳的人格の不可侵性がその根拠とみなされる。

　さらにここには，アローとロールズらリベラルのあいだにある個人観の差異がある。アローは個人が合理的であるという仮定を用いており，そもそもリベラルが権利の原理として用いる道徳的人格をもつ個人を仮定しない。分かりやすさのためにロールズを用いると，ロールズは個人の人格が（彼が定義する意味での）合理性と道義性という二つの道徳的能力を有すると仮定する。そして，彼はそのような道徳的人格の尊重によって権利を基礎づける。センもまた個人選好のみに従う個人像を批判する（Sen 1984, 84-106/121-167）。他方で，アローは個人が（彼が定義する意味での）合理性のみを有すると想定し，それ以外の道徳的能力を想定しない。つまり，このような原理間の対立の背景には，双方の個人観の対立が存在する。

　この論争に貢献しつつ，リベラル・デモクラシー社会における社会契約の意義を明らかにするために，本書の第三部は，それぞれが公理とみなす原理の妥当性を支える根拠の関係を問うことになるであろう。言い換えれば，一方でパレート原理の根拠である個人選好の不可侵性と，他方で自由権の根拠である道徳的人格の不可侵性の関係が問われることになる。そうすることで，本書はリベラルな集合的決定ルールを扱う先行研究に貢献しうるであろう[24]。

24　この関係性を明らかにする意義を示すために，たとえばセン＝鈴村の研究を哲学的に吟味しよう。セン＝鈴村の研究は，個人が自分の選好を倫理的に制約することを解決方法とする。この解決方法は，個人が選好順序を形成するために用いる価値基準とともに，その選好順序を制約することを許容する倫理的な判断力をもつと想定するという点で，選好順序のみをもつ個人の仮定から逸脱

第3章 アローとリベラル・デモクラシー論者の論争　113

　さらに，表明される個人選好と個人の道徳的人格の関係という問題を，
SCIV からリベラル・デモクラシーを擁護するという本書の目的に照らし合
わせてみよう。そのために，アローによるもう一つのリベラリズム批判で
ある，リベラルの主張には「論理的根拠」（logical ground）がないという批
判を，「倫理的言説は科学理論によって論証可能である」というアローの方
法論的立場の下で考察する。アローは消費者選好を論理学で定式化する一
方で，自由権の論理的根拠に疑問を呈する。このことは，アローの方法論
的立場を考えるとリベラルによる権利擁護という哲学的側面に「数理的／
論理的根拠がない」，あるいはそれは科学的客観性を備えた理論によって
根拠づけられていないという批判であると解釈できる。

　ロールズの研究は，リベラル・パラドックスに比べて，実際にリベラル
・デモクラシーと呼ばれる政治制度に即している。さらに，権利の原理の
存在理由に対するアローの批判に応えることができる。

　他方で，アローの定理からそれを擁護するという本書の目的に即したそ
れらの研究の不足点は次の二点である。第一に，ロールズやドゥオーキン
のように権利の原理を道徳的人格の尊重という論拠によって基礎づけると
しても，アローもまたパレート原理を個人選好の不可侵性という異なる論
拠で基礎づけるとすれば，両者のどちらの根拠が妥当であるのか，その双

し，より多くの能力とそれに伴う多層的な合理性をもつ個人の仮定を用いる。
言い換えれば，リベラルな個人がもともともっている個人選好のみではなく，
他者の権利体系を考慮に入れた社会選好をも内在的にもち，それに従うとき，
かれは一元的な個人選好を制約する倫理的能力をもつと言える。このように，
セン＝鈴村の研究から派生する「個人選好と道徳的人格の関係性は何か」とい
う問いは，アローとリベラル・デモクラシー論のそれぞれの公理を支える根拠
の間の関係性を示す重要な問いである。だが，セン＝鈴村の研究はセンのパラ
ドックスの原理的な解決に焦点が置かれており，個人の内面において選好順序
と倫理的な判断力がどのようにかかわるかは触れられていない。そのため本書
で個人選好の主体として存在する道徳的人格を明らかにすることは，その研究
が暗黙裡に前提とすることの規範的な妥当性を示すことになるだろう。なお，
選好に対する規範的制約に関しては，鈴村 2009, Chap. 3 などを参照。ただし
セン＝鈴村の解法において個人選好と倫理の関係は，個人的合理性と個人に内
在する社会的合理性の関係である。そのため，選好の主体である人格と選好の
関係を問う本書とは異なる。

方のあいだに優先性があるかが明らかではない[25]。第二に，アローは自ら
の理論の哲学的側面を科学的客観性をもつ理論によって根拠づけるにもか
かわらず，多くのリベラルは自らの主張をそのような意味では客観的に根
拠づけていない[26]。そのために，アローはそれらの批判には論理的根拠が
ないと再反論することができる。

したがって本書がなすべき課題は，第一に，個人選好と個人の人格の関
係を問いながら，第二に，その関係を科学的客観性に対する考察も交えて
明らかにすることである（第三部・第四部）。そうすることでアローに対し
て，自由主義的権利の原理という「公理」の規範的妥当性を擁護できるで
あろう。

結論

本章の議論を要約する。アローの定理に関して政治学の観点からなされ
た研究においては，リベラル・デモクラシー論に対してアローの定理がも
つ批判的含意があいまいであった。他方で社会的選択理論における研究は，
パレート原理と権利の原理の対立を表すリベラル・パラドックスに代表さ
れる，リベラル・デモクラシー論が展開された。セン＝鈴村の解法に代表
される研究によって，センによるリベラル・デモクラシーの解釈を受け入
れたうえでの，リベラル・パラドックスの解消は一つの解が示された。た
だし，センのリベラル・デモクラシー解釈自体がリベラリズムの伝統や現
実の体制に即していないという批判がなされた。同時に，権利の原理の存
在理由に対するアローによる批判もなされた。リベラル・デモクラシー論

25　このことは，権利主義者と功利主義者の論争においても，権利主義者たちが
　指摘してきたことである。人権擁護の立場から功利主義を批判する多くの論者
　たちは，ハーバート・ハートの言葉を借りれば，「自らの見解をもっぱら，論
　争の余地がないと考えられる一定の価値を，功利主義が無視しているという観
　点からのみ明らかにしようと試みている」（ハート 1987, 55）ために，有効打
　を与えることができていない。後述するように，権利論者による人格の尊重と，
　功利主義者による時点主義的な効用の尊重および人格存在の軽視との間には論
　争がある。アローの権利論批判と彼の現在主義，およびそれに対する権利論者
　の擁護は，このような功利主義対権利論の論争に応用できる。
26　ロールズが考える客観性の概念はアローのそれとは異なる。Cf. Rawls 1974.

者によれば，権利の原理の存在理由は「道徳的人格の尊重ないしは不可侵性」である。他方で，アローによるパレート原理の根拠のは「消費者選好の不可侵性」である。したがって，アローからリベラル・デモクラシーを擁護するためには，それぞれの公理の論拠のあいだにどのような関係性が成り立つかが明らかにされなければならない（第三部）。

　第四部で本書が考える社会契約を明らかにする前に，次章では理想主義的な社会契約の意義を示す。またノージックによるセン批判から派生した社会的選択理論における権利の初期配分の議論と社会契約の関係も明らかにする。

第四章　人民の政治的意義
——立憲主義とデモクラシーの対立問題を中心に——

　第三章は，個人の人格と個人選好の関係性を問うことがもつ，社会的選択理論を中心とした先行研究の論争における意義を明らかにした（第三部に続く）。本章は，その人格を主体として人民を形成する社会契約の構想を示すことがもつ，主に政治哲学の先行研究における意義を明らかにする（第四部に続く）。

　本章は，社会契約をつうじて人々は道徳性と時間性を有する人民という集団的アイデンティティを形成することを明らかにし，立憲主義とデモクラシーの対立問題（以下，対立問題と略す）という文脈におけるその意義を示すことを目的とする。同時に，アローの分析手法がもつ「同時性」という性質によって，彼は社会契約の時間性を見過ごすと指摘することを目的とする。

　対立問題は，現在世代による民主的決定を尊重するという意味におけるデモクラシーと，過去に制定された憲法の遵守を求める立憲主義が両立しうるかという問題である。前者はアローのデモクラシー観が属する立場であり，後者は本書が属するリベラリズムの立場である。一方で，前者によれば，デモクラシーの基本理念は人民主権であり，さらに現在における人民こそが主権者である。そのため，多数決によって採択された法案に対して司法部が司法審査をし，違憲であると判定される場合は廃案にするという立憲主義の構造は，反多数決主義的で人民の意志に反し，それ故にデモクラシーに反する。この問題は立憲主義の「反多数決主義という難点」（counter-majoritarian difficulty）と呼ばれる[1]。また，現在世代の意志に反して過去に制定した憲法を遵守することは「死者による生者の支配」と呼

ばれる。他方で，司法審査制を肯定する立憲主義はこのような批判に応答しようとしてきた。

　この問題は特にリベラル・デモクラシー論において重要視されてきた。なぜならリベラル・デモクラシーは，憲法に定められている自由権を含めた基本的人権と，民主的決定の尊重によって表される人民主権の双方を基礎とする。それ故に，その対立はリベラル・デモクラシーの成立要件である二つの根本理念の両立可能性を脅かすからである。

　社会的選択理論の用語で言い換えれば，対立問題は，前述した権利の原理とパレート原理の対立という問題の一類型であると解釈できる。この問題に関して，社会的選択理論におけるリベラル・デモクラシー論の先行研究では，第三章で扱われたリベラル・パラドックスに対するノージック批判から派生して，立憲的決定による自由主義的権利体系の初期配分に関する研究がなされている。それらは上記した区分に従えば立憲主義に位置づけられる。後述するが，それらの研究にも対立問題は残されるものの，これまでその問題は扱われてきていない。

　政治学におけるリベラル・デモクラシー論の先行研究には，この問題の解消を図る方向性として二つの潮流がある。一つは，ドゥオーキンに代表される権利基底主義のように，デモクラシーを立憲主義が尊重する権利の理念に適合させることで立憲主義を擁護する立場である。もう一つは，ホームズ，アッカマンらの説のように，デモクラシーを現在世代という限定性をなくした人民主権とみなしたうえで，むしろ立憲主義をそれに適合させようとする立場である。しかし，後述するように，それぞれの潮流には問題点が残される。結論を先取りすれば，一方で権利基底主義は，立憲的決定で基本的人権が必然的に採択されるという利点があるが，司法審査が人民主権に反するという問題が残る。他方で後者の説は，司法審査が人民主権に反するという問題を解決するという利点があるが，立憲的決定で基本的人権が採択される必然性を保証できないという問題が残る[2]。

1　社会的選択理論の用語で言い換えれば，それはパレート原理に反するという問題である。

2　この問題は，Elster and Slagstad 1988; 阪口 2001などで特に詳細に論じられた。したがって本書は，先行研究で論じられたドゥオーキン，ホームズ，アッカマンの説を詳述することはせず，これまで論じられていないルーベンフェルド，

この問題に対する一つの解決方法を提示しつつ，アローのデモクラシー観からリベラリズムを擁護するために，本書は「人民」の観念に注目しながら，二つの潮流の折衷を図る。言い換えれば，権利基底主義と一部の立憲主義という二つの潮流の利点を取り入れつつ不足点を補うものとしての社会契約論の意義を明らかにする。結論を先取りすれば，立憲的決定に先立つ社会契約によって，道徳的な性質と長期的な時間的性質をもつ人民が形成され，かれらが憲法制定権力をもつと想定することで，立憲的決定は人民主権の下でなされつつ，その際の権利採択の必然性が保証される。このことが社会契約の意義である。

構成としては，まずアローのデモクラシー観が対立問題におけるデモクラシーの立場に位置することを明らかにする（第一節）。次に，立憲主義の立場における第一の潮流を明らかにすべく，ドゥオーキンの権利基底主義による解決方法を述べ，その利点（権利採択の必然性）を指摘しつつ，不足点（人民主権の問題）を指摘する（第二節第一項）。次に，第二の潮流を明らかにすべく，二人の立憲主義者の議論を追うとともに，社会的選択理論における権利の初期配分の議論をそこに位置づける。その中で，二つ目の潮流の利点（人民主権の問題）を指摘しつつ，不足点（権利採択の恣意性）を指摘する。続いて，第二の潮流に属するルーベンフェルドによる，アローの定理の分析と長期的な時間性をもつ人民の形成としての立憲的決定の議論を追いつつ（第二節第二項），アローの手法の同時性という特徴を指摘する。最後に，ルーベンフェルドの不足点（人民の道徳性の不足による権利採択の恣意性）を指摘しながら，二つの潮流の折衷案としての社会契約の意義を明らかにする。また彼によるアローの定理の分析の応用可能性を示す（第三節）。

第一節　アローのデモクラシー観と現在世代

対立問題において，デモクラシーと立憲主義は一般的に以下のように定義される。デモクラシーは，人民主権を意味し，さらに「現在の多数者が多数者であるという資格で支配することが正当である，という多数決主

ベルクソンの説に焦点を当てることにする。

義」（阪口 2001, 12）を意味する。この見方によれば，人民すなわち主権者は現在世代における有権者であり，それゆえに政治的決定の際にその時の多数派の意見が決定力をもつことが民主的とみなされる。それに対して立憲主義は，国家統治の基本理念として憲法の存在を認め，それに対して通常の民主政治よりも高次の意味を与える主義を指す。そのため立憲主義は，通常政治における政策決定に対して司法審査を行い，違憲判決を下せば多数決原理の帰結を覆すことを立法部に要請する（阪口 2001, 2）。

　アローのデモクラシー観は前者のデモクラシーを擁護する立場に位置づけられる。彼はデモクラシーとは任意の時点における自由な社会的決定を含意するとみなす。アローによれば，「バーグソンのバージョンであれ私のそれであれ社会厚生関数によるアプローチと，ダールが名づける『ポピュリズム的なデモクラシー』（populistic democracy）は，ともに任意の時点における社会選択が（個々人の選好が与えられた場合に）利用可能で二者択一的な社会状態の範囲によって定まることを含意する」（*SCIV,* 119/170, 強調点引用者）。

　このようなデモクラシー観と第二章及び第三章で明らかにした市民主権の条件によって，アローは社会選択の選択肢がそれ以前の歴史的経緯によって，あるいはそれ以外の何らかの外的な要因で制約されることはデモクラシーに反すると考える。アローにとって，任意の時点において社会的決定がなされないことは，それ以前の決定に基づく現状維持を肯定することであり，そのことは「デモクラシーの停滞」である。アローは *SCIV* 第二版を，「社会選択のメカニズムにおける集団的合理性」は，任意の機会集合からの選択を可能にするが故に，「様々な環境に十分に対応できる真に民主的な制度にあるべき重要な特質である」（*SCIV,* 120/172）という言葉で締めくくる。アローの言葉が意味するのは，集団的合理性がもつ推移性は経路独立性を保証するが故に，任意の時点におけるどの機会集合からも選択が可能になるということである（*SCIV,* 120/171）。さらに，個人選好とは異なる社会決定がなされることは市民主権に反する。したがって，彼は現在世代の人々による社会的決定こそが人民主権を表し，それに反すること，すなわちパレート原理に反することを反民主的と捉える。

　さらに，前述したように，アローは社会契約であれ通常の集団的意思決定であれ，それらを暫定協定としてのその時々の決定と定式化できると考

える。このことは，その時々の民主的決定を超える規範的優位性を立憲的決定や社会契約に伴わせないという点で，ポピュリズム的なデモクラシーの特徴を表すと考えられる。

このようなアローのデモクラシー観を批判的に検討する前に，次に立憲主義の潮流を見ることにしよう。

第二節　立憲主義の二つの潮流

本節は，立憲主義の二つの潮流である，権利基底主義と人民主権を重視する一部の立憲主義を明らかにしつつ，権利の初期配分の研究をその中に位置づける。

第一項　ドゥオーキンの権利基底主義：人民の不在

本項は，ドゥオーキンの権利基底主義（rights fundamentalism）による対立問題の解消方法を明らかにし，その問題点を指摘することを目的とする。

立憲主義の第一の潮流は，ドゥオーキンをはじめとした権利基底主義である。第三章で明らかにしたように，ドゥオーキンは個人の基本的人権を個人の人格に対する「平等な配慮と尊重」の理念によって基礎づける。ロールズとドゥオーキンは，両者とも基本的人権を道徳的人格の尊重によって基礎づけるものの，以下の点で異なる。一方で，ロールズは基本的人権を道徳的人格の尊重の理念によって基礎づけるとともに，それは仮想的な社会契約によって採択されることで民主的正統性を付与されると考える。他方で，ドゥオーキンはそれを道徳的人格の尊重によって基礎づける以上に，民主的正統性を付与する必要がないと考える。彼によれば，基本的人権に関する決定は道徳的原理に基づく決定であり，基本的人権は社会契約に先立って個人に与えられる。それゆえに，それは社会契約によって民主的正統性を付与される必要はない（Dworkin 1977, 87, 181/105-106, 239）。

制度の問題としては，ドゥオーキンは基本的人権は憲法原理として憲法に記載されるべきであるというリベラル立憲主義を採用する。それを根拠づける彼の立場は，基本的人権は政治に先立って保障されるべきであるという権利基底主義である。彼は基本的人権の尊重を基本理念とする憲法による司法審査を肯定することで，その理念および憲法の遵守を現在世代に

122 第二部 アローの定理とリベラル・デモクラシー

よる多数決原理よりも尊重する。

　このような立場は反多数決主義という難点を生み出すがゆえにデモクラシーに反すると批判されるかもしれない。しかしドゥオーキンによれば，権利基底主義とリベラル立憲主義はドゥオーキンが定義する意味におけるデモクラシーとも人民主権とも対立しない。たしかにデモクラシーの基本理念は人民主権であるが，人民主権とは人民の自己統治を意味する。各個人は単に自らの意思を投票で表明しさえすれば，それで人民の自己統治をしうるというわけではない。なぜなら人民とは単なる個々人の集合ではないからである。人々が人民として共同体の決定に責任をもつ主体になるためには，その構成員である個々人のあいだに互いを尊重しあうという道徳的関係がなければならない。その関係性を表し，デモクラシーの成立要件を提示するのがリベラルな理念を憲法原理とする憲法である（Dworkin 1996, 20-26/28-37）[3]。つまり人民主権の主体である人民は，実際の人々というよりも，互いが互いの権利を尊重しあう個々人の道徳的な関係性，すなわち道徳的人格同士の関係性によって形成される。したがって，多数決原理に反し憲法を遵守することは人民主権の理念に反するわけではない。

　このようにしてドゥオーキンは，人民を憲法に規定された関係性を遵守する個々人と定義づけ，その定義に従って対立問題の解消を試みた。

　このようなドゥオーキンの主張は，後述する立憲主義に比べて，立憲的決定の如何にかかわらず，基本的人権の尊重が必ず修正不可能な憲法原理とみなされるという点で，リベラリズムの理念に適うと考えられる。しかしそれには，対立問題の解消という観点からすればいくつかの疑問が残される。彼はデモクラシーの定義を変えることで，実際の社会における多数決の政治的決定力の根拠付けをしない。言い換えれば，実際の民主社会において「道徳的原理に基づく決定」以外では多数派の意見が採用されることの根拠は何かという問題を，彼はデモクラシーの定義から外す。このことは，ドゥオーキンが人民主権の理念を尊重するものの，主権者である人

───────────────

3　この点から，ドゥオーキンは制定者の意志を尊重して憲法の解釈を狭める原意主義を否定し，裁判官による解釈を許容する道徳的解釈主義を肯定する（Dworkin 1986, 359-363/553-558）。なぜなら，憲法は過去における特定の人民あるいは制定者の意志を表すのではなく，その時々のデモクラシーに必要な成立条件を表すからである（小泉 2011）。

民を抽象的な道徳的関係によってのみ成り立つ主体とみなし，それと実際の個人の関係性を問わないことに起因する。

　要するに，ドゥオーキンの方法は，基本的人権が採択される必然性が担保されるという利点があるものの，実際の多数派がもつ決定力の意義を無視するが故に，人民主権と反多数決主義の問題に正面から答えていないと考えられる。

第二項　対立問題と人民の概念

　次に，第二の潮流である立憲主義における対立問題の克服方法を明らかにする。とりわけホームズ，アッカマンの議論には影響力があり，その潮流における二つの主要な立場を代表すると考えられる。彼らはデモクラシーの根本理念を人民主権とみなしつつ，立憲主義をデモクラシーにとって必要な制度であるとみなすことで問題解決を図る。だが後述するように，両者の立場にもいくつかの問題が残される。

　以下ではまず社会的選択理論における権利の初期配分の研究を扱う(1)。次に，その研究と理念的に親和性のあるホームズの解決策を提示する(2)。続いてその問題点を克服するためにアッカマンの解決策を提示する(3)。最後に，アッカマンによって残された問題を解決するために，ルーベンフェルドの解決策を提示する(4)。

(1) ゲーム形式の権利論

　権利の初期配分方法の定式化は，リベラル・パラドックスの解消を目指す第二の研究動向から派生して発展した。前述したように，その研究動向の最初の研究は，センによる権利の定式化がリベラルな個人権の理念に反するというノージックによる批判である[4]。ノージックによれば，権利の原理は社会的決定に先立って，その決定における選択肢集合を制約するためにある。このような考え方からすれば，センによる自由主義的権利の定式化は，権利の原理とパレート原理を並列的に扱い，双方を集合的選択ルールの条件とみなすという点で問題がある。他方でノージックの解釈を採用すれば，社会的決定の定式化としては，最初に権利の初期配分のための

4　センによるノージックへの反論は Sen 1982, 305-308/69-81.

意志決定があり，次にその制約下で政策決定を行うという二段階方式が考えられる。

　社会的選択理論では，このようなノージックのセン批判から派生して，ゲーム理論によって権利の初期配分と政策決定を定式化する試みがなされた（鈴村 2009, Chap. 11）。この試みは，ノージックの理念を表現しうるような，特定の権利体系によって制約された選択肢の下で個人が社会的決定を行うというリベラル・デモクラシーの理論を提示する（Gaertner, Pattanaik and Suzumura 1992）。

　ゲーム形式の権利論では，構成員をゲームのプレーヤーとみなし，各プレーヤーの権利は，許容される戦略集合の範囲が特定化された中で戦略を選択する自由をもつことと定式化される。この権利の捉え方は，センのそれとは主に次の二点で異なる。第一に，センは権利を個人が私的領域に関する事柄において，その社会決定の帰結に対して決定力をもつことと定義するが，ここではそれは可能な戦略集合の範囲として定義され，ゲームの帰結に関してはナッシュ均衡解が用いられる。第二に，センのそれは私的領域の個人選好が社会選好に反映されるという意味で選好依存の権利であるが，ここでは選好にかかわらず個人のもつ戦略，すなわち手だての範囲に依存する。これらの点でゲーム形式の権利論による権利の定義は，自由権の非帰結主義側面を表すとも考えられる（鈴村 2009, 289）。

　ただし許容される戦略集合すなわち権利体系の集合は，必ずしも自由主義的な権利を反映させるわけではないという問題点を有している。すなわち，それが自由主義的権利として適格であるか否かはその戦略の定義に依存する（鈴村 2009, 285–286）。したがって，権利体系 G のうちの部分集合である権利体系 G^* があらかじめ規定され，それが配分対象となる。

　そのように権利体系を規定したうえで，社会的決定は二段階で行われ，第一段階で諸個人に与えられるゲームの形式が採択され，第二段階でそのゲーム形式の下で自由なゲームがなされる（Suzumura and Yoshihara 2008）。詳細は補遺に譲るが，ここで言うゲーム形式とは，プレーヤーの数，許容される戦略集合（権利体系の集合），帰結集合の組み合わせを意味する。第一段階においては，ゲーム形式に対する個人選好の集計としての意志決定が問題になる[5]。第二段階においては非協力ゲームが展開される。

　この定式化を応用して，立憲的決定を，そのルールに基づいて社会的な

活動が営まれるルール制定プロセスとみなす研究もなされている。後藤玲子と鈴村によれば，立憲的デモクラシー（constitutional democracy）は，諸個人が社会的活動の自由を保障されているとともに，その活動を制約するルールないしは憲法の制定過程に参加する民主的な自由をも保障されていることを意味する。その意味で，プレーヤーたちがゲーム形式に対する選択を行うゲーム形式の権利論は立憲的デモクラシーの理念を表す（Goto and Suzumura 2001, Chap. 4）。

このようなリベラル・デモクラシー体制の定式化は，リベラル・パラドックスに比べて，ライカーが考える「憲法的制約を含めたデモクラシー」というリベラル・デモクラシーの解釈に近い。また，自由主義的な権利体系が配分されること自体は配分に先立って自明視されるという点は，ドゥオーキンの権利基底主義と同じであると解釈できる。これらの定式化は決定プロセスの解明という観点からすれば意義深い研究であり，また本書の立場と両立可能である。ただしこれらの研究には政治的な観点からすれば，次の疑問点が残る。その定式化では，適格な権利体系の配分は民主的決定に先立って自明視される。ところが，それではなぜ適格性のある権利体系が個々人に与えられるべきなのか，その根拠は何かという疑問点が残る。また，立憲主義とデモクラシーが対立する可能性はないのかという問題が残される。

次に，これらの研究が憲法学におけるどの立場に親和的であるかを明らかにしたうえで，これらの疑問点を明示化する。

(2) ゲームのルールとしての立憲的決定：人民の仮想性

立憲的決定をゲームのルールの採択とみなし，民主社会での活動をそのルールの下でのゲームであるとみなすという考え方は，憲法学の文脈においては，ホームズによる立憲的決定に対する見方に親和的である。本項の目的はホームズの議論をつうじて前述の疑問点を詳述することである。

一方で，後藤と鈴村の研究においては，立憲主義はゲームのルールが諸

5　その際に，情報的基礎となるゲーム形式に対する個人選好が主観的な選好であるケースと，より公共判断に近く非個人的な（impersonal）選好であるケースとで分析がなされる。

個人によって公共善に従って吟味され，そのルールの下で人々が自由に社会的行為を営むこととみなされる。たとえば独占禁止法は，自由な競争のために必要なルールであるし，その法案を採択する際に民主的手続きがなされることが望ましい。かれらの研究はそのような実際の制度を反映する（Goto and Suzumura 2001, 16）。この研究においては，立憲的デモクラシーはルールである憲法（constitution）の制定過程に対して各個人が平等に，民主的に参加する自由が与えられていることを意味する（Goto and Suzumura 2001, 7）。ただし，そこでは個人がルールに反する行いをする可能性は想定されておらず，そのためこの研究では立憲主義とデモクラシーが対立する可能性は考慮されない[6]。

　他方で，ホームズによれば，憲法はデモクラシーの「構成的ルール」（constitutional rule）である（Holmes 1995, 163）。構成的ルールは，ゲームのルールや言語の文法のような，ある対象を形作る唯一の規定のことである。複数の個人のあいだでなされるゲームやコミュニケーションは，そのようなルールをかれらが共通して守ることによって初めて成立する。憲法の決定はデモクラシーというゲームのルールの採択であり，憲法の下でなされる民主的な決定はルールの下でなされるゲームである。

　憲法とデモクラシーの関係をこのように捉えたうえで，ホームズは立憲主義とデモクラシーの対立を，前者が後者の内容を規定すると考えることで打破しようとする。デモクラシー論者が述べる通り，たしかにデモクラシーは現在の多数派による政治的支配という側面を有する。しかしそのためには，そもそも民主的決定の手段として多数決原理が採択され，参政権および表現の自由を含めた自由権がすべての市民に保障されなければならない。言い換えれば，デモクラシーはそのような手続きや諸権利によって

6　1章注24で述べたように，*SCIV* においては，アローがアローの定理と同様の分析枠組みを用いて，合衆国憲法の採択のプロセスを定式化しようと試みる箇所がある（*SCIV*, 90/131）。つまりアローは，政策決定の定式化であるアローの定理と憲法の制定過程の定式化を，社会契約における時と同様に，分析枠組みの点で区別しない。他方で憲法学においては，その双方は以下のように区別されてきた。政策決定と憲法制定の選択対象はそれぞれ政策と憲法，特に憲法原理である。立憲主義は，憲法原理の擁護のために政策決定において多数決を制約することを容認する。

規定される。したがって，それらの権利や民主的な決定手続きを定めた憲法はデモクラシーの成立に必要である（Holmes 1995, 272; cf. 阪口 2001, 222, 239）。

しかし，たとえ憲法がデモクラシーというゲームの成立に必要なルールであるとしても，それではなぜ過去の制定者が定めたルールに現在世代の人民が従うのかという問題が残る。これに応えるために，ホームズは以下のように述べる。たしかに憲法は過去の有識者による憲法制定会議で制定された[7]。しかし，立憲的決定の主体である有識者は，人民の代表者である。したがって，それとプレーをする個々人は別の主体ではなく，両者は同じ人民である。ただし，前者の立憲的決定の主体としての人民はより長期的な展望に立った決定を下しうる「構成された人民」であり，より感情的な決定をしやすい後者を，デモクラシーの成立要件を壊さぬように自己拘束（pre-commitment）する。憲法が人々の声ではなく有識者による制定会議によって制定された理由は，多様な地域の情報をもちあい，議論を経た制定会議による決定の方が，単なる人々の声の集計よりもより公益に適う賢い決定を下しうるからである。そのような決定は，日常においてはばらばらな人民の声を「構成」し，暴政に対する抑止力をそれに与える。したがって憲法は近視眼的に傾きがちな現在世代の人々の決定を抑制し，それに長期的展望を与える。そのような抑制の中でのみ人民主権は機能しうる[8]。言い換えれば，外部の審判がルールを採択するのではなく，プレーヤーが自己を拘束するためにそれを採択する。こうしてホームズは，憲法による自己拘束があって初めて人民主権が有効に機能すると考えることで，死者による支配の問題を回避する[9]。

7　合衆国憲法の制定過程のことを指す。

8　ホームズは『フェデラリスト』におけるアレグサンダー・ハミルトンの説を参照する（ホームズ 2008；Hamilton, Madison and Jay 1987[1898], #2, #42, et al.）。

9　このように，立憲主義が人民主権を補強するという立場は，積極的立憲主義と呼ばれる。消極的立憲主義によれば，立憲主義は主権や集権化と対立し，国家権力を制約して基本的人権を擁護するためにある。つまり憲法は権力の抑止的な装置である。しかし，ホームズによればこの説は現実に憲法が果たしてきた役割と一致しない。他方で積極的立憲主義は，憲法典を単に主権を不可能にする装置としてではなく，それを可能にする装置として捉える。つまり「主権と憲法上の制約の間には相互に補強しあう関係がある」（Holmes 1995, 7; cf. 阪

128　第二部　アローの定理とリベラル・デモクラシー

　鈴村らとホームズの共通点は，立憲的決定をゲームのルールの採択であ
ると，民主社会での自由な活動をそのルールの下でのゲームであると捉え
る点である。しかし，それらには特に三つの相違点がある。第一に，一方
でホームズは，デモクラシーというゲームのルールは表現の自由の保障や
参政権の保障，あるいは多数決原理をはじめとした投票方式と司法審査の
採択であり，それらはデモクラシーの成立要件として憲法に規定されるべ
きであるとみなす。他方で，鈴村らの研究は，第一段階の立憲的決定で適
格性のある自由主義的権利の体系が必ず採択されるように，第一段階に先
立って選択肢を制約する，という少し複雑な構造をもつ。つまり，立憲的
決定は自由主義的権利が保障されたうえでなされており，デモクラシーの
内容を規定するものとして位置づけられているわけではない。

　第二に，ホームズにおいては立憲的決定とそれ以降の政策決定のあいだ
に時間的な間隔がある。だが鈴村らにおいてはそのような時間的性質は想
定されない[10]。

　第三に，ホームズにおいては立憲的決定とそれ以降の政策決定の主体に
差異がある。両者は同じ人民とみなされるが，より理性的な人民と短絡的
な人民に分けられる。他方で鈴村らにおいては二つの決定の主体は同一で
ある。

　このように，鈴村らとホームズのあいだには差異があるものの，双方に
は共通する二つの問題が残される。それは，第一に，立憲的決定において，
基本的人権が採択される必然性が保障され，かつそのことが人民主権の理
念と両立するかという問題である。

　この問題に対して，一方で鈴村らは権利基底主義と同様に，立憲的決定
に先立って権利を尊重する。そのため権利採択の必然性は保障されるもの
の，権利の自明性の根拠とその民主的正統性に対する批判を受けることに
なる。このことは，ゲーム形式の研究がもともとノージックによるセン批
判をきっかけとして生まれたことを考えると，考察に値する。なぜなら，
ノージックは個人の権限を前政治的権利と捉えており，それが国家の設立

　ロ 2001，224）。後者の立場から，ホームズは対立問題の解消を試みる。
10　さらに，鈴村らの研究は第二段階において個々人のゲームを想定しており，
　　集団的意思決定がそこでなされるわけではない。

第4章　人民の政治的意義　　129

に先立って正当化されると考え，それに対する民主的正統化を不要とみなすからである（Nozick 1974, 149-153/253-260）。

　他方でホームズによれば，デモクラシーに必要な権利が立憲的決定において採択されることは論理的には保証される。したがって，デモクラシーに必要な権利が立憲的決定で採択されないという問題は論理的には生じない[11]。しかし，実際に制定者はそのような決定を下すのかという問題は残される。この問題に対してホームズは明確に答えていないと考えられる。ホームズは実際の憲法制定が一部の有識者たちによること及びかれらの理性的判断を是認することで，権利採択の必然性を保証しようと試みる。さらに，立憲的決定が人民主権に反さないために，有識者たちの決定を「構成された人民」の声であるとみなす。このようなホームズの主張が成り立つためには，「構成された人民」が公益に適う理性的判断を下すか，あるいは受け入れる性質を有することが前提となる。言い換えると，ホームズの議論では，短絡的な思考をもつ人民が理性的な有識者の手によって「構成される」と解釈できるが，そのためには人民がそれを受け入れる理由が示されなければならない。しかし，ホームズは「構成された人民」が人民を自己拘束すると述べるものの，そもそも人民を仮想的に捉えており，その性質について，特にその理性的な性質について明示しない[12]。したがってホームズの議論は，立憲的決定で基本的人権が必ず採択されるのかも，それが人民主権の理念のもとでなされるのかもあいまいである。

　第二に，鈴村らとホームズに対しては時間性の観点から次の疑問点が残る。前述したように，ホームズは死者による支配の問題の解決のために，デモクラシーは人民主権であり，立憲的決定は現在の人民に対する過去の人民による自己拘束であるとみなす。しかし，憲法制定会議に関わった「構成された人民」による規定が，なぜ世代を超えた別の集団である人民の自己拘束であると言えるのかが不明である。つまり，憲法制定会議に関わ

11　ただし，論理的にも，デモクラシーに必要な権利と自由主義に必要な権利が必ずしも一致するわけではないという問題が残る（阪口 2001，250-255）。

12　他方で，もし実際の立憲的決定に先立ってデモクラシーの成立要件としていくつかの権利が保障されると答えるのであれば，政治的決定に先立って特定の権利が正当化されるのか，という問題が残される。ホームズがそう主張するとすれば，権利基底主義と同様に，人民主権に反する可能性を残すだろう。

った過去の人民と現在の人民のあいだに世代を超えた同一性を保証しなければ，死者による支配の問題は解決されない。それにもかかわらず，ホームズはそのような時間性のある人民の概念を提示しない。

　鈴村らに対してこの問題を当てはめると，ゲーム形式において採択される構成員の集合は世代を超えた集合なのか，それを採択する個々人と後のゲームのプレーヤーが異なる世代か否か，という問題になる。もし立憲的決定の主体が過去世代の人々の集合でその後のプレーヤーが現在世代の人々ならば，たとえ立憲的決定が民主的になされたとしても，死者による支配の問題が生じる[13]。この問題は，鈴村らの議論においても立憲的デモクラシーについて考察するならば，対立問題を扱わなければならないことを意味する。

　これら二つの疑問点は，ホームズにおいては，人民の概念に対する考察があいまいであるという点に起因すると考えられる。ホームズは人民とは仮想的な概念にすぎないと考えており，それに詳細な考察をしていない（谷澤 2002, 308）。しかしそうすることで，対立問題の解決のためには，依然として様々な疑問が残される。次節では，これら二つの疑問点を解消するために，人民の概念により積極的な説明を与えたアッカマンの立憲主義を明らかにする。

(3) 人民の時間性

　前述したようにホームズは，立憲主義があって初めてデモクラシーが可能になると考えた。他方でアッカマンは，立憲的決定は人民主権を表すとみなすことで，対立問題を解消しようと試みる。

　アッカマンによれば，対立問題においてデモクラシー論者が指摘するように，民主政の基本理念は人民主権である。ただし，人民主権は人民の自己統治を意味し，それは現在世代の民意の反映のみを目的とする一元的な政治構造ではなく，憲法政治と通常政治の二元的な政治構造によってこそ実現する。一元的民主政は，最近の投票で勝利した多数派を人民とみなし，かれらに全権を認める民主政を意味する。その見方においては，かれらは

13　他方でもし立憲的決定が世代を超えた人々の集まりならば，パーフィットの非同一性問題（Parfit 1984, 351-356/479-486）が生じる。

憲法制定に対してさえ決定力をもつ。アローのデモクラシー観はこの立場に位置づけられる。しかし，通常政治において人民は短絡的で私的利益を求める決定を下す傾向があり，その決定だけでは人民の理性的な自己統治が行われることは難しい。

これに対して，二元的民主政では憲法政治と通常政治が質的に区別される。前者は憲法制定のための政治であり，後者は憲法によって規定される基礎的な社会構造が確立された後でなされる，政策決定のための政治である。たしかに，現在の多数派は通常政治における政策決定に対して効力をもつ。しかし二元的民主政は「通常政治における政治家が，もっとも近接した選挙における人民からの『委任』ということを盾にとって，『われら合衆国人民』の代表として高次法形成をなす資格がある，という主張に反対する」[14]。つまり，現在の多数派は通常政治と同じ方法で憲法制定に対して人民主権を行使することはできない。憲法政治においては，人民は自らの短期的な利益追求を超えて，公益のために判断を下す必要があり，そのためには通常よりも長い期間の議論を経て，かつ採択のための高い量的要請をみたして，高次法を形成しなければならない（Ackerman 2001, 266-268）。

アッカマンによれば，二つの政治のうちで憲法政治のみが人民主権の行使である。その理由は，通常政治と憲法政治における人々の意思表明のあいだには，上記のように私益追及のための政治的闘争と熟慮に基づく公益の追求という規範的な差異があるからである。それ故，司法審査は憲法政治に基づく人民主権の行使であり，反民主的ではない[15]。

このような二元的政治が成立する理由は，アッカマンによれば，人々が長期的な決定と短期的な決定という二つの意思決定を行いうるからである。つまり，二元的政治は，人々がもつ長期的な熟慮の末の決定と短絡的な決定の差異を表す。したがって，双方の決定とも人民の決定ではあるが，より理性的で公益に対して熟慮に富む人民の決定，すなわち人民主権の決定

14　Ackerman 1994, 516, 526. Cf. 阪口 2001，74.

15　憲法制定後の憲法政治の一例はその改正である。憲法改正のための決定が「人民主権」を表明すると言いうる基準は，人々がその修正案の考察に相当な期間をかけること，彼らの支持が広範であること，その決意のほどが強いこと，それに対するコミットメントが深いことにある。Cf. Ackerman 1994, 44-47.

は憲法政治におけるそれである（阪口 2001，72-73）。

このようにしてアッカマンは，政策決定と立憲的決定の質的差異を明確にし，かつ後者の政治こそが人民主権を表すとみなすことで，対立問題を克服しようと試みた。

このようなアッカマンの議論に対しては，次のような批判が可能である。まず，ホームズに残された二つの疑問点はアッカマンにも当てはまる。第一に，アッカマンの議論は，立憲的決定が人民主権の理念をみたすことは明らかであるものの，権利基底主義と異なり，基本的人権が採択されない可能性が残される。

二元的民主政は，一元的民主政に反し，司法審査を容認するという点で権利基底主義に類似するが，次の点でそれと異なる。権利基底主義は，一定の基本的人権は修正不可能な憲法原理として必ず憲法に規定されるべきであると考える。前述したように，ドゥオーキンは基本的人権を個人の「平等な配慮と尊重」の理念によって基礎づけ，それに対して社会契約であれ立憲的決定であれ民主的正統性を付与する必要はないと考える。その理由は，権利基底主義は「権利が通常政治はおろか憲法政治にも先行して存在しており，両方の政治をともに拘束するものとして存在していると考える」からである。つまり，それは「政治に先立つ権利の存在を想定し，多数者といえども侵害してはならない権利があると考え，権利の主たる機能を民主的な決定に対する『切り札』とみなす考え方」（阪口 2001，75）である。

他方で二元的民主政は，憲法政治における人民主権を尊重すべきであると考える。アッカマンは基本的人権の尊重を肯定するものの，それはあくまで憲法政治でそれが民主的正統性を付与される限りにおいてである。つまり，アッカマンは憲法政治に先立って権利が存在するとは考えない。アッカマンによれば，人民は熟慮に富んだ長期的な決定を下しうると想定されるものの，その決定内容は自由であり，「憲法典は人民が自殺することすら認めている」（Ackerman 1994, 532; cf. 阪口 2001，77）。

第二に，人民の時間性という問題である。ホームズに対する疑問で明らかなように，アッカマンの説が死者による支配の問題を免れるためには，人民は過去の立憲的決定から現在も続く主体でなければならない。たしかに，アッカマンによる「人民」の観念は，ホームズのそれに比べてある程

度の時間的な広がりをもちうる。しかしアッカマンによれば，ある程度の期間に熟慮をすれば人民主権が成り立つ。つまり，ある時期の人民主権と別の時期のそれにおいて人民の構成員は異なる。そうであれば，ある国家が持続しているあいだに異なる人民による人民主権と憲法改正が許容される。しかしそれならば，ある国家が同一性を保って存続する基盤はどこにあるのだろうか16。言い換えれば，アッカマンの想定する人民はある社会の存続基盤になりうるほど長期的な時間性をもたない。

　要するに，一方でアッカマンは，ホームズよりも人民と個人の関係について問い，人民の概念をより詳細に考察した。他方でホームズによって残された二つの問題，すなわち立憲的決定の際の基本的人権の採択の必然性の問題と人民の概念の時間性の問題は，アッカマンにおいても依然として残されている。これらの残された疑問を考察するために，次にルーベンフェルドの議論における人民の概念を分析する。

(4) ルーベンフェルドによる立憲的決定の分析

　本節は，ルーベンフェルドによる対立問題の解消方法を，彼によるアローの定理の分析とともに，彼の人民の観念に着目して明らかにする。そうすることで，これまでの議論をアローの定理に関係づける。さらに，アローのデモクラシー観と手法では長期的なコミットメントを必要とする合意の問題を扱えないことを明らかにする。

　ルーベンフェルドはホームズ，アッカマンと同様に，デモクラシーの根本理念は人民主権であるが，それは現在の多数派による支配を意味するのではないと考える。彼はアッカマンと同様に二元的な民主政を採用し，立憲的決定と政策決定を時間性の観点から区別する。ルーベンフェルドによれば，個々人は一たびなされた立憲的決定に対して長期的なコミットメン

16　さらに言えば，人民がどのように形成されるのかに関する説明がないという点である。アッカマンによれば，選挙民は，長い間熟慮をすることで公共善に対する一致した意思決定が可能である。しかし，たとえば議論をつうじて私的利益間の隠されていた対立が顕在化することもある。この批判は，アッカマンの議論が成立するためには，人民の意志が理性的に成り立つことが前提とされなければならないが，その根拠となる人間観がないという批判であると要約できる。

トを要求されるが，政策決定はしばしば短期的な決定であり，個々人もそれに対して短期的な決定を下す[17]。この二つは双方とも人民の意思決定であるが，憲法政治は人民の長期的な決定であり，通常政治は人民の短絡的決定である。

他方でルーベンフェルドはアッカマンと異なり，そのような人民の長期的決定と短絡的決定の差異を，人民および個人の人格がもつ同一性の概念と関係づけて明らかにする。また彼は現在主義的なデモクラシー観を近代化と結びつけてその思考を明らかにしようと試みる。

ルーベンフェルドによれば，近代における多くの論者はデモクラシーを現在の多数派による支配とみなすが，このことは「近代的思考」の産物の一つである。近代的思考は抽象的であるが故に無時間的であり，それは時間的な拘束から個人の思考を解放しようという試みである。このことは「時間の隷属からの解放は哲学的考察に必要不可欠」であり，「時間が不要であることを理解することは知（wisdom）への入り口である」（Russell 1969, 171; cf. Rubenfeld 2001, 6）というバートランド・ラッセルの意見に象徴的に表されている。このような思考は長期的な展望に基づく思考からの解放へと転化され，個人の問題であれ社会の問題であれ，現在の自由の追及を肯定する立場を生み出してきた[18]。

しかしそのような立場は，個人的にも社会的にも様々な問題を引き起こす。個人的な問題は，現在の自由の追及は個人の時間的な同一性を考慮しないという点である。近代的思考は無時間的で抽象的な主体を想定する。だが，このように時間の束縛から解放されて，時間の外側で「私」という主体をもつことは，私が時間の中で同一性を保つこととは異なる。前者の場合，「私が『私である』と言いうる瞬間は存在しない」（Rubenfeld 2001, 10）。なぜなら私は抽象的な主体として想定されるのみで，実際の時間の中では存在しないからである。したがって，自らが時間から自由であると感じること，そしてそれが転化して現在のみを追及することは，自らのアイデン

17　ただし，長期的な見通しに立った憲法理念を具体化する政策決定もありうるだろう。上記のケースは立憲的決定と政策決定のあいだにある対立や差異に焦点を当てていると考えられる。

18　ルーベンフェルドはこれらのことを，様々な近代的著作やサブカルチャー等を吟味することで明らかにする。

ティティに対して深く思考することをやめることである。それは、長くコミットしているものをもつという長期的な自己統治（self-government）を放棄して、刹那的に生きることを意味する（Rubenfeld 2001, 92-93）。

　社会的な問題の一つは、デモクラシーを単なる現在世代の支配であるとみなし、人民の自己統治を考察しないという点である。ルーベンフェルドによれば、デモクラシーの理念とは現在の多数派の意志が政治に反映されることであるという立場は、個人におけるそれと同様に、人民の自己統治あるいは人民主権を理解しない。デモクラシーにおける人民主権の理念は、時間的に同一性を保つ人民という政治的アイデンティティが、一つの憲法にコミットし続けることをつうじて、自己統治することを意味する。さらに言えば、短絡的な思考に対して長期的なコミットメントを与えることをつうじて個人が自己統治することを意味する（Rubenfeld 2001, 10-12）。

　このことから、立憲主義が現在の多数派の意志に反するという対立問題は、ルーベンフェルドの思想においては解消される。なぜなら、司法審査制は反民主的であると考える人々は、デモクラシーをその時々の多数派の統治とみなし、人民の自己統治が時間的に継続して憲法の理念にコミットしながらなされることを理解しないからである。つまり、社会的なデモクラシーと立憲主義のあいだの不和は、人民によるその場限りの決定と自己統治のあいだの不和であり、それを構成する個人のレベルで考えれば、現在の自由と自分がコミットしているもののあいだの不和である（Rubenfeld 2001, 4-12）。

　ルーベンフェルドによれば、デモクラシーの理念は現在の人々の意志を政治に反映させることであるという見方と、より長期的な人民主権であるという見方の対立は、実際の憲法制定においても存在し、特に合衆国憲法の制定過程においてみられる。アメリカ独立宣言の立案者であるトマス・ジェファーソンはジェームズ・マディソンへの手紙の中で、独立宣言の草稿として「私はここに、自明であると思われること、つまり、大地が現在生きている人々の用益権に属する（The earth belongs in usufruct to the living）ことを発表する」（Jefferson 1958, 392; cf. Rubenfeld 2001, 19）と書いた。この理念に基づいて、ジェファーソンは憲法であれ、すべての法律は19年以上たてば無効となるという有名な結論を出した。ジェファーソンにおいて、デモクラシーとは現在の人々の統治であった[19]。

136　第二部　アローの定理とリベラル・デモクラシー

　このようなジェファーソンの立場では，ある世代ともう一つの世代とのあいだに政治的な同一性（identity）を保つことができない。このことを考慮に入れて，ジェファーソンは二度目の独立宣言の際に，主権を「人民」（people）から「世代」（generation）に変更し，現在世代の主権と自己統治の理念を確立した[20]。

　しかし，ジェファーソンが自ら指摘するように，このような見方は存続する国家を一つの国家として，世代を超えた同一性をもって存続させる基盤の形成に失敗する。ジェファーソンの言葉を借りれば，「一つの世代ともう一つの世代とは，あたかも一つの独立した国家ともう一つの国家のよう」（Jefferson 1958, 395; cf. Rubenfeld 2001, 22）であった。つまり，ジェファーソンの一元的民主政は国家の存続基盤の欠如を生み出す。言い換えれば，ジェファーソンによるある世代による主権の定義は，国家が同一性を保つ基盤形成の役割を憲法と主権が放棄することを意味する。

　ジェファーソンの「大地は現在生きている人々に属する」という見方は，ルーベンフェルドによればアローの定理において再現される。アローの定理は，現在的自由の追及に支えられた消費者選択理論の影響を受けて，個人選好順序を個々人の現在における満足を最大化するように順序づけられたものとみなす。その際，将来の効用に関しては現在効用の最大化という観点から割引率が課せられることをアローは認める（Arrow 1983, 111-112; cf. Rubenfeld 2001, 27）。したがって，それらの集計もまた「現在志向」的なデモクラシーの方法であり，アローの定理は現在の大多数のもつ意志の反映こそがデモクラシーの理念であるという見方の典型的な例である[21]。さらに彼の想定する主体は抽象的で無時間的であり，現実に応用する際に

19　だが，そのことは現在の人々の利己主義を奨励しているというわけではなく，ジェファーソンは，現在世代は将来世代に対して責務があると考えていた。Rubenfeld 2001, 22.

20　ただし，ある世代（a generation）の区分はあいまいであり，現在世代とある世代とは異なる。なぜならある世代の中で人々は生まれては死に，その世代の構成員は徐々に変化するからである。そのために，200年以上経た現在の私たちも，ジェファーソンが規定したある世代に含まれている（Rubenfeld 2001, 24）。

21　アローは *SCIV* において効用概念を用いないが，ルーベンフェルドの見方を好意的に解釈すると，それはアローと消費者理論は現在主義という点では一致するという見方である。

その主体が現在に存在すると想定するのみである。

このような観点から，ルーベンフェルドによれば，アローの定理は「現在生きている人々」のみを対象にするが，否定的な解答を示すことによって，「デモクラシーを現在志向の大衆的な意思形成や意思の遂行という観点から見ようとする試みをまさに傷つける」（Rubenfeld 2001, 107）。前述したように，アローは社会的決定とは政策決定であれ社会契約であれ暫定協定であり，それは「いかなる瞬間においても」なされると考える。ルーベンフェルドはアローのその点を指摘するとともに，その選択が現在の評価基準に従ってなされることを指摘する。

他方で，合衆国憲法の作成に携わったマディソンは，普遍的な人権を擁護するという独立宣言の精神を継承しつつも，民主社会には短絡的な民衆に代わって公益を追求する代表者が必要であると考えた。そして，彼は合衆国憲法を多数者の単純多数決によって決めるのではなく，合衆国会議において代表者が作成することを提案した。

ルーベンフェルドによれば，マディソンの提案通り，公益追求のための憲法草案は投票ではなく一部の代表者による作成に委ねられなければならない。なぜなら理性的な思考に基づく憲法作成はかれらによってこそ可能だからである。だが，成文化された憲法を人々が時間をかけて守ったり修正したりすることによって，人々は自らが作成する同一の憲法にコミットすることになり，そのことをつうじて政治的な同一性（identity），もしくは「われわれ人民」（We the People）という集団的アイデンティティを得ることができる[22]。そのように個々人が憲法にコミットすることをつうじて，憲法は民主的正統性を得られるとともに，個々人は自らの私的な欲求を長期的なコミットメントによって制約することを学ぶ。このように形成された人民は，ある国家が同一の国家として存続するための基盤となりうる。それ故に立憲主義はデモクラシーと対立せず，それは自己統治を理念とするデモクラシーによって要請される。ルーベンフェルドは以下のように述べる。

---

22 言い換えれば，世代的に接合しない個々人のあいだで同じアメリカ人ないしは日本人であるという同一性を担保するものは，同じ憲法に対するコミットメントである。

多数者の意志による統治はデモクラシーではない。せいぜいのところ，多数決原理は頑固さと選好の暴政（tyranny）を生み出しうる。しかしそれは自己統治を生み出すことはできない。それは人類のみがもちうる政治的自由を生み出すことはできない。このためには，人民は時間の拘束を打ち破らなければならない。／もし成文化された立憲主義がこの打破の試みであるとしたら，立憲主義はデモクラシーに反してはいない。〔…〕それこそが〔…〕時代をこえた（over time）デモクラシーである（Rubenfeld 2001, 168）。

　このように，ルーベンフェルドは立憲主義が人民による長期間にわたる自己統治を表し，そのような人民は国家の存続基盤となりうるが故に，立憲主義こそが「時代をこえたデモクラシー」を表すと主張した。

　このようなルーベンフェルドの議論は，アッカマンの議論において生じた第二の疑問である，人民の時間性に関する疑問点に対して答えることができる。なぜなら彼は人民に国家の設立から終わりまで続く長期的な時間性をもたせており，それこそが国家の同一性を保証する存続基盤であると考えるからである。そのような長期的な時間性のある人民は，理性的な有識者で構成される制定会議によって作られた憲法に対して，長期的にコミットすることによって形成される。

　しかし，ルーベンフェルドの議論には以下のような疑問が残される。

　第一に，アッカマンに対する第一の疑問点と同様に，ルーベンフェルドの議論においても，依然として憲法に基本的人権が記載されない可能性が残される。たとえ制定者たちによる憲法制定会議においてそれが憲法上規定されるとしても，それを修正不可能とみなすならば，ルーベンフェルドの考える人民主権に反するだろう。したがって，権利の規定は制定者に委ねられると同時に，たとえ書かれたとしても修正可能な条項として記載されることになる。

　第二に，第一の点と関連した新しい点として，ルーベンフェルドの議論には，ホームズとアッカマンと同様に，個々人がなぜ集団的アイデンティティを形成するのかという点が不明である[23]。言い換えれば，その議論には離散した個々人が一つの集団的アイデンティティを形成し，人民になる

ことの動機づけが明らかにされていない。社会契約論では，しばしばそのような動機づけは自然状態から社会状態への移行の説明によって明らかにされてきた。たとえばそれは，個々人は自然状態においても自然権をもつが，その状態では自然権が侵害されるがゆえに，それを国家に譲渡し，人民に主権を委託するという説明である。また同時に，そのような説明は憲法が自然権擁護を記載する理由も明らかにする。だがルーベンフェルドはそのような説明もそれに代替しうる説明もしない。

　要するに，対立問題への二つの潮流を追った結論として，次のことが明らかにされた。第一の潮流は権利規定の採択の必然性を担保するものの，人民主権の説明に乏しく，第二の潮流は人民主権の説明をするものの，権利採択の必然性が担保されない。第二の潮流において，ルーベンフェルドの議論は他の論者に比べて人民主権と社会の存続基盤の説明が明らかであるものの，権利採択の必然性が担保されないという問題は依然として残される。また人民の形成に対する個々人の動機づけの問題も残される。本書の後半は，ルーベンフェルドの議論を援用しつつ，社会契約の構想を提示することで残された問題に答えていく。

　最後に，アローの定理に対するルーベンフェルドの分析を批判的に検討しつつ，アローの定理に対する応答という意味における本書の課題を明らかにする。

第三節　ルーベンフェルドの立憲主義における時間性

　ルーベンフェルドによるアローの定理に対する分析と，立憲的決定および憲法へのコミットメントがそれとは異なるという主張に対しては，次のような批判が考えられる。第一に，立憲的決定のプロセスが不明であるという点である。ルーベンフェルドによれば，人民の自己統治とは，代表者

23　それ以外にも，たとえば彼の議論においてはホームズのそれと比べて，人民と憲法の内容の関係性が不明である。ルーベンフェルドは憲法へのコミットメントをつうじて人民が形成されると述べるが，それでは人民は憲法上にどのように規定されるのか，その憲法の内容とどう関係するのかが不明である。ただしこの批判に対しては，個々人が憲法に同意して人民を形成するという議論は，人民が人民を自己創出する試みであると解答可能である。

が憲法制定会議によって憲法を作成した後で，それを構成員である個々人が時間をかけて遵守したり改正したりすることを意味する。彼はそのことをアローの定理が分析する，短絡的な決定とみなされる通常の集団的意思決定と異なるとみなす。しかし，立憲的決定プロセスは代表者の選出を含み，また憲法改正の方法は，憲法に記載された改憲規約に基づくとすれば，規定数以上の賛同を得た場合に改正案を採択するという方法である[24]。そうであるとすれば，立憲的決定においても決定プロセスは必要であり，政策決定と憲法改正のための意志決定のあいだの差異は量的な差異にすぎない。

　これに対して，憲法制定のためには個々人は通常の政策決定に比べて長期間の熟慮を経ると反論するとしても，そのような意志決定でさえ，ある時点での意思決定として定式化することができる。たとえ時間選好を問題にして投票者が短期的な利益にとらわれやすいと仮定するとしても，アローの定理を応用して，そのような短絡的な選好に基づく理論を熟慮の末の選好に基づく理論に拡張できる。つまり，アッカマンが論じるような憲法改正のための社会的決定でさえ，社会的選択理論によって定式化可能であり，*SCIV* においてアローはそのような定式化をも行っている（*SCIV*, 90/131）。そうであるとすれば，全員一致の原理を表すパレート原理を一つの条件とした集計ルールとして憲法の採択を考えるアローの方法が採用可能である。そのため，ルーベンフェルドが述べるほど双方の差異は明確ではない。

　第二に，ルーベンフェルドはアローの定理を民主的な意志決定プロセスの解明としてのみ扱い，第一章で明らかにしたようにそれが社会の存続基盤の問題でもあるとアローが考えていた点を考慮しない。他方でルーベンフェルド自身は，人民という政治的アイデンティティが社会の存続基盤となり，アローの定理はそのような人民を生み出す立憲的決定を分析できないと考える。

　これらの二点を踏まえたうえで，本書はルーベンフェルドの議論をより発展させるために，それをアローの定理のもつ意志決定プロセスに対する

24　憲法制定会議に参加する代表者を投票で選ぶとしたら，その際にパラドックスが生じる可能性がある。

批判というよりもむしろ，そのプロセスと社会の存続基盤との関係性に対する問題提起であると捉える。言い換えれば，それは，社会的決定と社会の存続基盤となる道徳的ルールの解明という問題がアローの手法によって同一線上で扱えるのかという，第一部の疑問に共通する問題提起である[25]。ルーベンフェルドが述べる通り，アローはその時々の意志決定を制約しうる長期的なコミットメントに対して否定的である。アローによれば，そのようなコミットメントは本来ならばその時々に再考すべき事柄に対してそうする際の足かせとなる（Arrow 1974a, 28-29/25-28）。このようなアローの考え方を本書はルーベンフェルドの議論を踏まえたうえで，社会の存続基盤の形成という観点から問題視する[26]。さらに，本書はルーベンフェルドが扱わなかった，長期的なコミットメントを必要とし社会の存続基盤となりうる道徳的ルールを採択する集団的意思決定の方法を模索する。

　第三に，アローの定理に関するルーベンフェルドの分析には，アローの方法論的側面と数理的側面に対する分析がない。この点は，第三章のリベラリズムに対するアローの批判と同様である。ここで，ルーベンフェルドの議論のうちで数学的に擁護可能である箇所を指摘するために，アローの分析手法がもつ「同時性」という時間的性質と，それとアローが時間的な観点から政策決定と社会契約を区別しないことの関係について明らかにする[27]。

　ルーベンフェルドの合理的個人の仮定に対する批判の一つは，その見方が抽象的な主体を想定し，個人選好に先立って存在する時間的に同一性のある主体を考慮しないという点である。しかし，アローは個人選好に先立つ精神の存在を認めないわけではない。たとえば，投票において虚偽の選好を示すインセンティブを問題視する背景には，そもそも表明された個人選好とは異なる真の選好を知る個人の精神がなければならない。

25　後述するように，本書は決定プロセスの定式化という点では社会的選択理論の手法を用いることを擁護するものの，社会の存続基盤という点ではそれとは異なるものを提示する。

26　対立問題はアローのデモクラシー観からすれば解消すべき問題ではないが，社会の存続基盤の問題はアローのデモクラシー観からしても解決されなければならない。

27　より詳しい数学的な議論は，第六章でなされる。

142　第二部　アローの定理とリベラル・デモクラシー

　ただし，個人選好が具体的な時間の中にいる個人という主体を想定しないというルーベンフェルドの分析は，そもそもそのような主体の想定が必要かという問題にかかわる。第三部で詳述するが，もし個人のすべての選択行動がアローの定式化によって，言い換えれば二つの選択肢の選好によって表現しうるならば，理論的には，アローの分析手法は時間的に継続する実際の人間のすべての行動を分析できるはずである[28]。さらにもし観察され分析された個人行動から個人選好順序が明らかになり，それによって個人の善の価値基準が判明し，それらの集計によって社会選好順序が導出されるならば，そのような価値基準を作り出す主体である個人の精神に関する考察は完全に不要である。そもそも経済学は個人選好を情報的基礎とするが故に，その背景である個人を考慮しないことはこれまでも指摘されてきた。ヴィルフレド・パレートが述べるように，個人選好さえ分かれば「個人は消滅してもかまわない」（Pareto 1927, 170）。通常の経済分析や社会的選択理論において，個人の選択から個人選好が分かれば，個人という主体そのものが問われることは少ない。

　このようなパレートの立場は，科学的客観性の重視というアローの方法論的立場によって，方法論的に根拠づけられたと考えられる。アローによれば，科学的客観性をみたす手法によって観察可能な個人選好を明らかにすることはできるが，観察不可能な個人の精神を明らかにすることはできない。したがって，彼の方法論からすれば，個人の精神は望ましい情報的基礎とは言えず，それをいかになしで済ますかが問題になる。

28　アローは *SCIV* 以外の本では選択対象を各人の行動であると規定する（Arrow 1967b, 215）。だが，*SCIV* ではそれは「社会状態」と定義される（*SCIV*, 17/24）。そのため，*SCIV* の「可能な選択対象の全体の順序づけ」を「可能な行動全体の順序づけ」と言い換えられるかどうかは論争の余地が残る。なぜなら，もし行動をその帰結によってのみ区分する見方なら双方は一致するが，そのプロセスなど非帰結主義的な見方ではそれ以外の区分も可能だからである。しかし，アローは帰結主義的な功利主義者である。さらに，アローは *SCIV* で「社会状態を定義する諸変数の中に，社会がその選択を行うプロセスそのものが含まれると考える」（*SCIV*, 89/130）試みがあることを指摘し，プロセスのような非帰結主義的なものは帰結に還元可能であるとみなす。そこで，ここではこの論争に詳しく立ち入ることはせず，少なくともアローは双方が一致しうると考えると推測する。

このような結論，すなわち個人の価値判断を知るためには個人選好以外の情報は完全に不要であるという結論は，「個人のすべての選択行動が，それゆえに個人のすべての価値判断がアローの定式化によって，言い換えれば二つの選択肢の選好によって表現されうる」という前提の上に成り立つ。第一章で論じたように，アローが社会選好順序を暫定協定であるとみなす背景には，社会的決定が各瞬間においてなされることと同時に，個人的意思決定もまた同様に定式化可能であるという前提がある（Arrow 1967b, 215）。前述したように，アローは社会の決定を「任意の時点において」（at any moment）なされると定式化した。しかし，時間的に継続する人間のすべての選択行動が「任意の時点において」なされる選択行動の集計であるかは考察の余地が残る。

　このような考察は，長期的な社会の存続基盤とその時々の暫定協定としての社会的決定の齟齬の問題ともかかわる。人民が社会の存続基盤となるというルーベンフェルドの見解は，アローに対して，社会選好の主体は誰か，社会選好は社会の存続基盤になりうるか，という問題を提起する。前者の問題に関してブキャナンは，アローは社会選好に基づいて行為する社会という主体を想定するが，行為主体は個人に限定されると批判した（Buchanan 1954）。これに対してアローは第一章で述べたように，社会選好は道徳的ルールとして個人に内在化されるために，社会を実体的な行為主体とみなすわけではないと答えることができる。しかし依然として，個人が内在的にもつ社会選好の主体は何かという疑問は残される。

　この問題に対して，アローは個人がもつ社会性，すなわち集団的アイデンティティを主体として想定すると解釈できる。この解釈が正しいのであれば，すなわち，社会選好の主体が個人のもつ集団的アイデンティティ，すなわち人民であれば，社会選好が人民のすべての価値判断を表現しうるのか，という問いもまた残される。もし人民のすべての行動が社会選好で表されるとしたら，社会選好以外の人民の行為の可能性について問う必要はない。しかしもしそうではないとしたら，それから取りこぼされる行為が存在する余地が残される。そして，その取りこぼされた行為が社会の存続基盤となりうる可能性が残される。言い換えれば，個人の人格と個人選好のあいだの関係性と同じものが，人民と社会選好のあいだにも存在する可能性がある。

144　第二部　アローの定理とリベラル・デモクラシー

　要するに，個人的であれ社会的であれ，もし諸瞬間の選択の集計が時間的に持続するすべての行動を表さなければ，そのことは，社会の存続基盤となりうる道徳的ルールの存在を考察する際に個人の精神ないしは人民それ自体をも考察の対象とする可能性を開くことを意味する。さらにそれは，暫定協定としての社会的決定とは異なる種類の，道徳的ルールに対する集団的意思決定の可能性を開くことを意味する。

　ルーベンフェルドによれば，人間のすべての行動はある瞬間になされる行動の集計ではなく，そのためにその集計は人間の実際の行動の全体を表すことはない。アローの分析手法は，実際の個人をある瞬間ごとに写真で撮り，その写真を並べたら個人の行動が把握しうると考えるようなものであり，もし合理的な個人の仮定が実際の個人をすべて表現できると主張するとすれば，それはその写真の一枚一枚が実際の個人であると主張するようなものである（Rubenfeld 2001, 138）。つまり，「有名な合理的な行動主体モデルの現在 – 選好的な自己とは，この瞬間には完全に存在し，そしてかれと同等の人は世界のすべての可能な状態に対する彼の現在の価値順序によって与えられるのであるが，そのような自己は存在しない。それは近代的思考の想像上の産物」（Rubenfeld 2001, 138）である。

　さらに，ルーベンフェルドによれば，アローが分析するような各瞬間における社会的決定と立憲的決定が生み出す長期的なコミットメントは区別されなければならない。後者のようなコミットメントも個人行動と同様に，各瞬間における社会的決定を集計しても明らかにすることはできない。そして，後者によって形成される人民という政治的アイデンティティこそが民主社会の存続を基礎づける。したがって，アローに反して任意の瞬間における個人行動と個人選好が明らかになれば個人の精神が不要というわけではなく，また社会選好が明らかになれば社会の存続基盤が示せるわけではない。それらに還元されない時間的に同一性のある個人による憲法に対するコミットメントと政治的アイデンティティの形成こそが社会の存続基盤を形成する。

　ただし，人民が社会の存続基盤であり，アローの定理はそれを表現できないというルーベンフェルドの議論には，数理的な議論が欠ける。その議論が論理的に成り立つためには，各瞬間になされる暫定協定であるアローの意志決定がたとえ無数に存在したとしても，それがすべての社会的決定，

第 4 章　人民の政治的意義　　145

言い換えれば人民のすべての意思決定を表せず，それゆえに人民の意思の全体と時間的同一性を表せないが故に，それだけでは社会の存続基盤として不十分であると，哲学的にも数理的にも論証しなければならないだろう。

　ルーベンフェルドの合理的個人の仮定への分析を，ベルクソンはより一般的に，数学的手法に共有する「同時性」という時間的特徴として分析する。ベルクソンもまた，数学的手法はある物体の行動をある瞬間に写真で撮り，その写真のあいだの差異を測定するように行動を測定することはできるが，持続する時間そのものを表すことはできないと述べる（*PM*, 1258/19）。つまり，数学が扱うことのできる「物と状態は移り変わりの中から技巧的に捉えた瞬間的なものにすぎない」（Bergson 1931, 54/200）。なぜなら，数学とは本質的に数によって事象を測定するが，時間は持続しており，数で扱うことができない。そのため，数学はどのように時間を細かく区切っても同時性を増加させるにすぎない。つまり，ジョージェスク＝レーゲンがベルクソンの哲学を用いて述べるように，経済学の分析手法は，質的な現実を定式化し，それを数化して初めて扱うことができる。だが，時間の本性は数では表せないために，そのような分析手法はベルクソンのいう持続する時間を扱えない（*EE*, 69-72/88-92）。ジョージェスク＝レーゲンおよびベルクソンは，時間とは数では表せないことはゼノンのパラドックスによって証明されると考える。

　第三部では，ベルクソンおよびジョージェスク＝レーゲンの議論を追うことで，第三章で残された選好と人格の関係をも明らかにするとともに，社会の存続基盤になる長期的な人民を形成する，時間的に持続する個人と時間の問題を扱う。同時にそこでなされるのは，アローの枠組みによって包摂されない社会契約の存在を明らかにするという問題に答えるための準備である。

結論

　本章は，対立問題をめぐる二つの潮流を追ったうえで，残された課題を示すことを目的とした。前述したように，第一の潮流では立憲的決定において権利採択の必然性が担保されるものの，人民主権の問題が残された。第二の潮流では人民主権の問題は解決するものの，権利採択の必然性が担

保されないという問題が残された。さらに，ルーベンフェルドのアロー批判を分析し，その課題を提示した。

　本章で明らかにしてきた二つの潮流とは異なり，理想主義的な社会契約論者は憲法制定に先立って社会契約があり，その契約において各個人の道徳的人格への尊重が合意されるならば，それによって基本的人権が基礎づけられるがゆえに，憲法制定においても，それを修正不可能な憲法原理とみなさなければならないと考える。前述したロールズの四段階シークエンスに代表されるように，第一段階における社会契約は第二段階の立憲的決定を理念的に制約し，それらは第三段階における政策決定を制約する。さらに，立憲的決定の主体もまた社会契約によって規定される。すなわち，社会契約における基本理念に対して合意した個人のみが社会構成員となり，かれらによって憲法が制定される[29]。

　二つの潮流の不足点を補うために，本書第四部はこのような社会契約の構想を採用する。このことは対立問題の解消に貢献すると考えられる。その理由は以下の通りである。第一に，立憲的決定に先立つ社会契約によって道徳的人格の尊重という理念が合意されるがゆえに，立憲的決定における基本的人権の尊重という理念の採択は民主的正統性をもつ。第二に，社会契約で合意される理念が道徳的人格の尊重であるがゆえに，それに合意する人々，すなわち個々人の道徳的人格が社会契約の主体となる。そして彼らが憲法制定権力をもつが故に，人民主権の主体である社会構成員たちは道徳的性質を有する。そうであるからこそ，立憲的決定において人民主権を守りつつ，基本的人権が採択される必然性が保証される。社会契約によって採択された道徳的ルールは立憲的決定によって制度化され，かつ人民の理念もそれをつうじて特定化されることで，社会の存続を基礎づけ，その同一性を担保する。そうすることで，人民は長期的な時間性をもつ。したがって，社会契約論は権利基底主義と立憲主義の折衷案を提示する。要するに社会契約論の意義は，対立問題を解消させることでアロー的なデモクラシーからリベラル・デモクラシーを擁護し，かつ後者の理論的整合性を確立することである[30]。

29　つまり，ホームズやルーベンフェルドの議論は形成された人民が長期間にわたっていかにして自己を創造し，維持していくかを明らかにする。

30 本書で明らかにされる人民の理念は，時間性の観点からすればルーベンフェ
ルドに最も親和的である。ルーベンフェルドとの相違点は，本書が社会契約の
必要性を説き，人民の道徳的性質を認める点と，それゆえに，権利基底主義お
よびゲーム形式の権利論と権利が立憲的決定に先立つという立場を共有する点
である。ロールズとの差異は第四部で明らかにする。

第二部　結論

　第三章では，権利の原理とパレート原理の対立の論争をめぐり，個人の人格と個人選好順序の優先性が問題視された。第四章では，立憲主義とデモクラシーの対立問題をめぐり，社会契約の時間性がもつ政治的意義が明らかにされた。

　第一章と第四章で述べたように，アローは社会契約と通常の集団的意思決定を時間の観点から区別しない。アローにとっては二つの意思決定はともに「任意の瞬間において」なされるのであり，アローの手法は「同時性」という時間的特徴をもつことが示唆された。ルーベンフェルドの議論から，そのような時間的特徴のためにアローの定理は人々の長期的なコミットメントを扱えないことが明らかにされた。ルーベンフェルドは「現在」あるいは「瞬間」と時間的な長さを分けるが，この分離は，ベルクソンにおいては「同時性」と「持続」の区分として論じられていると考えられる[31]。

　それでは，なぜアローの分析手法は瞬間的にしか時間を扱えないのだろうか。アローの手法において，そもそも合理的な個人の仮定は，時間的に持続する具体的な個人をどのように抽象化したのだろうか。時間とはいかなる性質を有するのだろうか。また表明される個人選好は規範的にどのような性質をもつのだろうか。このことを明らかにするために，第三部では，アローの個人選好と時間的に持続する個人の関係を問う。そうすることで，第三章において問題として提示された「個人選好と人格の関係性」を明らかにしながら，これらの問題に答えていく。このことは，第四部において，それぞれを主体としてなされるアローの定理と社会契約の時間的および規範的差異を明らかにし，本書が考える社会契約を明示する準備としてなされる。

31　ただし，ルーベンフェルドとベルクソンの時間論の差異は，主に第七章で述べられる。

第三部　個人の人格と個人選好

　第三部は，アローが想定する個人選好と実際の個人の人格の関係を明らかにする。言い換えれば，アローが用いた合理的な個人の仮定と，本書が社会契約の主体とみなす個人の人格の関係を明示する。その目的は，アローと方法論的立場を部分的に共有しながら，基本的人権の根拠である道徳的人格の尊重という理念をアローから擁護するためである。

　上記の目的のために第三部では「ゼノンのパラドックス」が重要な争点になる。後述するが，ゼノンのパラドックスとはもっともらしい理論的仮定を用いて，「足の速いアキレスは足の遅い亀を追い越すことができない」という現実に反する命題が論証されるという矛盾である。このパラドックスは現象と論証の帰結の矛盾を表し，背理法によってもっともらしい理論的仮定の不備を指摘する。

　このパラドックスはアローの手法に対して次のように応用できる。第一章で論じたように，アローは自らの手法が観察可能なデータに基づく数学的論証を行う科学理論であると考える。アローの考える個人の選択のデータは，理論家が定式化を経由して実際の行動を観察することで明らかにされる，その時々の二項関係による選択行動である。そのデータによって，言い換えれば二項関係によって実際の行動のすべてを表現できると仮定すると，「アキレスは亀を追い越すことができない」と論証される。したがって，このデータで実際の行動のすべてを表現することはできない[1]。つまり，アローの手法では明らかにできない個人の行動の余地が残される。

　同時に，第三部では，ゼノンのパラドックスによって運動と時間の不可分性を明らかにすることで，それを根拠にして個人の人格の不可分性と実在性を明らかにする。つまり，ゼノンのパラドックスという現象と理論の矛盾によって，観察不可能な精神の実在性を，

---

[1] このような試みは，仮定とは理論構築のための単なるツールであると考えるならば不要と考えられるかもしれない。しかし，前述したように，アローは仮定を単なるツールとは考えず，それが現実と関連すると考える（*SCIV*, 21/29n 18）。

言い換えれば，個人選好で個人の全人格を表現することはできないことを明らかにする。このような論証は個人の合理性それ自体への批判ではなく，それと実在する個人の人格の整合的な関係を明らかにするであろう。

さらに，このような「個人の全人格が合理性で表されるか」という問題は「倫理的言説は科学理論によって解明可能である」というアローの方法論的立場に対する問題提起でもある。アローは観察可能な個人行動に基づく個人選好とその集計としての社会選好という定式化によって，それぞれ個人厚生と社会厚生という哲学的概念が操作可能になると考える。また方法論的立場から，彼は「幸福とは何か」という形而上学的な問いをも科学で解明可能と考える。他方で，形而上学は元来個人の人格および精神を主体とした観察不可能なものの探求を意味する。それにもかかわらず，もし観察不可能な個人の全人格が観察可能な個人選好で表現され，個人選好に基づいて個人の幸福が解明できるならば，アローが述べるように，「幸福とは何か」という形而上学的な問いに対しても表明された個人選好のみを解明すればよく，個人の人格は形而上学にとって無用となるだろう。しかし，本書はアローの方法論の矛盾を示すことでこのような立場に批判を加える。

したがって本書は，アローの方法論を批判的に検討しつつ，彼の定式化と現実が矛盾なく両立するために必要になる個人像を提示する。結論を先取りすれば，第三部では「時間的に持続する人格が個人選好に先立って存在し，個人選好を形成する」こと，および「その人格は『持続』あるいは『直観的連続性』という性質を有する」[2]ことを明らかにする。

第五章では哲学的考察を行う。次に第六章では数学的分析を行う。

---

2 「持続」はベルクソンの用語であり，「直観的連続性」はジョージェスク＝レーゲンの用語である。それぞれの定義は追って行う。

第五章　「同時性」の概念への批判と
　　　　　「持続」の観念の導入

　本章は，アローの合理的な個人の仮定は通常の社会選択の主体としては
有用であるものの，それによって時間的に持続する個人の人格を完全に表
現することはできないと主張する。そうすることで，第二部で残された課
題に答えるとともに，第四部において社会契約の構想を示す準備をする。
分析手法として，本章はベルクソン『意識に直接与えられたものについて
の試論』（以下，『試論』と略す）を合理性分析の書として解釈する。

　結論を先取りすれば，本章は，もし時間が「同時性」あるいは瞬間の集
積であると考えるとパラドックスが生じること，したがって時間は瞬間の
集積ではなく，不可分すなわち持続していることを明らかにする。さらに，
アローは彼の手法によってその時々の選択行動を表現できるが，持続する
時間と個人の時間的同一性を捨象しており，そのために後述する「人格の
発出としての創造的な自由」を表現できないと結論づける。そして，その
ような自由は合理的選択として表される個人の自由とともに個人にとって
も社会にとっても必要であることを示す。個人にとっては，それは比較お
よび通約不可能な自らの個性を表現する自由である（第三部）。また社会に
とっては，自由な行為にもとづいた人格の相互尊重のための合意が社会の
長期的な存続を基礎づける（第四部）。

　以下において，まずアローの合理性の仮定は，『試論』で直接の分析対象
となる，すべての可能な選択対象に対する二項関係による自由な選択の定
式化であることと，ミルのリベラル功利主義であることを示す（第一節第
一項）。さらに，自我の同一性と合理性の関係をめぐるポズナーの議論を
参照しながら，もしアローが個人の全人格が合理的主体として表現可能だ

と考えるとしたら，その人格は諸瞬間に存在する主体の集計でなければならないことを示す（第一節第二項）。後述するが，そのような立場こそが『試論』における分析対象である。

次に，『試論』をアローの分析手法に対する分析を含意するものとして解釈することで，アローの自由の概念には包摂されないベルクソンの「自由な行為」という観念を明らかにする。まず，ベルクソンの意識論によれば，実在する意識は互いに比較不可能であり，合理的な個人の仮定が前提とする，個人内で心理状態ないし意識が相互に比較可能であるという見方は，規約主義的にのみ可能である（第二節第一項）。次に，この意識論の根拠を示すためにベルクソンの時間論を用いる。ベルクソンによれば，その根拠はゼノンのパラドックスで与えられる。パラドックスを解消するためには，実在する時間と意識はともに持続しており，一つ一つの瞬間あるいは状態のあいだで比較不可能であることを認める必要がある。普段私たちがそれらを比較可能とみなすのは，持続するものを規約的に理念空間である等質空間上に置くからである（第二節第二項）。続いて，持続する意識が全人格を反映させるようなかたちで行為するときに，その行為は新しい創造であり，それはアローが想定するように与えられた選択肢の集合の中から一つを選択することでも，二つの選択をする動機を比較してより大きい方を選択するというリベラル功利主義的な行為でもない。ベルクソンによれば，その行為こそが「自由な行為」である（第二節第三項）[3]。

本論に入る前に，なぜベルクソン『試論』を扱うのかを明らかにしなければならない。その理由は，第一に，同書に書かれたベルクソンの哲学は合理性に対する研究として数学的な定式化が可能であり，数は少ないがそのような先行研究が存在するとともに，それらの研究をアローの手法に関する分析として応用可能だからである。第二に，本章第一節で詳述するように，ベルクソンは同書でミルの自由意志論に反論しながら自らの自由論を述べるが，一元的な個人選好という自由意志の概念は，ミルの自由意志論に親和性があるからである。同時に，ポズナーとルーベンフェルドによ

3　自由な行為は後付けとしてのみ二項関係で表現できる。しかしそのことを科学的客観性と倫理的客観性の一致と関連づけたり，予測可能な行為とみなしたりすることはできない。

って明らかにされるように，ベルクソンが分析対象とするある時点の個人像をアローがもつと解釈できるからである。第三に，第一の点と第二の点を考え合わせると，倫理的言説が科学理論によって解明可能であるというアローの方法論的立場を考察することに，ベルクソンの立場が適うからである。本書の目的に照らし合わせれば，第七章まで続くベルクソンの議論をつうじて，アローの方法論に部分的に同意しつつも，それに部分的に反論を加えつつ，「道徳的人格が個人選好順序に先立つ」こととともに，その人格を主体とした社会契約の道徳的な意義を示すことができるからである[4]。

第一節　アローのリベラル功利主義と現在主義

　本節は，第一に，合理的な個人の仮定の哲学的基礎がＪ・Ｓ・ミルが主張するリベラル功利主義であることを明らかにする。第二に，アローの想定する個人像を時間論の観点から検討する。

第一項　リベラル功利主義

　本項は，アローの合理的な個人の仮定は，欲求充足の最大化を動機とし，二つの選択肢の間で動機の強い方を選好し，そのため倫理的相対主義という特徴をもつがゆえに，ミルのリベラル功利主義に親和的であると示すことを目的とする。

　第一に，アローは帰結主義的功利主義者であるとみなされている。さらに彼は *SCIV* において，合理的な個人が自らの評価に基づく選好に従って選択すると仮定する。アローによれば，個人の評価は個人消費量のみを変数とする嗜好とは異なり，必ずしも利己的動機に基づくわけではない（*SCIV*, 17-18/24-25）。それは利己的動機も利他的動機も，あらゆる動機が含まれうる。

　ジョナサン・ライレイによれば，このような社会的選択理論における自

4　ベルクソン以外の思想家として本書の目的に最も適う思想家はカントであったが，カントの時間論がベルクソンのそれに比べて統覚の時点的性質などをもつが故に，用いることができなかった。カントとベルクソンの時間論的な差異については，*DI* でも触れられている（*DI*, 151-154/255-259）。

154　第三部　個人の人格と個人選好

由意志の概念はミルのリベラル功利主義に親和的である（Riley 1988, 7）。
ライレイによれば，ミルのリベラル功利主義はベンサムの功利主義を土台
としながら，それへの批判によって生まれた。ベンサムによれば，すべて
の人間は自然本性としてそうしたいと思うことをする。さらに，利己心は
自然本性としてすべての心情の中でもっとも支配的な傾向である。したが
って，人間は利己的欲求に従って物事を決定する。しかし，ミルはベンサ
ムが人間本性をそのように想定することで，「ベンサムの著作は極めて深
刻な悪事をなしている」と批判する（Mill 1833, 15; cf. Riley 1988, 4）。ベン
サムに反して，ミルは「良心あるいは道徳的義務の動機は多くの人間にと
って主要なものであり続けている」と考える（Riley 1988, 6）。ただし，ラ
イレイによれば，ミルは個人が「欲求に従って行動する」という功利主義
を保持する。その側面を保持しつつも，ミルは個人の動機には，利己的動
機のみならず，道徳的動機やその他のあらゆる動機が含まれると考える。

　このようなベンサムとミルの差異は，厚生経済学における嗜好と評価の
差異にそのまま応用可能である。アローはミルと同様に，個人は自らの評
価に従って行為を選択するし，その意味で欲求充足の最大化を行動原理と
するが，ベンサム的な嗜好による行動という仮定には反対する。

　第二に，第一の点から派生して，アローは倫理的価値相対主義である。
同様に，ミルもまた『ハミルトン卿哲学の考察』（Mill 1878）において，選
好に基づく自由な選択という考え方とそれに伴う倫理的価値相対主義を採
用する[5]。

　ミルによれば，個人は常に自分の選好に従って選択をする。この時に
「自由意志を意識するということは，決定を下すよりも前に，別様にも決定
できると意識することを意味しなければならない」（Mill 1878, 580）。言い
換えれば，意志が自由であるという確信は「何かをすると決意するにせよ，
しないと決意するにせよ，（選択しなかった）もう片方を選択することもで
きたのだと感じること」（Mill 1878, 581-582，括弧内引用者）である。つま
り，私は選好した（prefer）方を選択するが，もし私がもう片方を選好し
たならば，実際は選択しなかった方を選択することもできたと人は感じる。

5　ライレイが以上のような論述をする際に根拠とするのは，本節で取り上げる
　ミル『ハミルトン卿哲学の考察』における「自由意志」の章である。

私たちはこのような意味で自由意志をもつ。

これに対しては次のような反論ができる。私たちはしばしば，自分は本当は一方を選好しているが，道徳的な観点からすれば他方を選ぶべきだと感じて，それを諦めて他方を選ぶことがある。その時，自分は自らの選好とは異なる選択をしたと感じる。つまり，人は選好した行動を常にするとは限らない。たとえば人は禁酒や禁煙をするときにそう感じるかもしれない。しかし，そのように考える理由は良心を欲求の制約とみなし，それを一つの欲求とはみなさないからである。ミルによれば，良心もまた一つの欲求，すなわち「正しいことをなす欲求」（Mill 1878, 583）である。そのために先例の人は正しいことをなす欲求とそれ以外の欲求を比較して強い方を選んだのであり，それ故に選好に基づいて選択したのである。つまり，人は道徳的な問題も含めて常に自らの選好に従って，言い換えれば，より強い欲求に従って行動する。たとえば，人が殺人を犯すか犯さないかで悩むときでさえ，人はより強い欲求に従って選択する。ミルは「もし犯罪に対する私の嫌悪とその結果に対する私の恐怖とが犯罪をなす誘惑よりも弱かったならば，私は犯罪をやめることができたと感じられるだろうか。〔…〕私は殺人への恐怖よりも強い欲求に従ってそれをなしたいと望んだだけにもかかわらず」（Mill 1878, 385）と，反語的に問いかける[6]。

このような欲求の強弱は，外的誘因と内的誘因によって定められる。外的誘因は選択対象に対して自らがもつ情報や知識を意味する。また内的誘因はその情報を受けた自分の感じ方を意味する。そしてこの二つの誘因の差異によって，人は自由意志を感じる。たとえば人を殺そうとしてそうしなかった人を考えてみよう。その人は実際は殺人をなさなかったとしても，「もし相手がこんなに悪人であるとあのときに知っていたならば，殺人をなしたのに」などと考える。また，欲求の強弱もその時々で変わりうるために，その人は「もしあのときに罪を犯す誘惑がその恐怖よりも強ければ，殺人をなしたのに」などと考える。前者は外的誘因の差異であり，後者は内的誘因の差異である。ミルによれば，人が自由意志を感じるのは，こうして自分が別のふうにもなせたと感じるときである（Mill 1878, 580-586）。

6　ただし，ミルによれば個人は道徳教育によって正しいことをなす欲求と悪を避ける欲求をもち自らを道徳的に統治できる（Mill 1878, 585-586）。

156   第三部　個人の人格と個人選好

　ライレイが指摘するように，このようなミルのリベラル功利主義と呼ばれる立場は一元的な個人選好をもつ合理的な個人の仮定に親和的である（Riley 1988, 7）。前述したように，アローは個人選好順序の動機は利己的動機と利他的動機のすべてが含まれるけれども，そのすべてを二項対立的に捉えて，人は動機として強い方に基づいて選好を形成すると考える（Arrow 1967b, 221）。さらに彼は，選好に基づく選択の自由のために倫理的価値相対主義を認める。つまりアローにおいて，個人の道徳は一つの選好にすぎない。後述するが，ベルクソンの分析対象はこのような自由意志論である[7]。

第二項　現在主義

　前項では，個人の選択が欲求の比較に基づくことが明らかにされた。アローによればこのような選択は「ある任意の瞬間に」なされる。次に，そうした諸瞬間の選択と自我の同一性の関係を問う。

　アローが自我と個人選好の関係について述べる箇所は少ないが，彼は少なくとも時間的な長さをもつ選択主体としての「私」の存在を容認する。このことはリトルとの論争によって確かめられる。

　リトルはアローの条件の一つである無関連対象の独立性の条件を次のように批判する。リトルによれば，その条件は個人が複数の個人選好をもちうることを前提にする。だが厚生経済学においては一つの個人選好が即ち一人の個人であり，もし個人選好が異なればそれは同一の個人ではない。個人選好が異なる世界は「新しい世界」であり，古い世界と新しい世界をつなぐと解釈できる無関連対象の独立性のような条件は不要である（Lit-

---

7　第一項の議論は，一元的な個人選好を想定する限りにおいて当てはまるのであり，第一章で明らかにした多層的な個人選好には当てはまらない。アローは個人選好と社会選好を個人の内面における二つの選好とみなす。アローが想定する個人は，個人選好がリベラル功利主義的に順序づけられるとしても，それとは異なる社会選好に従いうる。しかし，ここで問題とするのはアローの個人像ではなく，あくまでもアローがパレート原理を支えるための「消費者選好の不可侵性」における個人選好である。消費者選好においては，一元的な個人選好が想定されている。したがってそれに対してならば，第一項におけるような分析が可能である。

tle 1952, 423-424)。

　アローはリトルに反論し，個人が異時点間で可変的な複数の個人選好を
もつという想定を維持する（*SCIV*, 105/151-152）。そのため彼にとって個人
は時間的な性質をもつと考えられる。また彼は *SCIV* では効用概念を用い
ないものの，そのほかの論文では現時点での効用を軸として将来の効用が
時間割引率を課せられることも認める（Arrow 1983, 135）。しかしアローは
個人選好が可変的である場合の自我の同一性に関する哲学的な考察をする
わけではない。

　そのような立場を哲学的に考察したポズナーによれば，合理的な個人が
選好順序を形成する際に，現時点での厚生をその判断基準とし，将来の厚
生を割り引いて考えるという考え方においては，選好順序の主体である個
人はある時点での個人であることが想定されている。この問題に関して，
前述したルーベンフェルドは合理的主体が時間の外に位置する抽象的主体
であるとみなす。観察可能なデータに基づくアローの立場によれば，抽象
的主体はある時点での個人とみなされる。つまり，時間論の観点からすれ
ばその考え方は「現在主義」（presentism）に属する。そこから，ポズナー
はそのような合理的な個人においては，時間的に同一性のある個人は，選
好順序の主体である，ある時点における個人の集積であるとみなされると
解釈する（Posner 1997, Posner 1998, 1568）。

　このような解釈がアローの個人観に当てはまるかは後述するものの，そ
れはアローが想定する選択主体と個人の同一性の関係に対する問題提起と
して応用可能である。後述するが，ベルクソンが時間論で分析対象にする
のはこのような現在主義的な人格観である。このような人格観に対しては，
それらの時点ごとの個々人がどのように一つの個人に統合されるのかとい
う問題が残される。また，そもそもそのような人格観に関する議論は不要
であり，どのように主体を想定してもその主体が任意の瞬間に合理的選択
をすると想定できるという反論が可能だろう。これらの問題を今後扱うこ
とにする。

　以上より，アローが仮定する合理的な個人の動機と時間性が明らかにさ
れた。次に，ベルクソンを用いながら，双方の特徴の関係を明らかにしつ
つその仮定を検討する。

第二節　ベルクソン『試論』における合理性分析と自由論

　本節は，『試論』の解釈をつうじて，合理的な個人の仮定を分析するとともに，ベルクソンにおける「自由な行為」を明らかにする。

　ベルクソンの処女作である『試論』[8] は，先行研究において，しばしば二章の「意識の諸状態の多様性について——持続の観念」を取り出して論じられることが多かった。しかし，ベルクソンが同書の「はじめに」において「私たちはさまざまな問題のうちでも，形而上学と心理学に共通な問題を選ぶことにした。すなわち自由の問題である」(*DI*, 3/9) と述べ，「初めの二つの章では，強度と持続の観念が研究されるが」，これらは自由の問題を扱う「三章への導入として役立つように書かれている」(*DI*, 3/10) と明言することは注目されなければならない。『試論』を一本の完結した論述として扱い，論述の流れを尊重するならば，平井靖史が述べるように「持続の進展についての独自の思想も，意識的事象の多様性をめぐる主張も，本書においては，やがて自由という根本的なテーマへと収斂すべく周到に配備されたものとして考えなければならない」(*DI*, 271) と考えられる。つまり，『試論』はベルクソンの自由論として読み解くことができる。

　ベルクソンは三章で決定論とともにミルの自由意志の定義を批判し，代わりとなる自由意志の観念を提示する。だが，彼の考える自由意志は，後述するように社会的選択理論の考える自由意志とは異なる。つまり，スザンナ・ガーラックが述べるように，『試論』の「英訳のタイトル *Time and Free Will* はある意味で誤解を招きやすい。というのは，自由意志という意見は合理的選択のようなものを連想させるかもしれないし，少なくともこの自由意志は統合性があり合理的な主体に付属することを連想させるだろう。しかしながら，決定論に反論するために，外界をその意志に従わせることのできる合理的な主体による，外界の主人という観点から自由を解釈する必要はない」(Guerlac 2006, 43) のである。ベルクソンが提示する自由は，理性や認識の力によって世界を変えていくようなものではなく，持続する現実を直観しながら，自己の人格を自由に発展させることである。

8　以下，引用の際には *DI* と略す。

第5章　「同時性」の概念への批判と「持続」の観念の導入　　159

本節は，ガーラックの解釈をより進展させて，それは，次の二つの立場に
対する分析と反論をつうじた自由意志の観念であると解釈しうることを示
す。第一に決定論的立場である。第二に，「同時性」という時間的特徴をも
つ「相反する二つの行動ないし意志作用が同程度に可能である」（*DI*,
115/194）という自由意志論，すなわちミルおよび社会的選択理論の自由意
志論である。

　ベルクソンの自由論は，個人の意識が相互に比較不可能であり，それら
は有機的に混ざりあい，持続しながら人格の全体を形成し，その人格全体
の外界への発出こそが自由な行為であるという見地に基づく。そのため
『試論』は自由論であるとともに，アローが提示した個人内における効用の
比較可能性の問題，言い換えれば「すべての心理状態は比較可能か」とい
う問いに対する一連の解答でもある[9]。

　本節は分析手法として，ベルクソンの『試論』における一章から三章ま
での議論を二項関係による個人選好の分析として解釈する。ベルクソンは
直接には合理的な個人の仮定を分析しない。しかし，第一に，ベルクソン
は『試論』第一章で心理状態を量的に判断するすべての立場を分析対象と
しており，後述するが，二項関係はそれに含まれる。第二に，彼は主に『試
論』第二章と第三章で前述した現在主義的な人格観を分析対象とする。第
三に，彼は『試論』第三章で前述したミルの自由意志論を分析し，それと
は異なる自らの自由意志論を提示する。第一節で明らかにしたように，ミ
ルの自由論はアローの合理的選択のそれと親和的である。前述した平井の
解釈が正しければ，『試論』全体の論証はこのような自由意志論のために書
かれており，『試論』の論証をアローの用いる合理的個人の仮定のような自
由論に対する分析と解釈することは可能である[10]。

　なお，以下において私たちは一個人のもつ個人選好と人格の関係を扱う。

9　ベルクソンが意識を重視していたことは章立てを見れば明らかである。『試
　論』の一章は「心理的諸状態の強度について」であり，二章は「意識的諸状態
　の多様性について――持続の観念」であり，三章は「意識的諸状態の有機的組
　織化について――自由」である。

10　ベルクソンが『試論』で直接的に批判するのは数理的心理学およびミルの自
　由論である。なお，このような『試論』の解釈は先行研究ではなされてこなか
　った。

160 第三部 個人の人格と個人選好

そのため論争的な効用の個人間比較の問題には一切関わらないことを留意
しておく。

第一項 意識の比較可能性に対する分析

本項は,『試論』第一章における,心理的状態を量的に評価することに対
するベルクソンの分析をつうじて,合理的な個人の仮定における意識は相
互に比較可能であるという見方が規約的にのみ可能であると主張する。

本論に入る前に,合理的な個人の仮定の定義を確認する。そのために,
簡単な厚生経済学史について述べ,そこにおける基数主義から序数主義へ
の移行を明らかにしなければならない。

厚生経済学は「経済政策のあるべき姿を理論的に設計する」ことを課題
とする。その歴史的起源は古いが,鈴村と後藤によれば「標準的な厚生経
済学の歴史の出発点を示した」(鈴村・後藤 2002, 11)のはピグーであっ
た。ピグーの定式化によって,旧厚生経済学において個人効用 U は効用関
数で表され,財の Δx の増加量に比例して Δu 増加すると規定される。そ
のため個人効用はすべて微少の増加量 Δu によって測定可能である。この
ような個人効用は個人内だけでなく個人間でも通約可能(commensurable)
であり,そのためにすべての個人の効用は単一の客観的尺度によって測定
可能であると仮定される。

このような旧厚生経済学の基数主義は,前述したようにロビンズによっ
てその非科学性を批判された。その後,パレートは個人効用すなわち心理
状態は,個人内では様々な対象を与えられたときに相互に比較可能(com-
parable)ではあるが,量的な意味で通約不可能(incommensurable)であり,
個人間では比較すら不可能であるという見方に立ち,新厚生経済学を樹立
した[11]。そのため,新厚生経済学において個人効用の通約可能性と効用の
個人間比較は否定される。鈴村によれば,新厚生経済学の特徴の一つはパ
レートによって「序数的で個人間比較不可能な効用概念を新たな情報的基
礎に採用」(鈴村 2001, 41)したことである[12]。

---

11 通約可能性と比較可能性との違いは,前者が単一の価値尺度で対象の価値を
測定することができることを示し,後者はそのような価値尺度を想定せず,対
象は単に順序づけのみをしうると考えることを示す。経済学においては,前者
は基数的評価,後者は序数的評価と呼ばれる。Chang 1997, 1-2, 273n1.

個人選好に関するアローの見方は新厚生経済学に位置づけられる（*SCIV*, 11/19）。アローによれば個人内では個人の欲求は比較可能であるが通約不可能であり，そうであるために，個人間では互いの選好を比較できない。結論を先取りすれば，ベルクソンは心理状態は個人内で規約的にのみ比較可能であるが，実在においては個人内でも比較不可能であると考える。

このような個人の心理的状態の基数的評価と序数的評価の区別は，ベルクソンによれば，前者が心理状態を「測定可能な量」，すなわち外延量で表すことであり，後者は「測定はできないが，それでも他の強さより大きいとか小さいとかいうことができるとされている量」（*DI*, 6/13），すなわち強度量で表すことであると考えられる。

このような区別に反して，ベルクソンによれば，後者であるためには前者でなければならず，二つの差異は不分明である。

> なぜなら，ある数が自然数の系列の中で他の数の後に現れるとき，それが前の数より大きいということは異論の余地がないが，しかし，増大する順序のうちに数を配列できたのは，まさに数相互のあいだに含むものと含まれるものとの関係が存在しているからであるし，また私たちにしてみても，ある数が他の数より大きいというのはどういう意味においてかをはっきりと説明できると思っているからなのである。だとすると，問題は，強さというもともと積み重ねることのできないものでもって，どうしてこの種の系列を作ることができるのかということ，この系列の終項でたとえば減るのではなく増えるのだということをどんな目印で知ることができるのかということである。これは結局，なぜ強さと大きさを同一視できるのかという問題に帰結する（*DI*, 6/12-13）。

つまり，ベルクソンによれば，純粋に内的な諸状態のあいだに量的差異を打ち立てることには問題がある。なぜなら，感覚をより大きいとか小さ

---

12 前述したように，二つ目は帰結主義である。三つ目は経済学から倫理的側面を分離し，純粋に科学としての経済学を設立しようとしたことである。ただし，アローは新厚生経済学の立場にいながらも，この三つ目の特徴に異論を唱えた。

いとか人が言うとき，その人は本来重ね合わせることのできないもろもろの強度で，互いに重ね合わせることのできる数の列のような列をどうして作ることができるのか，という哲学的説明をすることができないからである。さらに，この問題を解決するために，ある強度は計測不可能であるが比較可能であると考えることは，問題を避けることでしかない。なぜなら，その強さの比較可能性を認めることは，強さに大小関係があることを認めることで，大小関係とは「包摂するもの」と「包摂されるもの」との関係においてのみ成り立つのであり，結局はその強さの増減を認めることになるからである。

　したがって，ベルクソンによれば，強度量として意識を比較することは，結局は外延量の通約可能性という論拠がなければならず，いずれにせよ強さを大きさと同一視するという同じ問題に属する。言い換えれば，序数主義的な効用評価は基数主義的な効用評価を前提にしなければ哲学的に説明がつかない。しかし本来ならば，意識は強度的ではあるが量ではなく，そのためにそれをより大きいとかより小さいとかと表現することはできない。なぜなら「ある量が増減することができ，より多いものの只中により少ないものがいわば覚知されるのであれば，その量はまさにそのことによって分割可能であり，まさにそのことによって延長的なものではないか。とすれば，その際にも非延長的な量（＝分割不可能な強度）について語ることは，矛盾」(*DI*, 6/14, 括弧内引用者) を含むからである。

　こうして，ベルクソンによれば比較可能性を認めることは通約可能性を認めることであり，「感覚は純粋な質であるか，それとも大きさであるかのどちらかであり，後者の場合には（外延量であれ測定不可能とされる強度量であれ，）その計測を試みなければならない」(*DI*, 50/82, 括弧内引用者)。しかし，意識は「質」(qualité) であるために，それを「量」(quantité) として扱うことはできない。

　それにもかかわらず，なぜ人が常識的にある感情が他のそれよりも大きいとか小さいとかいうのかを，ベルクソンは具体的に様々な心理状態のメカニズムを把握することによって示す。たとえば，ある欲望 (désir) が徐々に深い情念になったケースを考えよう。ある欲望が深まる場合，その欲望は徐々に精神内に浸透し，無数の知覚や記憶のニュアンスを質的に変容させる。しかし，反省的な意識は，言語によって容易に表現される截然と

第5章 「同時性」の概念への批判と「持続」の観念の導入　　163

した区別を好むために，そのような質的変化を複数の大きさを継起的に経由したとみなすのである（*DI*, 10/20）。

　同様に，内的な喜びも徐々に大きくなるような心理的事象ではないにもかかわらず，人はそれを量的に捉える。ベルクソンによれば，内的な喜びには多くの特徴的な形態があり，それがある形態から別の形態へと段階的に歩むことから，人はそれらの形態が一つの同じ感情の強度であるように思えてくる（*DI*, 11/22）[13]。こうして，継起する感情の質的変容は大きさの変化と錯覚されるのである[14]。

　このようなことは美的な感情においてもっとも顕著に起こりうる。美的な感情にもその進展には複数の互いに区別される局面があり，たとえば優雅な運動に対してははじめに軽快さに対する感情が，次にその動きに対する共感が生じる。つまり「これらの局面は，度合いの変動に対応するというよりも，状態の差異あるいは本性（nature）の差異に対応している」（*DI*, 15/28-29）。さらに，人は美的な感情の「深さあるいは高揚の度合いを本能的に区別している」（*DI*, 15/29）。つまり，芸術により引き起こされる美的な感情が，意識の深層の状態によって感知されればされるほど，その感情は「魂の全体」を満たし，芸術家との共感を生み，「芸術家の意識と私たちの意識とのあいだに，時間と空間が設けていた障壁は，こうして崩れ落ちる」（*DI*, 16/29）のである。ベルクソンは意識の深層の状態において，もしくは魂の全体においては，芸術家との共感が生じると考える。そして，そのような共感に至るまでの感情の変化は，決して一つの感情が大きくなったのではなく，様々な質的に異なる感覚，感情を経て到達する。それにもかかわらず，人はその感情がより深いかという程度の差であると錯覚する。

13　ベルクソンによれば，「純粋に内的な喜びには多くの特徴的な形態があって，相継起するその段階の各々が，私たちの心理的状態の集塊の質的変容に対応している。〔…〕私たちはこうして，喜びがある形態から別の形態へと段階的に歩むことから，今度はこれらの形態の方が，同じ一つの感情がもつ複数の強度であるように思えてくる」（*DI*, 11/21-22）。

14　たとえば，ベルクソンによれば悲しみという一つの感情が大きくなることはない。人が悲しむとき，かれは最初はそれによって自らの感覚を麻痺させ，未来を考えることができなくなる。次に思考が粉砕されたという印象を抱く。最後に虚無を希求する。このように悲しみは質的変容を経て徐々に深まる（*DI*, 11/22）。

164   第三部　個人の人格と個人選好

　複数の快楽を互いに比較する際も，このような錯覚は起こる。快楽を比較するとき，人は「諸器官の一連の性向」(*DI*, 28/49) によって，それらのうちのより好ましい (préféré) 快楽を選び出す。快楽には物理的なものも精神的なものもあるが，そのどちらも「快楽の魅惑」を有する方へ人はひきつけられる。これら複数の快楽は互いに質的な差異をもつにもかかわらず，人はそれをより好ましいかで比較する傾向がある。

　また，ベルクソンによれば味覚や温感のような表象的感覚の多くは情緒的な性格を有し，表象的感覚の強度を人が評価する際には，この情緒的側面を考慮に入れている (*DI*, 29/50)。そしてそのことが表象的感覚の質的変容を量的評価する原因となる。たとえば味覚に関して，「様々な苦さをした味からは，本来質的な差異しか取り出せない。それにもかかわらず，それらの質的な差異は，それらが私たちに与える快楽や苦痛（という情緒的な性格）の度合いによって量的差異として解釈されてしまうのである」(*DI*, 29/51, 括弧内引用者)[15]。さらに，人は味覚の原因によってその大小を計る。言い換えれば，人が表象的感情の大小を言うという誤解は，外的で量的な原因によって与えられる心理的状態は質的であるにもかかわらず，原因が量であるからといって結果も量で表されうると考えることにも起因する。

　次に，ベルクソンは心理状態が相互に比較可能であると考える研究者は，このような常識を理論化したと考える (*DI*, 49/80)。ベルクソンはまず，基数的には心理状態は比較可能であるという見解に対して異論を唱える。ベルクソンによれば，心理状態は基数的に評価可能であるという考え方を抱く者は，

15　味覚に対するベルクソンの意見は，コーヒーのパラドックスにおけるような経済学の味覚への見方と比較することができる。コーヒーのパラドックスとは次のようなパラドックスを指す。たとえば100杯のコーヒーが横一列に並んでおり，隣同士では見分けがつかないくらいの量で少しずつ左から右へと砂糖の量が増えていく。そのとき，もし個人が砂糖の量に依存して効用が上がるとしたら，その人は隣同士では無差別であるが，左端と右端のあいだでは右端を選好する。このパラドックスは通常，選好の推移性に対する疑問として提示される (Edgeworth 1881, 7ff., 60ff.)。

第5章　「同時性」の概念への批判と「持続」の観念の導入　　165

　刺激の連続的な増大にそって相継起する二つの感覚のあいだに意識
が覚知する差異を，一つの量として扱うならば，そしてまた，先行す
る感覚をS，続く感覚を$S+\Delta S$と呼ぶのであれば，いかなる感覚Sも
それに到達する前に通過された数々の最小の差異の加算によって得ら
れる一つの総和とみなさねばならないだろう（DI, 45/75）[16]。

　と考える。しかし，このような考え方こそ「異論の余地があり，次に不可
解とさえ思えるものなのである」（DI, 45/76）。なぜなら，そのような考え
方は人が感覚Sをもち，次にS'となったときに，それらの状態を後付け
として「規約的に」（conventionel）そう定義したにすぎないのであって，
実際に与えられたのはSとS'という二つの心理状態のみではなく，Sから
S'への継起的な移行をした不可分な心理状態であり，後者を量的であると
「説明するすべをもたない」（DI, 46/76）からである。

　この「規約的に」という単語は，ベルクソンとアルフレッド・ホワイト
ヘッドに共通する単語である。両者はこの言葉を，実在性に対する科学の
定義という意味で用いる。ベルクソンによれば，科学は実在を「規約する」
にすぎず，それは実在性をもつわけではない[17]。このことは，合理的選択
理論がプラグマティズムの立場に立つか科学的実在論を採用するかという
論点において，重要であると考えられる。合理的選択理論の存在論的な哲
学的基礎を分析したポール・マクドナルドによれば，前者においては，合
理的選択理論の合理的な個人の仮定は実際に個人の人格を表現するものと
は考えず，そう仮定することで有効な結果を導き出すために用いる。つま
り，合理的な個人の仮定は理論的な道具の一つである。他方で後者の科学
的実在論の立場では，個人が実際に合理的であるとみなされる（MacDon-
ard 2003, 553-555）。ベルクソンは，前者に位置づけられる規約主義を擁護
し，後者の科学的実在論を批判する。

　第一章で明らかにしたように，アローは理論が現実の一様性の抽出であ
ると述べており，前者の規約主義であると考えられる。したがって，科学

16　前述した旧厚生経済学の見方と比較されたい。
17　同様に，アルフレッド・ホワイトヘッドも「実在性」と「規約性」とを区別
　し，抽象的科学における自然法則は「規約的な」（conventional）であるとみな
　す（Whitehead 1933, 136/186）。

的実在論に対するベルクソンの批判はアローには当てはまらない。そのためベルクソンの議論は基数主義と序数主義のあいだに差異はないと指摘する点でアローに批判的であるが，いずれにせよ，そのような心理状態の比較が規約主義的にのみなされるという点ではアローと立場を共有する。両者の差異は，実在する心理状態がもつ意義を検討するか否かであると考えられる。

　それについて検討する前に，科学が実在を表さず，実在する意識の全体を量的に表現できないことの根拠を明らかにするために，ベルクソンは意識と不可分である時間論に移行する。このような検討は，アローの定式化が持続する時間を扱えるかを検討するうえでも重要である。

第二項　時間の持続

　本項は，実際の時間の持続性は数的に表現できず，数学的手法は各瞬間においてそれを抽象するのみであることを，ゼノンのパラドックスを根拠に明らかにする。このことは，アローの分析手法が同時性という時間的特徴をもつことの説明にもなると考えられる。

　ベルクソンの時間論に入る前に，分析対象となるアローによって定式化されたモデルを振り返ろう。通常，アローにおける個人選好である二項関係は，$X=\{x, y, z, \ldots\}$：選択肢の集合，$|X|=n$ とするときに，xRy で表される。個人選好順序は，すべての可能な選択対象である X に対する二項関係を，反射性・完備性・推移性という条件をみたして順序づけたものである。x, y, z という記号表記は抽象的であり，それゆえにどのような具体的内容も当てはまる。後述するが，それは社会状態とも行為とも解釈できる。またアローは社会的決定であれ個人的決定であれ同様に上記のように定式化できると考える（Arrow 1983, 59-60）。ここで次に，x, y, z として語られる記号が具体的事物からどのような抽象を経て形成されたかを明らかにする。このことは，なぜ科学が実在を完全に表せないか，またなぜ量が質を完全には表せないかを明らかにすると考えられる。

　ベルクソンによれば，数は一と多の統合として定義される。それは諸単位の集合である。数は，個別的なもののそれぞれの差異を無視して，それぞれの「共通な機能」（*DI*, 52/90）のみを考慮に入れる。たとえば羊の数を数えるとき，人は一つ一つが異なる羊をイメージしない。数を数えるため

には，人は唯一つのイメージを保持してそれを加えていく。つまり，複数なものは単一なものへと，そしてその単一なものが n 個あるということへと還元される。要するに，具体的で質的に異なる事物（たとえば羊）を単一のイメージにして，その後その単一なイメージを加算するとき，羊は数えられるようになる。このように単一化された羊は概念となる。

この概念化された n 個の対象が並置されるところは，抽象概念がそこに並ぶ理念空間，言い換えれば「（等質）空間においてであって，（実在すなわち）純粋な持続においてではない」（*DI*, 53/91, 括弧内引用者）[18]。なぜなら実在においては，一つ一つが質的に異なる個体が存在しているのみだからである。

それにもかかわらず，人は一つのイメージすら消して，数を純粋に数としてのみ扱うようになり，さらに実際の時間の経過までこのように数えることができると錯覚する。しかし，ベルクソンによればこれは単に錯覚であり，時間を数えることはできない。なぜなら数を数えるとき，一つの項から次の項へ移行する場合には，その前の項は次の項が加えられるまでそこに残存しているが，瞬間はそのように待つことはなく，既に消え去っているからである。私たちは時間を「数えられる」というとき，意図せずに等質空間上に描かれた残存する軌道（瞬間と対応する点の軌道）を数えるのである。

なお，このようなベルクソンの「等質空間」（espace homogène）は外界の客観的な存在物ではなく精神的規定である。ベルクソンにおいて等質空間は，そこで概念と数が表現される場である[19]。等質空間において多様な

18　ロールズは『正義論』で功利主義における総和主義を批判し，それが個人の効用のみをカウントしてその総和を重視するが故に「諸人格のあいだの差異を真剣に考えていない」と批判する（Rawls 1999, 24/39）。この批判は，基数主義的で個人間比較が可能な総和主義が，個人効用及びその総和を数値化することに対する批判である。つまりロールズの批判は，等質空間上でカウントされる効用計算のみが重視され，そこで個人は n 人という総量でのみ表現されるが故に，実在する人格の固有性が捨象されることを批判すると解釈できる。

19　ベルクソンの空間論は，時間が持続して具体的であるのになぜ空間のみが等質的であるのかという問いを生み出す。『試論』におけるベルクソンも，動物がみる世界における空間の異質性を認めており，ベルクソンはその後『物質と記憶』では，市川浩が論じるように，「具体的延長と図式的空間を区別するよう

物事は単一化され，それらの一つ一つがある順序や秩序によって置かれている。

　ところで，数は等質空間上で並置されればそれのみで数として機能しうるのではない。言い換えれば数の性質は「単位」（unité）であるのみではない。数（もしくは１）は単位であるとともに，多様性の単一化である。一方でどのような数も単位であるが，他方でどのような数もそれ自体がそれを構成する諸単位の統合であり，そのために多様性を包摂した，私たちの精神の単純不可分な直観による単一性（unité）である[20]。なぜなら，本来０－１の間は無数に分割可能であるが，その無数の数を合わせたものが「１」だからである。したがって，「１」は個人の意識の統合的な働きによって成立する側面もある。つまり，人は意識の統合的な働きによって数を互いに付加させる。

　同時にベルクソンによれば，数は非連続であり，人は不可分な数学的点を一つ一つ数え上げることができる。たとえば私たちは１を一つの単位として数えるときには，それを分割ではなく総合として捉えるが，０－１の間を数えるときには数の一つ一つを数え上げることができる。そしてそのような数の分割を，空間の諸部分の分割として捉える。つまり，人は数や単位を数えるとき，何らかの空間的な拡がりを考え，そしてそれが分割可能だと考える。したがって人は数を空間上で分割するのであり，そのときに「私たちは空間内での並置によって数を表象している」（*DI*, 58/99）。

　このような数についての考えを認めるとすれば，人が「魂の純粋に情緒的な諸状態」（*DI*, 58/100）や，時間や，もしくは多様な感情や感覚を「数えられる」というとき，人はそこに「理念的空間」（*DI*, 58/101）を設けて，そこで瞬間なり心理的状態なりを並置させて数えていることが認められるだろう。意識的諸事象の「多様性が数の相を呈しうるのは，何らかの象徴的表象の媒介によってであり，この表象には必然的に空間が介入する」（*DI*, 59/102）。このようにして，人がその時々の意識もしくは心理状態を，

　になる」（市川 1983，303－305）。

20　「どのような数も１である」（*DI*, 51/90）。たとえば１はそれ自体で統合的な単位であるが，同時に1/2＋1/2のように分割された数の集合である。他の数（たとえば２）も，１＋１のように数の集合であるとともに，「２」それ自体は一つの統合された単位でありうる。

第5章 「同時性」の概念への批判と「持続」の観念の導入　　169

互いに分離したものとして考えるとき，人はそれを空間，すなわち等質的
媒体において並置する。しかしこのことは「時間の真の持続からは絶対的
に区別される一つの記号，象徴」（*DI*, 61/105）である。つまり，私たちが
意識を相互に並置しうると考えるとき，それは時間上の意識を考えている
のではなく，あたかも数の並置のように等質空間上でそれを考えている。
しかし，とベルクソンは論を続ける。「意識の多様性は，ある数を成すとこ
ろの諸単位の多様性とわずかでも類縁性を有しているか，真の持続は空間
とわずかでも連関を有しているのか」（*DI*, 61/106）。持続する時間を空間に
よって表現することは，ベルクソンによれば誤謬である。

　このようなベルクソンの論証によって，アローが一つのモデルを組み立
てるとき，それが具体的な事物からの抽象であり，ベルクソンの用語では
等質空間上でなされていることが分かる。アローのモデルにおいては，個
人行動は，前述した選択肢集合の要素である x, y...という可能なすべての
行為あるいは意識の中から，個人が任意の瞬間に二項関係の選好にしたが
って一つを選択することと定式化される。このように，アローがモデル上
において，個人の選択行動もしくはその選好順序を作ることができると考
えたとき，ベルクソンの用語では，彼は等質空間上で個人の意識を一つ一
つ外在的に並置する。その空間上で実在は規約的に表現される。ただし，
このように並置された意識の羅列は，時間的に継続する個人のすべての意
識を表現することはできない。ベルクソンはそのことを，ゼノンのパラド
ックスを根拠にして論証する。

　ゼノンのパラドックスは，ベルクソンの哲学において重視され頻繁に用
いられることで有名である[21]。その理由は，この古代のパラドックスが背
理法によって，持続する時間は等質空間上で表現できないことを示すから

21　『試論』の目的が自由の問題の解明であったことは前述した通りであり，ベル
　　クソンは「自由の問題は誤解から生まれたのだ。現代人にとってこの問題は，
　　古代人にとってのエレア派の詭弁のごときものであった」（*DI*, 156/262）と述べ
　　る。その後，1941年にベルクソンは内的持続や自由の問題は「莫大な諸帰結を
　　含んで」いるため，「以来ずっと私にとって問題となっている」（セルティラン
　　ジュ 1976, 11）と述べる。このことによって，このパラドックスの解明を通じ
　　た持続の発見が，ベルクソン哲学の全体においていかに重要であったかが分か
　　る。

である。つまり，もし時間を等質空間上で表現しうると仮定すると，パラドックスが起こることをそれは示している。

アリストテレスは『自然学』で，ゼノンのパラドックスを提示する。

　　1．まず第一は，運動するものは終点へ到達するよりも前に，その半分の地点に至らねばならぬゆえ，運動することはできないという論証であって，これについては前述の議論で述べた。
　　2．第二はいわゆるアキレウスの論証である。ところでこれは次のようである。すなわち，もっとものろい走者でも決してもっとも速い走者によって追いつかれることはないだろう。というのは前者がそこから出発した地点へ追手はまず達しなければならない。したがって足ののろい走者でも常にいくらか先に進んでいなければならないから。
　　3．a. 次の第三は今しがた言及されたもので，飛んでいる矢は静止しているというのである。／b. 彼は言う。もし常にすべてのものは静止しているか，動いているかであるが，しかし何ものも自分自身と同じ場所を占めているときには動いていないし，また動いているものは常に「今」のうちにあるし，またすべてのものは「今」のうちでは自分自身と同じ場所を占めているとすれば，動いている矢は不動である[22]。

　ベルクソンはゼノンが論じるように，もし「二つの点を分かっている間隔が無限に分割可能であり，そして運動が間隔そのものの諸部分と同じような諸部分から合成されているとすれば，その間隔は決して超えられないだろう」(*DI*, 75/128) ことを認める。「しかし，現実はそうなってはいない。〔…〕エレア学派の人たちの錯覚は，この不可分で独特な行為の系列をその根底に横たわる等質空間と同一視することに由来する。〔…〕彼（＝ゼノン）は空間だけが恣意的な解体や再合成に応ずるものだということを忘れ，こうして空間と運動とを混合してしまった」(*DI*, 75-76/128-129，括弧内引

22　アリストテレス 1968, Z9.239b9-30(258-259). 3.b. は Z9.239b5-8. 以下，*Phys* と略す。ゼノンのパラドックスには四番目のパラドックスもあるが，本書の目的にあまり関係がないので割愛する。

用者)。つまり,ベルクソンによれば,運動が分割可能だと言われるときに考えられているのは,運動ではなく空間であり,双方は区別されなければならない。「運動のうちには区別するべき二つの要素があるのだ。すなわち,踏破された空間と,その空間を踏破していく働きであり,もろもろの継起的な位置と,これらの位置との統合である」(*DI*, 75/128)。この双方を混同したがゆえに,エレア派の詭弁,すなわちゼノンのパラドックスが生じたとベルクソンは考える。言い換えれば,このようなパラドックスは,ベルクソンによれば「不可分で独特な(sui generis)あの一連の働きを,〔…〕等質空間と同一視している点に由来する」(*DI*, 75/129)。

　ただし,上記においてベルクソンは実際の空間と等質空間を混同しているように考えられる。実際,本章注20で述べたように後にベルクソンは批判を受けてその二つを区別する。そのためここでは,踏破された実際の空間は運動と同様に不可分であり,等質空間において運動は分割可能となると彼の言葉を言い換えることにしよう。

　ベルクソンによれば,数学が速度を測定しうるのは,アキレスと亀が「同時性において」どの点にいるのかを規定するという限りにおいて成立する。しかし,ゼノンのパラドックスがそうするように,数学によって規定された一つの「同時性」(simultanéité)における位置と,もう一つの同時性における位置のあいだで何が起こったかをすべて数学的に再構成しうると考えることは,数学の役割を超える。

　より具体的に言えば,ある時間 t でアキレスは亀より後ろの点にいて,t + 1 で既にアキレスは亀を追い越しているとしよう。この t と t + 1 のあいだに起こった全運動は,数学的に測定可能ではない。ゼノンのようにそれができると考えることは「数々の不動性によって運動を作ることも,(等質)空間によって時間を作ることもできない」(*DI*, 76-77/130,括弧内引用者)ことを忘れることである。このような批判は,現象が不可分な点から構成されると考える原子論に対しても向けられる。

　同時性が持続する時間を再構成せず,そのために時間は同時性すなわち瞬間の集積ではないことは,必ずしもベルクソンに特有の主張ではない。アリストテレスによってもそのような主張はなされてきた。同時性が持続を表さないというベルクソンによる解法をよりよく理解するために,ここで時間が今から成るのではないというアリストテレスによるパラドックス

172　第三部　個人の人格と個人選好

の解法をみることにしよう。

　まず，アリストテレスは時間と距離，それゆえに運動が無限に分割可能
か，それとも不可分割的なものから構成されるのかを考察し，後者の原子
論的な見解をベルクソンと同様に否定する。アリストテレスは証明方法と
して背理法を用いる。もし距離が不可分割的なものから構成されると仮定
すると，「この大きさ（＝距離）の上で行われる運動も等しい数の不可分割
的な運動から成る」（*Phys*, 231b21-22，括弧内引用者）ことになり，現に運
動しているという状態も不可分割的なものから成るであろう。次に，ある
人が運動していると同時に運動をし終えたと考えることはできない。そし
て，ある人が不可分割的な距離を運動するとすれば，以下のようになる。
(a) もしある人が不可分割的な距離を通過していたより後でそこを通過し
終えたとすれば，部分のないその距離が分割されうることになる。なぜな
ら，運動している状態とは静止している状態と通過し終えた状態の中間の
状態であり，それぞれの状態には少なくとも不可分割的な距離が当てはま
るからである。しかし，もし (a) ではないとすれば，人が同時に運動しなが
ら運動し終えることになり，それは不合理である（*Phys*, 232a16）。したが
って，距離は不可分割的なものから構成されるのではなく，無限に分割可
能であると考えられる。

　続いて，運動はある有限な時間においてなされており，もし距離が無限
に分割可能であるとしても，時間も距離も同じ比率で分割されるから，有
限な時間も距離と同様に分割される（*Phys*, 232a18）。ゼノンの第一の議論
の欠点は，有限な時間において無限に可分され続ける一つ一つの点を通過
することはできないという誤った仮定に立っている（*Phys*, 233a22-23）。と
いうのは，無限なものを有限な時間において通過することはできない，し
たがって運動はありえないとゼノンは論証するかもしれない。しかし，こ
のように考えること自体が誤りなのであり，「時間が無限であれば，大きさ
も無限であり，大きさが無限であれば，時間も無限でなければならない」
（*Phys*, 232a33）。したがって，有限な時間においてアキレスは有限な距離
を通過することができ，双方とも無限に分割可能である。ただし，もし距
離も時間も同じ比率で不可分割なものから構成されるならば，前述した矛
盾が生じる。つまりここでいう分割とは，あくまでも精神的規定として，
規約的あるいは可能的に分割されることであり，それゆえに実際に分割さ

第5章 「同時性」の概念への批判と「持続」の観念の導入　　173

れ，かつ無限小によって線が構成されると考える原子論的な見解とは異なる。

　このような立場から，アリストテレスはゼノンの議論を反駁する。つまり，第一に，ゼノンのパラドックスは距離と時間が不可分なものから構成されると仮定し，そのために運動している状態を停止とみなした。しかしこのような結論は「時間が今から成ると仮定することから生ずるのであって，この仮定が認められなければ，この結論は成り立たないであろう」（*Phys*, 239b30）。つまり，時間は量的に不可分割な「今」という点から成るのではない（*Phys*, 239b8）。第二に，距離も時間も規約的には，同様に無限に分割可能である。

　アリストテレスと同様に，『試論』においてベルクソンも時間の分割は実在論的にではなく規約的に，「可能的に」のみなされるという立場をとり，『試論』の後の著作では空間に対しても同様の立場をとる。しかし，ベルクソンがアリストテレスと異なる点は，このような不可分な運動を人がいかにして覚知し，直観しうるかを示した点にあるといえよう。ベルクソンは，意識の統合性とは同時性において示される感覚を統合することであり，そのために人は統合された客観的現象を不可分なものとして覚知すると考える。しかし，数学的な表現は私たちの意識によってなされうる諸瞬間の統合をすることができない[23]。

　このように，科学や数学は同時性のみを，もしくは数のみを扱うため，真の持続を扱うことができない。なぜなら「本来の意味での持続は，それが本質的に異質的で，未分化で，数とは類縁性ももたない以上，互いに同一的な諸瞬間も，互いに外在的な諸瞬間も伴ってはいないから」（*DI*, 80/135）である。人は，本来は不可分である外的世界を一つずつ区別して知覚することで，それらの状態を等質空間上で「判明な多様性のもとで」思い描く。しかしながら，「意識の多様性は，その根源的な純粋性において考察されるならば，数を形成する判明な多様性とのあいだにいかなる類似も呈さない」（*DI*, 80/136-137）。

23　一方で等質空間上における数の統合のためにも意識の働きが必要であるが，他方でその空間上に並置された各瞬間を意識によって統合して実在を表すことは，等質空間上ではできない。

174 第三部 個人の人格と個人選好

　つまり，私たちは意識の多様性について考えるとき，二つの意味でその言葉を用いる。一つは持続のうちにおける質的多様性であり，もう一つは，一つ一つの意識が互いに孤立して，外在的で数えることができるように並置されたときの，量的な多様性である。具体的な羊を抽象して数を等質空間上で作るように，人が意識は相互に孤立していて比較可能だというとき，人は具体的で持続する意識を抽象して量的比較をする。しかも，そのような比較はある瞬間の意識と他の瞬間の意識の比較であり，持続する時間はそこには含まれない。

　このように等質空間上で考えることは，科学のような一部の学問に特有の見方ではなく，私たちが日常的に行いやすい見方である。ここで，人が本来ならば持続する不可分な現象を一つ一つ区切ったものとして，等質空間上で考える理由を明らかにする。

　ベルクソンは具体的な自我が，いかにして等質空間に自らの意識を並置して考えるのかを考察する。ベルクソンによれば，まったく時間的持続のうちに生きている自我は，自己同一的であると同時に変化しながらも，「自我が黙々と生きているだけで，現在の状態と先行する諸状態とのあいだに分離を設けるのを差し控える場合に，私たちの意識的諸状態の継起（succession）がまとう形態である」（*DI*, 67/115）。本来ならば，等質空間という「象徴的表象」（représentation symbolique）（*DI*, 82/139）以外では，不可分な外界は意識に「持続の相のもとで」（sub specie durationis）（*PM*, 1392/246）直接与えられる。しかし，抽象することのできる思考にとっては，そこに等質空間を取り入れ，「もはや一方のうちに他方をではなく，一方の傍らに他方をという仕方で並置する」（*DI*, 68/117）。つまり「持続を延長で表現」（*DI*, 68/117）する。もろもろの心理的状態のあいだに「順序（ordre）を設けるためには，まず諸項を区別し，次いで諸項が占める場所を比較」（*DI*, 68/117）しなければならず，そのために継起は同時性となり，空間上に投射される。だが，持続する実在の意識はそのもっとも単純な状態においても「魂の全体」を表す。「要するに，純然たる持続はまさに，融合し，相互に浸透しあい，明確な輪郭をもたず，互いに他を外在化しようとする傾向をもたず，数とは何の類縁性ももたない，そのような質的諸変化の継起でしかないはずなのだ。そのような持続とは純粋な異質性であろう」（*DI*, 70/119）。

第5章　「同時性」の概念への批判と「持続」の観念の導入　　175

　このような持続のうちに生きている自我と，理論的に思考する自我は同じ一つの自我において統合的に捉えることができる。ベルクソンによれば，人が意識を互いに並置するのは，自我の表象部分が外的世界に常に触れているからであり，そこにおいて意識は互いに外在的であるように感じられる。なぜなら「意識の継起的な諸感覚は，互いに融合しながらも，相互外在性をいくらかは保持していて，この相互外在性がこれらの感覚の（外的現象のその時々の）諸原因を客観的な仕方で特徴づけている。だからこそ，私たちの表層的な心理的生は等質的媒体（＝等質空間）のうちで展開され」（*DI*, 83/141，括弧内引用者）るからである。しかし，私たちの意識の深みにある「内的な自我，つまり，感じたり熱中したりする自我，熟慮したり決断したりする（décide）自我は，その諸状態および諸変容が内密に浸透しあっているような一つの力」（*DI*, 83/141）である。

　このように，ベルクソンは意識の表層部分と深層部分を分け，しかも両者は持続のもとに「唯一の同じ人格を成している」（*DI*, 83/141）と考える[24]。

　このような自我の多層性は，外的現象が変化するからであり，私たちは意識の表層部分でその瞬間ごとに変化する外的現象を感知するからである。意識の表層部分は，瞬間の印象を捉えるために，その一つ一つとそれらによって影響を受けた心理状態を外在的に並置する傾向がある。そのために，人間の意識の表層部分は等質空間を作りやすい。つまり，意識の表層部分は自我とその時々で可変的な「外的諸事物とのあいだの交流面」（surface de communication）（*DI*, 84/142）である。だが，外的世界は生成しながらも同一性を保ち持続するのであり，そのような可変的なその時々のイメージを統合して，同一性のある不可分な外界を直接的に覚知することができるのは意識の深層部分である。そこで，意識の二つの相が区別される。つ

24　ベルクソンにおける深層の自我は，ジークムント・フロイトの無意識と関連づけられることがある（Hughes 1958, 124-125/85）。しかし，ベルクソンは無意識を「記憶のない意識」と呼んで，深層の自我との関連性を否定する。*PM*, 1398(256)。特に本能の所在はベルクソンとフロイトでは極めて異なるといえる。フロイトは潜在意識の中に意識や理性により抑圧された本能を位置づけるが，後述するようにベルクソンは，本能は表層の自我にあり，深層の自我には本能を非難する道徳意識があると考える。

まり，「注意深い心理学者は，異質的諸瞬間がそこに相互に浸透するような
持続を見分ける。もろもろの意識状態の数的多様性（multiplicité numéri-
que）の下に，質的な多様性（multiplicité qualitative）を見分け，はっきり
定義された諸状態を伴う自我の下に，そこでは継起が融合と有機的組織化
を含意するような自我」（*DI*, 85/144）すなわち「根底的自我」を見分ける。

　このことは，人が外的現象を見るときだけではなく，自分自身の意識や
感情を知ろうとするときにも同じように起こる。表層の自我は外界に刺激
されて変化する人間の意識を，一つ一つ外在的に捉えやすい。しかし，こ
のような表層の自我の見方のみでは，外界の同一性も自己の意識の同一性
も理解できない。他方で自己の意識の「深層の部分」は変化しながらも同
一性を保つ自己意識を覚知する。このように深層の自我が覚知する外界や
自己意識は，持続する「意識に直接与えられるもの」である。そのため，
人は表層の部分で同時的な外界のイメージを知り，深層の部分でそれに同
一性を与え，不可分で持続する外界を覚知すると同時に，持続する自己の
意識を覚知する[25]。

25　ルソーは持続する魂の状態こそが真に幸福な状態であり，そのような状態に
　おいて，人間は社会的な生活から離れて自分自身に帰ると考えた。「僕の心が
　思慕する幸福というのは，消えやすい瞬間でできているのではなくして，単純
　で，永続的の状態なのである。〔…〕あらゆる物は，地上において不断の推移
　を受けている。何一つとして不変の定まった形態を保っているものはない。そ
　して，外面的な事象に結びついている私たちの感情は，必然的に，その事象と
　同じように，移ろい変わるのである。〔…〕それにしても，魂が安立の地盤を
　見いだして，そこに完全に憩い，そこにその全存在を集中することができて，
　過去を想起する必要もなく，未来に蚕食する必要もない状態，魂にとって時間
　が無に等しい存在，現在が永久に持続しつつ，しかもその持続（durée）を標示
　することなく，何らその継起（succession）の痕跡も止めることなく，欠乏感
　も享有感もなく，苦楽の感覚，欲望（désir）危惧の感覚もなく，ただあるのは，
　私たちの存在しているという感覚だけ，そして，この感覚が全存在を満たしう
　るような状態が持続する（dure）かぎり，そこに見いだされうるものこそ，幸
　福と呼ばれうるのである。〔…〕それは，魂がいっぱいにしてもらう必要を感ず
　るような空隙を，その中に一つだに残していない幸福である。〔…〕この状態が
　持続するかぎり，人は自分だけで満ちたりる（tant que cet état dure, on se suffit
　à soi-même）」（Rousseau 1948, 82-84/88-90）。ベルクソンの深層部分が「自己充
　足している（se suffire à eux- mêmes）」（*DI*, 6/18）ことについては，杉山 2006,

第5章 「同時性」の概念への批判と「持続」の観念の導入　177

　そのためベルクソンによれば，アローのモデルすなわち等質空間に欠けているものは，持続する外界と意識と，その同一性であり，それらの同一性を覚知する意識の時間的同一性およびそれを担う深層部分である。最後に，議論を人々に共通する等質空間を形成する表層部分と深層部分の関係に戻して，意識をこのように二つの相のもとでみることの社会的な意味と，ベルクソンにおける社会性の概念を明らかにする。

　ベルクソンにおいて，具体的な羊が数えられうる「羊」という一般化された概念へと変貌するのは，等質空間においてであった。このような等質空間は，一般化された概念すなわち言語を媒介として，他の人々との共通領域を形成する。そのため，ベルクソンにとって「等質空間の直観は既にして社会的生への一歩」（*DI*, 91/154）であり，私たちが等質空間を作り上げるのは「共同で生活し，話すよう私たちを仕向ける傾向」（*DI*, 91/154）である。

　しかし，私たちの諸知覚，諸感覚，諸情動，諸観念は，意識の深層部分で生じ，それを言語によって表現しようとすると，それは共通領域という「凡庸な形態に適用」（*DI*, 85/144）させなければならない。それゆえに，それらの観念は「表現し難い」（*DI*, 85/145）ものであり，ウィトゲンシュタインの有名な言葉を借りれば，「語りえぬもの」[26]であるといえよう。なぜなら，「明確な輪郭を有した語，不動で共通で，ひいては非人格的なものを人間の諸印象のうちで蓄積していく粗野な語は，私たちの個体的意識が有する繊細で束の間の印象を破砕する，とは言わないまでも，少なくともそれらを隠蔽する」（*DI*, 87/147）からである。さらに，私たちが抱く観念のうちで，私たちが社会から受け取ったが自己の内部に同化しないような観念は，意識の表層にとどまるが，真に自分のものである観念は自我の深層部分も含めてその全体を満たす。そのために，「私たちがもっとも執着している意見は，もっとも説明するのが厄介な意見」（*DI*, 89/151）なのである。

　判然とした表現を好む言語を操る人間の性向によって，意識は相互に外

　105-106。
26　「語りえないものについては，沈黙しなければならない」（Wittgenstein 1984, 85/120）。

在的区別をしうると考えられるようになるが，人がそう考えること自体が私たちの社会性を示すのであり，そのように区別された自我は社会的な自我である。つまり，「内的な生は，はっきりと区別された諸瞬間を有し，明確に性格づけられることで，社会的生の諸要請によりよく応じることになろう」（*DI*, 92/155）。しかし，表層にある外在的で社会的な自我の下には，内的で異質な深層の自我があり，両者はともに持続する「唯一の自我」を作る。そのために，表層の自我のみが自我全体であると考えることは誤謬であるし，そう考えることにより生じる矛盾は「自我の象徴的表象に換えて，実在的自我，具体的自我をたてれば十分」（*DI*, 92/156）である。

このように，ベルクソンにおいて等質空間とは他人との共通領域であり，公的領域を意味する。つまり，事物の概念は等質空間上で形成され，そのために言葉はこの等質空間を複数の人々が共有することによって成り立つと考えられる（*DI*, 66/113）。

翻って考えてみると，アローの定理は，数理的手法を用いることで手法を共有しながら，それに携わる研究者間のコミュニケーションを可能にし，そうすることで発展してきた。そしてそれが抽象論であることを（現実との方法論的なかかわり方を別として）否定する人はいないであろう。しかしその等質空間は，現象の独特さと持続という性質が捨象され，私たちの実在的自我が捨象された空間である[27]。

第三項　意識の持続と自由な行為

---

[27]　ジル・ドゥルーズによれば，ベルクソンによる意識の見方は差異性の強調である（ドゥルーズ 2000, 9）。この観点からドゥルーズの哲学を援用しながら，ロバート・ウックハルトは合理的選択理論の分析手法は個人の個性（individuality）を見過ごすと述べる。ウックハルトによれば，本来ならば個人の個性とそれによる個人の選択とは純粋に質的であり，合理的選択理論の「量的評価とは完全に相反する」。なぜなら，「もし各個人が独特（unique）であり，物事もまた個別的であるならば，私たちは必然的に通約不可能なものの間で選択するからである」。異なる経験や物事は他のものと関係しあったり類似性をもったりはするが，それらは質的に互いに異なり，順序づけることはできない。ウックハルトは，合理的選択理論に対して事物と選択の独特さとそれに伴う質的な差異を強調する（Urquhart 2005, 2, 4）。結論を先取りすれば，本書では個人の人格がもつ独特さの尊重の倫理的意義を擁護するために，これらの議論を用いる。

第5章　「同時性」の概念への批判と「持続」の観念の導入　　179

　前述したように，アローは，自由意志とは所与の選択対象に対して完備
性と推移性をみたして選択しうることであると定式化する。このような定
式化は現在性もしくは同時性という時間的な特徴をもつ。さらに，本節第
一項と第二項で，アローのモデルが等質空間上にあり，それが持続する外
界や意識の深層の部分，さらに外界と自我の同一性を見落とすことを考察
した。本項は，そのようなアローの手法では扱えない「自由な行為」があ
りうると主張する。

　『試論』が自由論であるという解釈が正しければ，平井が述べたように，
これまでのベルクソンの議論は『試論』三章における自由論に役立つよう
に書かれている。ベルクソンは決定論とともに行動の「諸条件の総体があ
らかじめ与えられたものとみなしうる」（DI, 150/252）自由意志の定義を，
それが持続と創造性の観念を見過ごすという点において批判し，新しい自
由の観念を提示する。本項はまず，一元的な個人選好の仮定がまさに上述
の定義であることを示すことにより，ベルクソンの分析はその仮定に対す
る分析を内包すると解釈しうることを示す。

　ここで，分析対象となる，アローの自由意志の定義をより詳細に確認す
ることにする。アローは，選択の自由とは，ある所与の二つの対象がある
ときに，どちらかを選択できることであると考える。SCIV では，それはす
べての可能な社会状態が与えられたときに，その社会状態が実現された際
の欲求充足の大きさに基づいて個人が自由に選択できることであり，個人
はすべての可能な社会状態，すなわち帰結主義によってその社会状態によ
り引き起こされるすべての心理的状態を順序づけることができると考えら
れている。アローが自由の定式化と考えるのは，前述した二項関係に課せ
られる完備性条件である。つまり，アローの自由は任意の二つの対象のあ
いだで自由に選択できることである。

　これに対して，『ハミルトン卿哲学の考察』における「自由意志」の章を
分析対象として，ベルクソンは自らの自由論を展開する。ベルクソンによ
れば，

　　　連合主義的決定論は，自我を心理的諸状態の集合として表象し，こ
　　れらの状態の中でももっとも強いものが支配的な影響を及ぼし，他の
　　諸状態を従えていると考える。〔…〕（ミルは）こう述べている。「善を

なそうとする欲望と悪への嫌悪は〔…〕それとは逆の他のすべての欲望や他のすべての嫌悪を打ち負かすほど強い」と。〔…〕しかし，私たちはこう考えることで重大な混乱に身をさらしている（*DI*, 105-106/178-179，括弧内引用者）。

このように，ベルクソンは個人行動が複数の動機のあいだの選択によって決定されるというミルの考え方を分析対象とする。ベルクソンによれば，意識をミルが述べるように並置する空間は，前述したように等質空間である。

このような並置が行われるのは，前述したように自我がその表層において外界に触れており，表層の自我は事物の刻印をとどめるために，自我はそれが知覚した諸項を並置するからである。しかし「この表面をうがって，自我が自己自身へと立ち返るにつれて，自我の数々の意識状態は並置されることをやめて，互いに浸透しあい，一緒に融合し，その各々が他のすべての状態の色合いを帯びるようになる」（*DI*, 108/183-184）。このようなより深い自我においては，感情は自我の隅々までいきわたり，「魂の全体」（*DI*, 111/187）を満たす。このような深い部分において，自我が自らの人格を表すような動機において行動すること，それこそが「まさに自由な行為（action libre）と呼ばれるものであろう」（*DI*, 109/185）。ベルクソンにおいて「自由な行為」はその人に独特な人格の発現であり，自己のみがその行動の作者で，他の誰も同じことをすることはできない行為である。

自由な行為が独特でかつ創造的である理由の一つは，それが所与の選択肢集合からの予測可能な行為ではないからである。アローにおけるような自由意志の概念に関して，ベルクソンは以下のように述べる。

自由意志を信じたごく少数の哲学者も，自由意志を，二つまたは複数の決定のあいだでの単なる「選択」としてしまっている。あたかも，決定とはあらかじめ抽出された「可能的なるもの」であるかのように，またあたかも，意志はその中の一つを「現実化する」にとどまるかのように。それゆえにかれらもまた，自らは気づいていないとしても，いっさいは与えられていると認めているのである。まったく新しくて，（少なくとも内部的には）その実現以前には純粋可能性という仕方でも

いかなる仕方でもあらかじめ存在することはないような行為を，かれらはまったく理解してはいないらしい。ところがかかるものこそ自由な行為（action libre）なのである（*PM*, 1260/23）。

つまりベルクソンによれば，所与の対象に対する二項関係で表現されうる選択は個人の選択肢をあらかじめ規定しており，与えられることのない選択を認めない。自由な行為は独特な人格の発出として所与の選好には組み込まれず，理論はもしそれを表現するとすれば，後付けとして規定するだけである。

　第六章で後述するが，ベルクソンは「可能性が現実に先立つ」という考え方を批判する。可能性（le possible）は実在することが可能なものを意味し，現実（le réel）は実在そのものを意味する[28]。ベルクソンに従えば，等質空間上で並置された可能なすべての選択肢は可能性を意味し，実在する個人の人格の現れである「自由な行為」はその可能性の一つではない。したがってそれはあらかじめ与えられたものではなく，自らが創造する行為である[29]。

　ただし，このような自由は常に絶対的なものというわけではなく，動機となる感情がどの程度自我の内奥を満たすかによって「自由は複数の度合いを容れる」（*DI*, 109/185）。もし人が大した考えも抱かずに慣習に従って行動をしたり，朝起きて仕事へ行く時のように日常的な繰り返しによって行動をしたりする場合，その決意は自我の表層でなされているのであり，自由の度合いは低い。しかし，もし人が自らの全人格を傾けるような行為をすれば，それはより自由な行為と言えるだろう。つまり「私たちが自由であるのは，私たちの行為が自らの人格の全体から発出し，これらの行為が人格の全体を表現する場合，そして，前者と後者のあいだに，作品と芸術家とのあいだに時に見られるあの定義しがたい類似が存在する場合である」（*DI*, 113/191-192）。

　ベルクソンによれば，このような自由な行為をしうることは，多くの人

28　これらの用語はアリストテレスの可能態と現実態に由来すると考えられるが，アリストテレスのそれと意味が一致するわけではない。

29　エマニュエル・レヴィナスによれば，ベルクソンの自由論は「可能なるものを超えた新しい行為の追求」である（レヴィナス 2010）。

182　第三部　個人の人格と個人選好

にとって，極めて稀である。なぜなら，人は常に言葉によって自らの行動を理性的に分析しようとし，そうする際に等質空間を取り入れてしまうために，「具体的自我，生きた自我」（*DI*, 110/187）から発せられる自由な決意を理解することはほとんどないからである。しかし，ある時に日常的で社会的な表層の自我の内奥から深層の自我が浮上し，「自らの自我のみがその行為の親権を要求できる」（*DI*, 114/192）ような行動をするとき，人はそれを自由な行為と呼びうるのである。

　つまり，ベルクソンの自由論においては，社会的な規則や日常的な繰り返しに従う生活の中で，唯一自分のみができるような行動をすることが自由な行為である。このことは，私たちが数的に数えられる社会の一員としてではなく，そのような量的な測定をすることのできない独特な自我であり，そのような自我の全体で行動しうるときに自由を得るという意味であると考えられる[30]。

　このような自由への見方から，ベルクソンにおいて自由意志は持続する時間と切り離せない。なぜなら，ベルクソンにおいて全人格とは持続する意識の全体のことであり，そのような意識は時間と不可分だからである。前述したように，アローによる自由意志の定式化には同時性という時間的特徴があり，それは持続する時間を等質空間において抽象化する。それが正しいとすれば，このような自由意志の定式化は持続する意識とその行動の抽象化である。

　ベルクソンはその抽象化過程を次のように説明する。まず彼は，「自由意志を意識するとは，選択する前に，別様にも選択できたとの意識をもつことを意味する」（*DI*, 114-115/193）という自由意志論を分析し，それが自らの考える自由を表現しえないと考える。ベルクソンによれば「私たちがまず足を止めようと思うのは，相反する二つの行動ないし意志作用が同程度に可能であるという問題である」（*DI*, 115/194）。

30　ベルクソンにおける自由な行為の観念への批判として，ジャン・ポール・サルトルはそれが奴隷状態に置かれても内的な自由を享受できるものであると批判した（Sartre 1943, 634/265）。しかしこの批判は，ベルクソンが表象の自我を社会的自我であると考え，自由な行為とは全人格がその社会的自我を穿って表に出るときになされるという点を考慮に入れていないと考えられる。つまり，ベルクソンにとって自由な行為は社会的な束縛を否定することさえも含まれる。

第5章　「同時性」の概念への批判と「持続」の観念の導入　　183

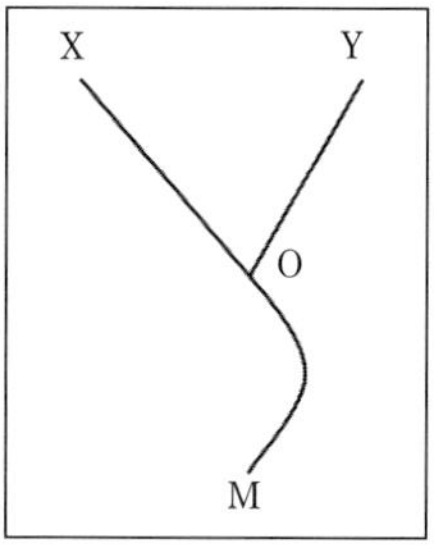

　次にベルクソンは，このような自由意志論の問
題点を指摘するために，ある人が「二つの可能な
行動XとYのあいだで躊躇」（*DI*, 115/195）する
場合について考える。アローの定式化によれば，
この場合の自由意志は，個人がxRiyかyRixかxIiy
かの選好をもち，実際のxかyかのどちらかを選
択するもしくは無差別であることである。

　ところが，ベルクソンによれば，XとYは「持
続の相次ぐ瞬間でわが人格のとる二つの相異なる

図2

（*DI*, 117/197）

傾向」（*DI*, 116/195）にすぎない。そのため「実際には，そこには二つの傾
向も，二つの方向さえなく，一つの生きた自我が存している」。しかし，常
識はこのような多様な意識という見方を好まず，より機械論的で空間的な
区別を好む。そのために，「常識は，意識的事象の系列MOを踏破後に点
O（XとYの接点）に達し，同じように開かれた二方向OXとOYを前にし
た自我を表象する」（*DI*, 116/196，括弧内引用者）と述べ，右のような図を
描く（図2）。

　この場合，「要するに，自我の連続的で生き生きとした活動——抽象化に
よって初めて私たちはそこに相反する二つの方向を見分けた——が，惰性
的で中立的なものとして，ただ私たちの選択を待つだけの事物へと変形さ
せられたこれらの方向そのものに取って代わられる」（*DI*, 116/196）。自我
は単に二つの選択肢x, yを前にして，どちらか一方を選択するのみの存在
であると考えられるようになる。このようにして，常識は過去から持続す
る自我の代わりに，「不活性でいわば固定化された二つの立場のあいだで
躊躇する自我」（*DI*, 117/197）を得る。しかし，このように「点Oに達し
た自我はXとYのあいだで中立的に選択すると表明すること，それは幾何
学的象徴化のために途中で止めることであり，連続的な活動の一部分だけ
を点Oで結晶化させることである」（*DI*, 117/198）。なぜなら，私たちはX
とYという異なる二つの方向を識別したが，そこで意識が停止したわけで
はなく，意識はそのままXかYに到達したからである。これに反して，自
由の擁護者たちは，「XとYという二点のあいだでの一種の機械的揺動を行
動に優先させている」（*DI*, 118/199）のである。

　ベルクソンによれば，自由の擁護者たちが自由選択を可能な二つの選択

184　第三部　個人の人格と個人選好

対象のあいだの選択と考え，選択対象を与えられていない自由に気付かない理由の一つは，かれらが「時間を（等質）空間によって，継起（succession）を同時性によって十全に表す可能性を認める」（*DI*, 119/200，括弧内引用者）からである。だがそれは誤謬である。なぜなら前述したように，並置されたある瞬間の選択肢は等質空間上で描かれるのであり，その選択によって具体的な自我による自由な行為を表すことはできないからである。

　つまり，同時性という時間的特徴をもつ自由意志の定式化は，持続する自我をある瞬間において抽象化し，固定化したものである。しかし，そのような定式化によってどれだけ細かく時間を区切ったとしても，ゼノンのパラドックスで明らかなように，同時性の加算が持続に至ることはない。そのため，そのような定式化は持続する自我の自由意志を完全に表すことはできない。

　この問題に対して，微積分を用いれば同時性の加算が持続に至ると論証できるという見方がある。前述したゼノンのパラドックスにおいては同時性の数は非連続であることを仮定したが，アローの定理においては，後述するようにそれが連続である場合も扱われる。また微積分を用いて連続的な選択肢から効用最大の選択肢を明らかにするケースもある。

　微積分に関して，ベルクソンは前述したように科学が扱えるのは持続する運動の同時性であり，「こうした持続の間隔の数を無際限に増す可能性を示すために，差異の概念を微分の概念で置き換えたところで，やはり無駄であろう」（*DI*, 79-80/135）とみなす。なぜなら，いかに同時性の間隔を小さくしたところで，それらは等質空間上で表現されるのであり，「持続および運動はといえば，ひとことで言うなら，それらは必然的に（微積分の）方程式の外部にとどまる」（*DI*, 80/135，括弧内引用者）からである。

　さらに，微分における無限小の概念を用いて持続が形成されると考えるためには，見分けがつかないような微小な差異を近似して等しいとみなすことで，整合性に反する論証をしなければならない。このような論証は，第六章で述べるが，数学的な規約としては可能であるが，実際の原子論の根拠にはならない。すなわち，実際の運動は等質空間上において無限に分割可能であるにもかかわらず，微積分法では規約的にその分割を止め，規約として無限小を形成する。だが，それは実際に無限小という点が存在するわけではない。

第5章 「同時性」の概念への批判と「持続」の観念の導入　　185

　要するに，自由の問題は結局「時間を（等質）空間によって十全に表されうるか」（*DI*, 145/241，括弧内引用者）という問題に帰結する。後述するが，アローがもし規約主義的な立場を維持しつつ，この問題に対して微積分を用いて「時間を等質空間で十全に表せる」ないしは「すべての意識は比較可能である」と肯定的に答えるならば，論理的整合性を捨てて微小分の差異に対しては等しいとみなすことで問題を回避しなければならないであろう。ベルクソンによれば，すべての意識が比較可能であると考えるのは，時間が等質空間で表現されうると考えることであり，彼の答えは否定的である。

結論

　本章はベルクソン『試論』の解釈をつうじて，以下のことを明らかにした。個人の意識あるいは人格および時間は合理的な分析手法で完全に分析できず，それらは個人選好に先立って実在する。個人の人格の発出としての自由な行為は，所与の選択対象のあいだの選択ではなく，与えられていない行為をなしうる創造的な行為である。このようにして，本章をつうじて第三章で提起された問題である，個人選好と個人の人格の関係について一つの答えを与えることができる。個人の人格は個人選好に先立って実在し，その全人格を個人選好の時点的な主体の集積として表現することはできない。

　ところで，ベルクソンはミルのリベラル功利主義にせよ自由意志を二項関係で捉える見方にせよ，それらを完全に否定するわけでは決してない。ベルクソンの言葉を借りれば，前者は意識の表層部分に対しては適用可能であるし，後者は等質空間上では表現可能である。つまり個人は日常的には合理的な行動をとるし，それに対して規約主義的に合理的な分析を行うこともできる。より平たく言えば，前者は市場取引における精神状態などを表現する方法としては有益であるし，後者は数学的な定式化としては有効な手段である。個人は後天的にそのような行動原理を，社会で生活を営む際の原理として，あるいは目的に対する効率的な行動原理として身につける。そのような合理的な行為は，アローが述べるように社会生活を営むうえで推奨されうるだろう[31]。ただし，ベルクソンはそれらによって個人

の全人格が表現可能であるか，もしくは全行動が表現可能であるという主張に対しては反論する。ベルクソンによれば，個人の人格は合理的に行動可能な表層部分と，それには包摂されない深層部分の統合である。つまりベルクソンは合理性に還元されない人格の余地を残す。

　結論を先取りすれば，六章および七章で明らかにされるように，合理性に還元されえない，人間の精神の内的な唯一性の余地を残すことで，個人の人格に道徳性および尊厳を付与することができる。また道徳的な観点からすれば，人格に内在する何らかの道徳に，ミルの説に内包する倫理的価値相対主義を超えた普遍的な性質を伴わせることができる。この目的を達成するために，次章ではまず，個人の精神は数学では完全に表現できないこと，それは数的な連続性と対比された「直観的連続性」という性質をもちうることを，数学的手法によって明らかにする。

31　ただし，その行為に対しては深層部分にある良心によって制約が与えられる。自由な行為がもつ道徳的性質に関しては，第七章で詳述する。

第六章　「持続」の観念の定式化

"Numbers are distinct beads without a string."
(Georgescu-Roegen 1971)

　前章で述べたように，個人の選好順序は時間的に持続する個人の行動を
その時々の行動として捨象することで成り立つ。またその選好順序の選択
肢である可能なすべての行動とその動機となる欲求は，持続する個人の全
行動とその主体となる全人格を表現できない。言い換えれば，個人の人格
は選好順序に先立って存在し，それに還元されえない性質をもつ。このよ
うな立場を数学的に支持するために，本章は，個人の人格が個人選好によ
って数理的定式化ができない「直観的連続性」（intuitive continum）をもつ
ことを明らかにする。そのために，本章もまた背理法を用いる。すなわち，
数によって時間と意識のすべてを表現可能であると仮定すると無限分割問
題が生じてパラドックスが生まれる。よって数によって時間と意識のすべ
てを表現することはできず，それらは数で表されえない直観的連続性をも
つとみなさなければならないと結論づける。
　構成としては，まず，アローの方法論に内在する次のような対立を明ら
かにする。*SCIV* において，合理的個人の仮定とは，科学的客観性の要請の
一つである合理的分析の観点から，「可能性が現実に先立つ」という仮定で
ある。しかし，その仮定は観察可能性という科学的客観性のもう一つの要
請をみたさない。後者の要請をみたすために，アローは前者の仮定を「可
能性が観察可能な現実に先立つ」という仮定と捉えなおす。だが，そうす
ることで前者の要請は部分的にみたされなくなる（第一節）。次に，ジョー
ジェスク＝レーゲンを援用しながら，「可能性が現実に先立つ」という仮定
を定式化し，それが偽であることを明らかにする（第二節）。最後に，ベル
クソンを参照しながら，「現実が可能性に先立つ」という本書の立場を明ら

188 第三部　個人の人格と個人選好

かにしつつ，それに基づいてアローの方法論を批判的に検討する（第三節）。

第一節　すべての可能な選択肢に対する選好順序

　本節は，SCIV は合理的分析の観点から「可能性が現実に先立つ」という仮定を用いると解釈できるが，アローは観察可能性の要請のためにその仮定を弱め，「可能性が観察可能な現実に先立つ」という仮定を用いることを明らかにする。そして前者の仮定の真偽を問うためには，可能なすべての集合に個人が生涯になすすべての行動が含まれるか否かが問われることを明らかにする。

第一項　個人行動の仮定
　第一項は，SCIV を参照しながら，アローの考える合理的な個人の仮定が「可能性が観察可能な現実に先立つ」，言い換えれば，個人が全生涯においてなす行為の観察可能なデータは与えられたすべての可能な選択肢のあいだの選択である，という仮定であることを明らかにする。そのためにアローの想定する合理的な選択についてより詳細に検討する。
　アローによれば，個人選好順序はあらかじめ与えられたすべての可能な選択肢集合に対する順序であり，それに基づいて個人は機会集合の中の最善の選択肢を選択する。選択肢集合は以下のように定式化される。

$$X = \{x, y, z, \cdots\} \tag{①}$$

　①は普遍集合と呼ばれる。SCIV において，どのような状況においても個人の行動は合理的であると仮定される。言い換えれば個人の行動は普遍集合に対する，すなわち行動としてあるいはその帰結として表現可能な「すべての可能な選択肢」に対する選択であると仮定される。このことは以下のようにして明らかになる。合理的な個人の仮定は市場における特殊な仮定ではなく，一般的なケースでの仮定である。そのため選択対象は市場で流通する財に限定されない。さらにアローは投票の対象として選択対象を社会状態と規定するが，その抽象性から選択肢の内容を問わない。また，彼は前述したように，リベラル・パラドックスへの批判をはじめとした様

第6章　「持続」の観念の定式化　　**189**

々な箇所で社会選択における個人行動と私的な個人行動のあいだの選択肢の差異を否定し，双方のあいだに明確な線引きはできないと主張する（Arrow 1967b, 222）。また個人行動も同様に定式化可能であるとみなす（Arrow 1983, 59-60）。そのためその選択対象は集団的意思決定の選択肢に限らず，私的な行為であれ個人が選択をすることで帰結的に生じるあらゆる状態であると考えられる。

　次に，前述のようにアローは個人行為を帰結主義的に評価するため，選択肢は「社会状態」とも「行為」とも解釈可能である。その理由は次の通りである。帰結主義によれば，行為はそれによってもたらされる帰結によって評価され，区別される。選択対象である社会状態を個人選好に従って選ぶ行為は，その状態を帰結として実現するための行為である。したがって選択肢集合のそれぞれを選択する行為は，それぞれがその帰結によって特徴づけられた行為であると考えられる。

　したがって，すべての可能な個人の行動はそれが帰結的に生み出すすべての可能な選択肢によって特徴づけられる（②）[1]。同時に，それは仮定によって二項関係による選好に基づく選択である。この二項関係には前述した合理性の諸条件が課せられる。

　さらに普遍集合 X は個人の異時点間の選択において同一である。なぜなら異時点間でもし普遍集合が異なれば，個人選好が同じケースで推移性の要請を考察することができないからである。また無関連対象からの独立性の条件をあてはめるケースにおいて，異なる選択のあいだの整合性を問うことができない。そのため機会集合はその時々で異なりうるが，どの時点での個人の選択も普遍集合に対する個人選好の一つとして表現できる。さらに①と②より，そのような選択は一般的なケースで個人に当てはまり，個人の選択は選択対象によって特徴づけられる。そうであるとすれば，アローの仮定は，個人が生涯になす選択のすべてが普遍集合に含まれる選択として表現できるという仮定であると考えられる。このことは，個人が合理性の諸条件をみたして行動するという仮定の前提である。

1　投票行動においては，ある個人が状態 x を状態 y よりも選好しても，多数決原理などにより社会が状態 y を選択すれば，帰結的にはその個人の行為は状態 x を生み出さない。しかし，ここではそのような社会選択のケースは考察せず，個人選好とその帰結の関係のみを問う。

190　第三部　個人の人格と個人選好

個人が生涯になす選択の集合を A とすると，A は X の部分集合である。

$$A \subset X \tag{③}$$

このような考え方は，もし A が(1)個人が生涯になす観察可能な選択の集合であるならば，「可能性が観察可能な現実に先立つ」という考え方である。もし A が(2)個人が生涯になすすべての選択の集合を表すならば，「可能性が現実に先立つ」という考え方である。「可能性」は，アローが「すべての可能な」(all possible)と表現するように，現実化可能な性質を表す。これに対して「現実」は実際にあることを表す。つまり，その考え方は現実化可能な性質が現実に先立って存在するという理論的仮定である。そのような仮定によって個人行動は予測可能になる。この考え方を個人の自由意志の問題に当てはめると，選択可能な行為があらかじめ与えられており，個人の自由な選択はその所与の選択肢のうちの一つを選択することであると仮定することを意味する。

第二項　真偽の検証

③の真偽を検証する。そのためにまず，普遍集合 X がどのような集合を表すのかを検討する。またその際，アローの方法論において二つの科学的要請である観察可能性と論理的整合性が対立する可能性があることを指摘する。

第一章において，アローの方法論的立場は $SCIV$ では，観察可能かつ合理的分析可能な科学理論によって，倫理的問題が解決されうるという立場であることを明らかにした。しかしもし「すべての可能な選択肢」である普遍集合 X が論理的に可能なあらゆる選択肢の集合を意味するとすれば，現実的な問題として，それを具体的に示すことは困難であるし，それに対する個人の選好順序がたとえあるとしても，その選好順序を観察者は知ることができないであろう (List 2011)[2]。つまり普遍集合 X に対する個人選好順序は観察不可能であり，その点でアローの理論は科学的客観性をみたさないと考えられる。この問題をどう扱うかは，以下で述べるようにアローにとって重要な問題の一つであった。

2　選択肢を命題と仮定し，X には論理的に可能なすべての命題が含まれるとみなすことを意味する。

第6章　「持続」の観念の定式化　　191

　この問題に対して，1951年版の*SCIV*では，観察可能な事実から理論を構築するというアローの立場とその定式化のあいだの関係が不明確であると考えられる。言い換えれば，観察可能性と個人選好に関する合理的説明という二つのアローの立場のあいだの関係が不明である。その関係をあいまいながらも表している箇所は，アローが観察可能な二項関係的な表明される選好によって，普遍集合 X に対する個人選好順序を理論化できると述べる箇所である。そのため「表明される選好」には完備性条件が課せられる。この完備性条件への注5が積分可能性問題である。

　積分可能性問題とは，「観察可能な需要関数から観察不可能な効用関数を導き出す」（須田 2007，31）という問題である。数学的には財 x_1, x_2 が与えられているとき，需要関数の「各点 (x_1, x_2) における限界代替率の情報から無差別曲線を復元する」（須田 2007，33-34）という問題である[3]。これはつまり，市場における観察可能な個人行動から二財に対する二項関係を導き出すと言い換えることができる。その際，アローによれば無限小の近さにある選択肢のあいだが「比較可能か否かは積分可能性問題の核心である」（*SCIV*, 13/18n5）。だが積分可能性問題において，無限小の近さにある選択肢間の比較不可能性（完備性が成り立たないこと）を認めるとしても，その問題は解決される。つまりアローは表明された選好が完備性をみたすことを公理とみなす際に，それが無限小の近さにある選択肢のあいだに対して当てはまらない可能性を認めつつも，そのことが積分可能性問題に支障をきたさないと述べることで，二項関係の理論化は可能であるとみなし，自らの方法論を擁護する。アローによれば，二財に対する二項関係さえ明らかであれば，推移性より個人選好順序が形成可能である。しかしこれに対しては，観察可能な財の集合に対する二項関係を理論化するとしても，実現不可能で観察不可能な財に対する二項関係を観察することは不可能であるため，「可能なすべての選択肢」に対する選好順序は形成されないという疑問が残る。

　アローは*SCIV*第二版では，同じ積分可能性問題の注5を参照しつつ，顕

3　なお，須田伸一によれば積分可能性条件を解釈すると，それは個人の消費の時間的順序によって個人効用が変化しないとみなし効用は平均値とみなすことである（須田 2007）。これはすなわち消費行動の時間的特徴を捨象することである。

示選好理論の発展について触れる。二つの版のあいだには，1959年に出された
れたアローの顕示選好理論についての論文があり，第二版である1963年版
はそれらの研究成果を踏まえている。1951年の「表明される選好」（expressed preference）は，後年には「顕示選好」（revealed preference）と表
され，観察可能性と理論化可能性の問題がより前面に出る。

　アローは *SCIV* 第二版で，選択肢集合はそれを情報として知ることができ
きなければならない，すなわち観察可能でなければならないと考える。そ
のうえで，実現可能な選択肢集合である機会集合は観察可能であるし，そ
の集合に対する選好がそれ以外の（観察可能か否かが不明である）選択肢
の選好に依存しない無関連対象からの独立性の条件の長所を指摘する。

> 　社会が選ぶために利用できる選択対象の集合が与えられたとき，理
> 想的には，それらの利用できる選択対象のあいだでのすべての選好が
> 観察可能であると期待できるであろうが，社会にとって実現不可能な
> 選択対象のあいだの選好を観察する方法はまったくないであろう
> （*SCIV*, 110/158）。

つまり，アローは実現不可能な選択対象のあいだの選好が観察できないこ
とを認める。しかし彼によれば，無関連対象からの独立性の条件より，観
察可能な機会集合に対する選好さえ明らかであれば，たとえ普遍集合に対
する選好が不明であるとしても，そのことは社会選好の導出には影響を与
えない。

　しかし，実現可能な選択対象のあいだでさえ観察不可能なケースはあり
うる。実現可能な財の集合である機会集合においてさえ，もしその選択肢
の差異が微小であるがゆえに，理論化可能であるとしても観察不可能であ
るならば，それは観察可能性と合理化の双方を重視するというアローの科
学的客観性の二つの要請のあいだの対立を表す。この問題に対して，アロ
ーはたとえ機会集合内にそのような問題が生じるとしても，微小な差異に
よって倫理的な差異が生じることはないと言うことで観察可能なデータに
頼ればよいとみなし，問題を回避する。

> 　二つの状態〔…〕を比較する経験的方法がなければ，それらを区別

する倫理的方法はありえない。価値判断は経験的に区別できる現象を同等にしうるが，経験的に区別できない状態を差異化することはできない（*SCIV*, 112/177）。

アローによれば，経験的に比較不可能な二つの選択肢を価値判断において区別する必要はない。そのためその際は観察可能なデータに対する個人の選好のみを考慮に入れればよい。このことは，以下のアローの議論でも明らかである。

　　序数的効用を主張する近代の見解の本質的趣旨は，識別できないものを同一視するライプニッツ原理の応用である。観察可能な相違のみが説明の基礎として使用できる。〔…〕／同じ原理を社会厚生の分析に持ち込んだことがバーグソンの1938年の論文の著しい長所である。社会厚生関数は無差別曲線図のみに依拠すべきであった。換言すれば，厚生判断は個人間で観察できる行動（observable behavior）のみに基づくべきであった（*SCIV*, 109-110/157，強調点引用者）。

つまり，バーグソンの経済厚生関数における無差別曲線の導入によって，観察可能な選好順序のみが問題とされ，個人効用に対する観察不可能な基数評価は問題にされなくなった。このことの背景には，前述した観察可能な消費行動から無差別曲線を形成しうるという顕示選好理論の考え方があると考えられる（Samuelson 1948; Arrow 1959）。

　このようにして，アローは普遍集合が観察不可能であることを認めつつも，観察可能なデータを用いることで社会選好順序を導出することは可能であり，それが可能でありさえすれば価値判断は可能であると述べる。そうすることで，科学的客観性をみたす自らの手法によって倫理的言説が解明可能であるという自らの立場を，観察可能性と合理化が対立した場合は前者を重視することで擁護する。

　アロー自身はこのように述べるものの，そもそも普遍集合 X は論理的に記述可能なすべての選択対象というよりも，経験的に比較可能な範囲における可能なすべての選択対象を含んだ有限集合であるとも考えられる。そうであるとすれば，それはアローの方法論的立場により整合的な解釈であ

り，観察可能性と合理的説明のあいだの離齬をきたさない。さらに言えば，一般的には，アローの定理の定式化において普遍集合は有限集合であるとみなされる場合が多い。アローは*SCIV*で「社会状態の成分中のあるものは離散的な変数と仮定する」（*SCIV*, 17/23）とのみ述べる。

しかし，たとえばアローは*SCIV*において，nを実数とした場合，$1\text{-}1/n$のドルを得られる選択集合について考察する[4]。ライカーもまた*SCIV*を読む限り，普遍集合を連続的な無限集合であると解釈することも可能であると考える。彼によれば，

　　ケネス・アローの定理は不連続数学によって説明されるけれども，彼のモデルにおける選択対象である「社会状態」としての選択肢についての彼の言語による解釈は，連続的な選択肢を含意する。彼は「社会状態」を次のように定義した。

　　　　「各個人の手中にある各商品の量，各個人によって供給される労働の量，それぞれのタイプの生産的活動に投資される各生産資源の量，および〔…〕さまざまなタイプの集合的活動の量についての完全な記述」〔*SCIV*, 17/24〕。

　　社会状態のすべての構成要素がある量であり，そして連続的である——いくつかの商品は別として——ことに注目していただきたい。
　　いくつかの選択肢は問題なく連続的である。議会動議の共通議題の一つは歳出予算あるいは税率であり，そして金銭はすべての実際的目的のために，xドル，$(x+\varepsilon)$ドルなどを含む代替的動議における連続

4　機会集合が連続的な集合であるケースにおいて，最善の選択肢があるのかという問題が生じる。「Sの中のどの選択対象に対しても，それより選好される別の選択対象がある場合がある。たとえば，ある個人が貨幣の量は少ないよりも多い方がよいと思っており，Sの中の選択対象があらゆる整数値のドル額を含んでいる場合を考えればよい。あるいはSが何らかの意味で有界であることを要求したいならば，$1/2, 2/3, 3/4, \ldots, 1-\dfrac{1}{n}, \ldots$ ドルのような選択対象の系列を考えればよい。この場合，いかなる合理的な選択もたしかにありえない」（*SCIV*, 12/17）。

的変数である。それほど明白でない方法において，すべての文章が連続体の中にはめこまれる。構造言語学の重要な仮定の一つは言語は無限の命題を表明しうるという考えである。もしそうであるならば，そのときペアの文章のあいだで人々は第三の意味的に中間物を挿入しうる[5]（Riker 1982, 181-182/216-218，亀甲括弧内引用者）[6]。

　上記引用内のアローによる社会状態の記述は，バーグソンの経済厚生のための経済変数に影響を受けている（*SCIV*, 22/31）。バーグソンは，それらの変数が無限に分割可能（infinitesimally divisible）であることを仮定する（Bergson 1938, 311）。さらにライカーが述べるように，連続的な変数を伴わない場合においてさえ，より一般的にもアローによる社会状態を記述する命題は無限に成立可能である。したがって普遍集合は命題の連続的な無限集合でもありうる。

　以上のことを考えると，「すべての可能な選択肢」の集合 X は連続的であれ非連続的であれ無限集合とも解釈可能である。しかし，前述したようにアローの方法論的な要請である観察可能性と合理的説明が対立する場合，彼は導出される厚生判断が観察可能なデータのみに基づくことを肯定する。そうすることで，彼は二つの科学的要請の対立を乗り越えようと試みる。その際に彼がそれが可能である根拠とみなすのは，「識別できないものを等しいとみなす」という原理である。

　これらを踏まえたうえで③の真偽を考察する。これまで述べてきたように，X は理論上は無限集合であるが，実際にそれをデータとして用いる場合は観察可能な有限集合であることが容認される。また通常 X は有限集合とも無限集合とも定式化される。次に A が(1)「観察可能な個人行動のすべて」を意味するのか，あるいは(2)「実際の個人行動のすべて」を意味する

5　とりわけ，Davis and Hinch 1966, 175-208; Davis, Hinch, and Ordeshook 1970, 426-449; Riker and Ordeshook 1973, 307-375. Cf. Riker 1982, 337-338n6.

6　ただし，ライカーが選択肢の連続性を取り上げるのは，アジェンダコントロールによってコンドルセ勝者がいなくなる可能性を論じる文脈である。ライカーによれば，もし選択肢が連続的であるならば，無限に新しい選択肢をそれまでの選択肢のあいだに挿入することができる。もしそうすることができれば，どのような状況下でもコンドルセ勝者を不在にすることが可能である。

のかが問題になる。これに関しては、これまでの説明から明らかなように、アローはAが(1)「観察可能な個人行動のすべて」を意味すると考えていると解釈できる。しかし、アローは(2)「実際の個人のすべての行動」が、たとえ観察不可能であれすべて理論化可能であるかについては明らかにしていない。次節以降ではその点も含めて考察するため、以下のような場合分けを行う。

Xが観察可能な有限集合であるとする。その場合、観察可能な選択肢対象である$A(1)$を部分集合としてもっとも考えられる[7]。したがってこのケースで③は真である。しかしそうであるとすれば、普遍集合Xに対する選好順序が個人の全行動$A(2)$を表現できるわけではなく、$A(2)$のケースで③は偽である。

Xが論理的に可能なすべての選択肢を含む無限集合であると仮定する[8]。そのようなケースではたとえ観察可能なデータである$A(1)$によってXは形成されないとしても、$A(1)$はXに内包されうるだろう。したがってこのケースでも③は真である。それでは、$A(2)$はXに内包されうるのだろうか。$A(2)$のケースにおいて③が偽であると答えることができれば、本書のこれまでの主張を裏付けることができるだろう。

第二節　ジョージェスク=レーゲンによる「持続」の観念の定式化：数的連続性と直観的連続性の相違点

7　ただし、アローは識別能力の有限性を個人選好の形成に含める議論に対しては懐疑的である。アローによれば、そのような議論では、「いかなる個人も選択対象を無制限に細かく比較することはできない。〔…〕各個人は単に有限個の識別水準をもっているにすぎないと想定してよい〔…〕識別能力の有限性という仮定により、彼はSを有限個の部分集合に分割するだけであり、それぞれの部分集合の内部では彼は完全に無差別であろう」(*SCIV*, 115-116/165-166)と表される。しかしこの仮定を取り入れると、たとえば二財の分配において微小の差で感性の高い個人がそのすべてを得る結果になる。「感受性の僅かな差異から完全な不平等が生じるべきであることが、倫理的に理に適うとはまるで思えない」(*SCIV*, 118/168)。

8　アローの枠組みにおいて選択肢集合が連続的である場合も、不可能性定理が導出されることを証明した研究として、Arrow, Sen, and Suzumura 2002, Chap. 17.

第6章 「持続」の観念の定式化　197

　本節の目的は，普遍集合が無限集合Xであるとき，$A(2)$のケースにおいて命題③は偽であると明らかにすることである。

　無限集合である普遍集合Xは，さらに（一）Xが可算無限集合（たとえば自然数の集合）のケースと，（二）Xが非可算無限集合すなわち連続的な無限集合（たとえば実数の集合）のケースに分類される。ライカーの解釈を考慮に入れれば，いずれのケースもアローの枠組みとして解釈可能である。いずれのケースでも，$A(2)$のケースで命題③が真であるためには，言い換えればもし普遍集合Xが個人行動の選択肢のすべてを表現可能であるならば，その集合Xは持続する時間をすべて表現しうるのでなければならない。しかしながら，結論を先取りすると，ジョージェスク＝レーゲンによれば，数的な集合は決して直観的連続性に至らない。その直観的連続性はベルクソンの「持続」の観念がもつ特徴である[9]。そのためいずれのケースでも，$A(2)$に対して③は偽である。

　ジョージェスク＝レーゲンによれば，数的連続性と直観的連続性は質的に異なり，数的連続性は自然数の無限であれ実数の無限であれ，直観的連続性に至らない。その根拠を彼は集合論のパラドックスから導き出す。

第一項　可算無限集合のケース

　ジョージェスク＝レーゲンは，まず自然数の無限は直観的連続性に至ると仮定すると矛盾が生じることを示す。以下では，理解できる範囲でジョージェスク＝レーゲンの議論を敷衍しながら，その証明をみていくことにする。

　アローの選択肢集合を可算無限集合とみなす。

$X = (x, y, z, \cdots), 3 < |X| \leqq \infty$.

アローの社会状態の定義によれば，選択肢はそれぞれ任意の要素を伴う集

9　ケネス・ボールディングは「経済学でこれまで（1948年まで）使用されてきた数学的構造は，全体として後者の種類（「無限小の infinitestimal」分析）のものである。つまり，それはデカルト，ニュートン，ライプニッツの数学に少し手を加えたものだ」と指摘する。ボールディングは続けて，それゆえ経済分析は微小な変化のような「ある点での」（at a point）変化を扱うことに適しているが，「大規模な」（in the large）変化を伴う分析には適していないと論じる。Boulding 1948, 192, 括弧内引用者.

合として定義される。もしこの定義によってすべての社会状態を明示化できるとすれば，すべての集合の集合が存在することになる。しかし，以下の証明のとおり，すべての集合の集合は存在しない。

(1) カントールのパラドックス

> すべての集合の集合を M とし，そのベキ集合を $P(M)$ とすると，〔…〕それらの基数には $M < P(M)$ という関係があるが，M の定義から $P(M) \in M$ であるので $P(M) \leqq M$ でもあり，これは矛盾する（廣瀬・横田 1985，35−36）。

ベキ集合とは部分集合のすべてからなる集合のことである。このパラドックスの解法は，「これらのパラドックスを避けるために，〔…〕全順序数の集合とか全集合の集合とかいうものを『矛盾を含む多数』あるいは『絶対無限の多数』と呼び，その他のものを『無矛盾な多数』あるいは『集合』と呼ぼうというものであった」（廣瀬・横田 1985，36）。「絶対無限の多数」はジョージェスク＝レーゲンのいう「直観的連続性」のことを示し，「集合」は「可算無限集合」を示すと考えられる。ジョージェスク＝レーゲンによればこのパラドックスは，可算無限集合は常に外部が存在するが，その外部を完全に包摂する集合を表すことはできないことを示していると解釈する。彼はゲオルグ・カントールの言葉を引用し，カントールが「数のクラスを継続して形成していく際に，私たちは常にさらに先へと進むことができるのであって，超えることのできない限界には決して到達しない——したがって私たちは〈絶対者〉の近似的［把握］にさえ決して到達しない。〔…〕〈絶対者〉は単に［思い描くことが］可能であるのみであり，決して，近似的にさえ，［認識される］ことはない」（Cantor 1941, 62n）と述べることを引き合いに出す[10]。すなわちそれは，可算無限集合が直観的連続性に至らないことの論証の一つである。

(2) ゼノンのパラドックス[11]

10　Cf. Georgescu-Roegen 1971, 377/485. 以下，引用の際には *EE* と略す。

第6章 「持続」の観念の定式化　　199

　ジョージェスク＝レーゲンは次のように述べる。「ゼノンのパラドックスの通俗的な論駁は，（可算）無限数列の和

$$1 + \frac{1}{2} + \frac{1}{4} + \cdots\cdots + \frac{1}{2^n} + \cdots$$

が２であるという考えに基づく」（*EE*, 383/492，括弧内引用者）。しかし，このようなライプニッツやニュートンが行うような解法は「極限の概念の本質的な特徴をぼやけさせてしまう，いくつかのルーズな表現から生じてくる」（*EE*, 383/492）。ジョージ・バークリーの有名な反論によれば，微積分の無限小の取り扱いは不明瞭である。バークリーによれば，微積分における無限小の見方を示したニュートンの無限小概念である「流率とは一体何ものか。〔…〕それは有限の量ではないし，無限に小さな量でもない。しかし，無でもないとされる」[12]。ジョージェスク＝レーゲンによれば，バークリーの警句は「極限の概念を侮るためではなく，この概念が有限を超える飛躍を含むこと」（*EE*, 384/493）を示すためにある。ニュートンらの解決方法は，無限小は極限において０になるというものであるが，この見方は無限分割問題を解決していない。つまり，０になる直前の無限小がどうして分割されないのかという問題に答えられていない。バークリーが述べるように，ライプニッツおよびニュートンは，無限分割問題を回避するために無限小の概念を使用しないが，結局はそのために矛盾を残した説明をする。なぜなら，実際には a_n「（第 n 頁の数）は（正数であり，）決してゼロになることはない」（*EE*, 384/493，括弧内引用者）からである。したがって，「もっとも大きな混乱の源は，『極限において』とか，ラッセルが用いていた『無限回の演算の後に a_n はゼロになる』というような，広く使われている表現なのである」（*EE*, 384/493）。ジョージェスク＝レーゲンによれば，ゼノンのパラドックスは可算無限の数的連続性が決して直観的な連続性に至らないことを証明する。

　ただし，ジョージェスク＝レーゲンは証明過程で極限計算を用いることを否定するのではなく，数学は極限計算を使う際にある種の「飛躍」を規

11　哲学史上において，数多くの論者たちがこの問題に取り組んできた。ゼノンのパラドックスへの解答を哲学史的にまとめた論文として，Cajori 1915.

12　Cf. Moore 1993, 57/83, 括弧内引用者.

200　第三部　個人の人格と個人選好

約的に用いていることを指摘する。彼はそこから数学が実在からの抽象であり，双方を分けて考えなければならないことを示す。極限計算を事象に当てはめた場合，たとえば確率論における混乱が生じる。確率論では極限において確率が0である場合，その事象は決して起こらないとみなす。しかし彼によれば，確率が極限において0であることと全く起こらないこととは異なる（*EE*, 368-369/476-477）。前者は数学が「規約的に」そう規定したにすぎず，後者は実際に起こらないことを意味する。

　第五章第二節第二項で述べたように，*A*(2)で表現される時間的に持続する個人のすべての行動もまた，規約的にのみ無限に分割可能である。無限分割問題において，実在的に線分は無限に分割されると考えること，すなわち実無限の立場と，線分の無限分割を可能性として認めること，すなわち可能無限の立場の論争は無限論の主要な論争の一つである。科学的実在論を認めるかどうかという観点からすると，実無限の立場はそれを肯定し，可能無限は否定すると考えられる。規約主義者であるアローもベルクソンも後者の立場であるといえる[13]。

　ジョージェスク＝レーゲンによれば，ゼノンのパラドックスは「〈空間〉と〈時間〉が連続的全体ではなく，まさに多数の不可分な点の集合なのだという考え方をめぐる困難を，明るみに出している」（*EE*, 64/84）。そして，数では表すことができない実際の時空間を「継ぎ目のない全体」であるとし，それを数によって表される数的連続性と区別する。

第二項　非可算無限集合のケース

　実数に関しても，ジョージェスク＝レーゲンによれば，数とは実数であれ自然数であれ本質的に一つ一つが離散的であるために，純粋持続を表現することはできない（*EE*, 65, 76-77/8, 496-498）。

　実数の連続性についてのジョージェスク＝レーゲンの説明を敷衍させると，実数の定義は，実数は有理数列の極限値として表現されるというものである。このような定義によると，たとえば0.4999…と0.5000…のような極限における差異は無視され，二つの数字は同じ数字を表すとみなされる。

　より詳述すると，カントールの定理より，実数全体は非可算である。な

13　アリストテレスも可能無限の立場である。

ぜなら，対角線論法より，自然数全体の集合すなわち可算無限集合から，実数全体と同じ濃度の開区間（0，1）への全単射ができないことが証明されるからである（田中・鈴木 2003，56-57）。

　次に，実数の連続性を明らかにする。まず，実数を有理数の収束列で定義した上で，そのように定義された実数がそれがもつべき性質をみたすことを証明する。その性質の一つとして実数の連続性が挙げられるが，この連続性は，ある実数列がある実数に収束し，二つの実数列の差異が極限でゼロに収束することで証明される（田中・鈴木 2003，85-90）。このように実数の連続性とは，二つの実数のあいだの差異がゼロに収束することであり，決してその差異がなくなることではない。

　以上によって，ジョージェスク＝レーゲンによれば可算無限集合の連続性も，非可算無限集合の連続性も，ともに直観的連続性には至らない。そして，彼はこの直観的連続性こそが実在する「時間」のもつ性質であると考える。

　このことを踏まえたうえで，命題③の真偽を明らかにする。前述したように，個人が全生涯でなすすべての行動は規約的にのみ分割可能である。そのため $A(2)$ のケースである「個人が生涯になすすべての行動の選択肢集合 A が普遍集合 X に含まれる」ということはできない。そのためその限りにおいて，命題③は偽である。

　第一節と第二節を要約すると，以下のことが明らかにされた。命題③の真偽について，普遍集合 X が観察可能な有限集合であれ無限集合であれ，もし A を(2)実際の個人のすべての行動の選択肢集合とみなすのであれば，③は偽である。なぜならいかなる数的な集合も A の特徴である直観的連続性を含むことはできないからである。したがって，「可能性が現実に先立つ」という命題は偽になりうることが判明した。

　さらに，前節で明らかにされたことは，アローが観察可能性と理論化可能性という二つの科学的要請をみたすために，無限小に近い選択肢の比較可能性や無限分割可能性という問題を，見分けのつかないような差異は近似的に等しいとみなすという数学的規定を用いて解消していることである。すなわち，上述した無限小解析の問題はアローの方法論を観察可能性に優先性を与えつつも，整合的に確立するための道具である。このような数学的規定は論理学の公理である同一律に反するという点で，アローが考える

202 第三部　個人の人格と個人選好

ような論理的整合性をみたすかは疑問が残るものの，本書はこのような数
学的規定の妥当性を否定するわけではない。そうではなく，その規定が成
立するためには数学が抽象であり，実在すべてを表現できないことが前提
になることを明らかにした。したがってこのような前提は，アローの方法
論を成立させるために必要である[14]。また第一節と第二節は観察可能性と
論理的整合性という二つの科学的要請のあいだにある対立の一端を示し，
本書の方法論を示す準備をした。

第三節　ベルクソンおよびジョージェスク＝レーゲンの科学観

　本節は，上記の結論を受けてアローの方法論的立場を批判的に考察する
ことを目的とする。
　前節では，直観的連続性は数的連続性では包摂されないことが明らかに
された。ジョージェスク＝レーゲンは「〈時間〉は直観的連続性の起源その
ものである」（*EE*, 69/88-89）とし，「アンリ・ベルクソンは〈時間〉特有
の（直観的連続性という）性質の中に多くの哲学上の問題，とりわけ意識
の問題と進化の問題に対する答えを見ていた」（*EE*, 69/89，括弧内引用者）
と述べる。ジョージェスク＝レーゲンの解釈するベルクソンによれば，時
間は点の集積からなるのではなく，自然の究極的な事実は動的な変化であ
り，「自然の究極の事実——ベルクソンの生成もしくはホワイトヘッドの
事象——は，時間的延長をもつ持続（duration）を含んでいる」（*EE*, 70/89）。
このようなジョージェスク＝レーゲンによるベルクソンの解釈とそれを解
明するための定式化を理解するために，ベルクソンの議論をもう一度振り
返っておこう。
　ベルクソンは可能性と現実の相違を認め，後者が前者に包摂されないと
みなす。第五章第二節第三項で述べたように，ベルクソンにおいて自由な
行為とは個人の全人格から生じる行為である。本書の議論に即して言えば，
このことは，実在する個人の全人格の反映である自由な行為は，所与の可
能性としてある選好順序によっては表現されないことを意味する。

14　ただしアローの方法論には前述した二つの要請のあいだの対立という問題が
　　残される。

ベルクソンによれば，個人のすべての行動は同時的な選択の集合では包摂されない。同時性とは動いているものをある瞬間にカメラで撮影するようなものである[15]。たとえば飛ぶ矢は飛ばないというパラドックスは，連続的に運動する矢の写真を撮り，その無限個の写真を並べたら元の運動の軌道が描き出せると考えるようなものである。なぜ人は，連続したものからその瞬間を抽出し，かつその瞬間の集まりが元の連続になりうるなどと考えるのだろうか。つまり，持続する時間から抽象された瞬間の集積によって時間が再構成されうるという見方は悟性の誤謬である。このようにベルクソンが述べ，ゼノンのパラドックスがそれを根拠づけるように，もし運動がそのような瞬間の静止の集積から形成されるとしたら，飛ぶ矢は飛ばない。このことは，すべての時間や運動が数的に表現され，それゆえに数によって再構成されると考えることへの反論であり，理論が人間のすべての行動を表現できると考えることへの反論でもある[16]。

　もっとも，ベルクソン自身はこのような考え方を数学的に基礎づけていない。前述したように，ジョージェスク＝レーゲンが証明しようと試みた「数的連続性は直観的連続性に至らない」という命題は，ベルクソンの考えに対して，アローの言葉を借りれば「論理的根拠」を与える。この観点から，ジョージェスク＝レーゲンは科学論を展開する。彼によれば，社会科学は個人の行動を予測可能にするためにそれを定式化するが，個人の行動は必ずしもそのすべてが予測可能であるわけではない。それは近似として

15　「運動の持続はそれらの位置の各々に応ずる『瞬間』に分解される。しかし時間の瞬間と運動体の位置とは私たちの悟性が運動および持続の連続に対して撮った瞬間写真にすぎない」。「事象的なのは『状態』ではなく，繰りかえして言うが，変化に沿って私たちが撮ったただの瞬間写真ではない。それとは反対に，流れであり推移の連続であり変化そのものである」（*PM*, 1258/19）。

16　このことは，個人行動を分析対象とする社会科学において特に重要であると考えられる。一方で自然科学は，事物が自由意志ではなく科学法則ないし因果関係に従って動くと予測できる。他方で社会科学では，諸個人が所与の行為をとりうると想定することは，たとえ所与の対象間でのその個人の自由意志による選択の自由を認めるとしても，哲学的問題が残される。そこにはまったく新しい行為が欠けている。そして社会科学がある法則に基づく個人の動きを予測可能にし，予測可能な行為にのみ規範的な意義を与えるとすれば，創造的行為にはそれが与えられなくなる。

のみ予測可能であり，また観察されたものを後付けとして，規約的に表現可能なだけである。

　これらの考察をもとに，アローの方法論的立場を分析しよう。アローとジョージェスク＝レーゲンのあいだには共通点も存在する。アローは合理的な選択を所与の選好順序に基づく選択とみなすが，それは科学的説明のためであり，決してそれに先立つ現実を認めないわけではない。その点でアローは規約主義者であり，ジョージェスク＝レーゲンの立場と一致する。言い換えれば，アローの理論的仮定は「可能性が観察可能な現実に先立つ」ことを仮定するが，アローはそのような仮定が規約的であることを認める。さらに彼は複雑な現実や人間の精神を単純化する数学の限界を認める（Arrow 1951c, 129-131）[17]。それゆえに彼は「可能性が現実に先立つ」と考えないと推測できる。もしそうであるとすれば，本節で述べられたような選好の主体が個人選好の形成に先立って存在することが，アローにおいても前提となる。

　さらにアローの理論の中でも無限分割問題が生じることを，彼は機会集合の中に最善の選択肢がないケースという文脈で認める。しかしアローはその問題は「何の役割も演じない」（*SCIV*, 12/17）と述べる。その理由は，機会集合が有限であれ無限であれ，最善の選択肢が導出可能であることが数学的に証明されているからであると考えられる。しかし，アローは無限小解析がもつ，以下に述べる第一の意味を考慮に入れるもののその問題を回避し，第二の意味を考慮に入れていない。

　第一に，それはアローが科学的客観性の要請とみなす観察可能性と論理的整合性のあいだの対立を明るみに出す。科学的客観性の第一の要請である観察可能性に基づいて，社会科学者は現実におけるある任意の瞬間を観察して，データを取り出し，そのデータに基づいて理論構築をする。そうであるならば，現実が存在することが前提ではあるとしても，取り出されたデータさえ得られれば理論構築は可能である。そのため現実そのものはしばしば問題とされなくなる。

　データに基づいた理論は，論理的整合性をもつという二つ目の科学的要

17　ただしアローはそれに続けて数学的表現がもつ明瞭性などの利点はそのようなリアリズムの損失を補いうると考える（Arrow 1951c, 131）。

請をみたさなければならない。しかし，この二つ目の科学的要請をみたすためには，観察可能なデータを用いた理論構築の際には無限小の差異を等しいとみなすという数学的規定を用いなければならない。この規定を用いることは，そのような規定を用いない整合的な理論によって現実を完全に表現することはできないことを意味する。すなわち，科学的な要請によって逆説的に，データとして取り出せない現実，合理化することのできない事象そのものが認められなければならない。このように科学的客観性の二つの要請を同時に追求し，その理論の検証可能性を認めるとすれば，一つ目の要請に関する近似という性質と現実の存在を認めることになる。そしてそれは，二つの要請を同時にみたすためには二つ目の要請に関しても整合性に反する数学的規定を用いなければならないことを意味する。

　無限小解析の第二の意味は，合理的な個人の仮定がもつ数学的な限界を明らかにすることによって，個人の精神がもつ「直観的連続性」が明らかにされる――少なくとも否定されなくなることである。そしてこのことは，アローの方法論的立場を考慮に入れると重要な意味をもつ。

　アローは方法論的立場として「科学理論によって倫理的言説が解明可能である」という立場をとる。そうすることで，第一章で述べたように，彼は超越論的事柄を含めた観察不可能なものの規範的意義を SCIV では考察しない。

　たしかにアローは，個人の人格を含めた，観察不可能で合理化不可能なものを含む存在をも認めながら議論を進める。だがその際，アローは自らの方法論に基づいて，観察可能な個人選好にこそ規範的意義があり，自我は個人選好の主体として，その選好の真偽を知る主体としてのみ意義があるにすぎないと考える。なぜなら前述したように，科学理論に用いられる観察可能なデータは存在のすべてを表すわけではなく，それゆえに存在それ自体は科学的客観性によってその真を証明できないからである。

　これに対して，もし観察不可能でかつ合理化不可能であるが，それでも実在する個人の人格に道徳的意義を認めるとすれば，それを主体とした社会的合意の可能性を議論することができる。そのため，このような問題は民主的意思決定の可能性を問うアローのテーマにとって「何の役割も果たさない」わけではない。

結論

　以上より，アローが理論的仮定として，可能な選択肢のあいだの選択として自由な選択を定めていることと，それは現実の個人行動を抽象化したものであることが明らかにされた。同時に，アローの方法論を維持するためには，観察不可能でかつ完全には合理的分析が不可能な個人の人格が実在すると考えなければならないこと，抽象化された選択行動は実在する個人の人格のすべてを表現できないことが明らかにされた。また，集合論のパラドックスの解消をつうじて，時間的に持続する個人の人格が直観的連続性をもち，それが数的連続性によって包摂されないことが示された[18]。第一章で述べたように，アローは観察可能なデータを用いた合理化可能な科学による倫理的言説の解明を方法論とする。それゆえに，彼は個人の人格全体の実在性をたとえ認めるとしても，それがもつ倫理的意義を認めない。

　これに対して，第三部と第四部第七章をつうじて，本書はアローとは異なる科学的客観性の概念を提示する。本書の科学的客観性によるならば，現実そのものの存在を科学的客観性をもって認めることができるだろう。このような客観性は，データという意味ではなく経験的という意味で一つ目の要請をみたし，合理化可能という意味ではなく数学的に論証可能という意味において二つ目の要請をみたす。そしてこのような意味における科学的客観性をみたす理論によって倫理的問題が解明可能であるならば，実在する個人の人格に対して倫理的意義を与えることができる。アローの立場も本書の立場もともに，数学的に同値であるものは倫理的にも同値であるという立場を含む。

　この立場を用いることで，第三章で残された公理のあいだの優先性という問題に対して，第五章と第六章をつうじて一つの解答を与えよう。アローと本書に共通する方法論に従えば，「個人の人格が選好に先立つ」という

18　個人の人格が合理的に分析可能であると仮定するならば，その整合性のためには，その際に生じるパラドックスを解消しなければならないし，その解消のための答えを人格のもつ性質とみなさなければならない。

事実および論理的命題から「個人の人格の尊重が選好の尊重に先立つべき」という規範命題が導き出される。これに対しては第一章で触れたように，自然主義的誤謬という批判が挙げられるだろう。しかし，この批判に対しては次のように反論できる。第一に，前者の命題は事実命題であると同時に，数学的な証明がなされうる命題である。そしてアローと本書に共通した方法論に従えば，数学的な証明がなされうることで，規範的命題に「論理的根拠」を与えることができる。そのため，前者の命題は数学的命題として，後者の規範的命題に論理的根拠を与える。したがって，科学的客観性のある理論によって道徳的言説が導き出せるというアローと本書の方法論のもとでは，そのような導出が可能である。

このように，本書はアローと共通する方法論を部分的に用いることで彼の批判に答えながら，それとは異なる科学的客観性の概念を提案する。ただし，本書はアローの考える科学的客観性それ自体を批判するわけではない。むしろ，社会科学とはどうあるべきかのみを考える場合，本書の考える科学的客観性よりもアローのそれの方が望ましいと考えられる。本書が問題視するのはそれが倫理的問題を解けるという点のみである。本書は，もし倫理的問題を解明可能な科学理論が存在するとすれば，それはアローが考える理論ではなく，本書が考えるそれであることを主張する[19]。そうすることで，本書が提示する倫理的言説をイデオロギーに陥らせることなく，観察不可能でかつ合理化不可能な個人の全人格がもつ倫理的意義を明らかにできると考える。

次章では個人の人格に伴う倫理的および哲学的意義とともに，その集まりである人民の政治的意義を明らかにする。この二つはいずれも観察不可能でありかつ合理化不可能である。

---

19 ベルクソンもまたアローの考える科学的客観性を批判するわけではないと解釈できる。なぜならベルクソンは自然科学の研究結果を自らの哲学に積極的に取り入れるからである。

第三部　結論

　結論として，時間的に持続する個人の人格が，抽象的な個人選好に先立つことが明らかにされた。さらに個人選好で表される選択の自由とは異なる「自由な行為」の可能性が明らかにされた。その際，アローが用いる論理学における「集合論のパラドックス」の解消を根拠とした。この解消をつうじて，個人の人格は直観的連続性という性質をもつことが明らかにされた。

　第三部を統合して考えると，第五章でベルクソンが論じる「持続する不可分な自我」は，第六章でのジョージェスク＝レーゲンの言葉を用いれば，「数的連続性では表現しきれない直観的連続性」という性質をもつ。こうして，合理的説明では把握できない個人の人格の実在性とともに，それがもつ性質の一つが明らかにされた。

第四部　リベラル・デモクラシー論における全員一致の仮定

　第四部では，リベラル・デモクラシー社会における社会契約の構想を提示し，その社会の存続基盤を明らかにする。

　第七章では，まず本書の方法論を提示する。次に，第三部の結論から導出された個人の人格の性質を用いて，本書の社会契約の構想を提示する。第八章は，これまでの議論をまとめるとともに，それとアローの定理の差異や関係性を明らかにする。

210　第四部　リベラル・デモクラシー論における全員一致の仮定

第七章　尊厳の政治と社会契約

"Whosoever destroys a soul,
it is considered as if he destroyed an entire world/infinity.
And whosoever that saves a life,
it is considered as if he saved an entire world/infinity." [1]

　第三部では，アローの分析手法は，具体的で持続する時間や，個人の人格全体およびその同一性を取りこぼすことが明らかにされた。ここで，最初の問題が再び提起される。すなわち，アローの定理から擁護可能なリベラル・デモクラシー社会の存続基盤は何か，もしそれが社会契約ならば，社会契約はどのようになされるのか，社会契約の契約主体は誰かという問いである。これらの問いの背景には「科学的論証によって倫理的言説は解明可能か」という方法論的な問いがある。

　結論を先取りすれば，本章は次のことを明らかにする。第三部の議論から導出される個人の人格の性質は，人格に尊厳を付与するために必要な性質を提供する。社会契約は個々人が互いの人格の尊厳を認め合うという道徳的ルールに対する合意である。さらに，そのような道徳的ルールとともに，それに基づく基本的人権の尊重を憲法原理とする憲法への長期的なコミットメントをつうじて，人々は人民という集団的アイデンティティを形成し，それがリベラル・デモクラシー社会の存続基盤となる。付随する方法論的な問いに対しては，アローが定義する科学理論で論証できない個人の人格のもつ道徳的意義とそこにおける哲学的思考の可能性が指摘される。さらにアローと異なる科学的客観性の定義によって，倫理的言説が解明可能であることが示される。

1　Jerusalem Talmud Sanhedrin 4:1(22a). 蛇足であるが，序章で挙げたアローが引用するタルムードの詩とこの詩は大ヒレル（Hillel the Elder）によって書かれた。

まず本書の方法論とアローのそれを比較する（第一節）。次に第三部で示された人格の性質によって，各個人の人格に尊厳が付与されるために必要な性質が導出されることを明らかにする。また人格の尊厳によって，個人の基本的人権を基礎づける（第二節）。続いて，社会契約の構想を，第四章で残された課題に応えながら，次のように提示する。社会契約は，そのような個人の人格がもつ道徳的含意のある自由意志によって，互いの人格の尊厳を認め合うことである。その時，個々の道徳的人格の集まりとしての人民という，道徳的性質をもつ集団的アイデンティティが形成される。この道徳的な人民が憲法制定権力になるからこそ，社会契約後の憲法制定の際に人民主権が保たれつつも基本的人権が採択される（第三節）。最後に，上記の社会契約とアローの暫定協定としての合意を，主に時間性と社会の存続基盤という観点から比較する（第四節）。

第一節　決定的道徳

　第三部では，ベルクソン『試論』の解釈をつうじて，アローの方法論に対して疑問が提示された。本節はベルクソンにおける「科学としての哲学」という方法論を明らかにし，それを用いた本書の方法論と *SCIV* におけるアローのそれの類似性と差異を明らかにする。

　方法論に関して，ベルクソンは「デカルト主義者たちの営みを継承しよう」（Bergson 1972, 493）と述べる。デカルト主義は科学としての哲学によって確立される道徳，すなわち「決定的道徳」（la morale définitive）を目指すことを意味する。ルネ・デカルトによれば，科学としての哲学は厳密で理性的な方法によって構築される哲学，特に道徳論を意味する。哲学者は決定的道徳こそを追求するべきであるが，それを直ちに解明できるわけではなく，かれはその解明までのあいだにも日常生活を営む必要がある。その際に必要とされるのが「暫定的道徳」（la morale par provision）であり，それは生活を営むために受け入れる社会的慣習である[2]。

2　デカルトによれば「理性が私に対して判断において非決定であれと命ずる間も，私の行動においては非決定の状態に留まることをなくすため，〔…〕私は暫定的道徳の規則を自分のために定めた」（Descartes 1967, 22/180）。デカルトが考える暫定的道徳の格率は，自国の法律と習慣に服従すること，毅然とした

212 第四部 リベラル・デモクラシー論における全員一致の仮定

　デカルト主義の立場から，ベルクソンは科学としての哲学の方法を確立しようと試みる。彼の考える科学としての哲学の方法は本来的直観と論理的論証，そして経験的な事実の系列である[3]。ベルクソンは『試論』において論理的論証が実在を表現しえないことを認め，実在の知覚として直観と経験に頼る。彼によれば，実在をどのように知覚するかは哲学的な問いを明らかにするうえできわめて重要である。なぜなら物事の本質の解明という哲学的な問題は，もし物事の本質があるとしたら，実在の中にあるはずだからである。一方でアローは自らの理論に科学的客観性を備えるために，観察可能な範囲に理論の対象を定める。しかし第三部で明らかにしたように，アローの手法によって合理化可能で観察可能なデータは実在そのものではない。つまり，そのようなデータと実在は異なり，どのように前者を細分化しても後者には至らない。そのためベルクソンは手法のもつ客観性を重視しつつも，実在そのものを捉える方法としては観察可能で合理化可能なデータではなく，経験や直観を重視する[4]。

　同時に彼は論理的論証を自らの手法の一つとみなす。たとえば彼は『試論』において数論に基づいた哲学の構築を目指し，『道徳と宗教の二源泉』（以下，『二源泉』と略す。引用の際には *DS* と記す）などを経て道徳論へと至った[5]。そのため少なくとも『試論』はジョージェスク＝レーゲンに

　態度をとること，そして世界の秩序よりもむしろ自分の欲望を変えようと努めることである。哲学者であるデカルトにおいて，それは「よく哲学するために必要な内的又は外的平和を得ることを何よりも気遣う思想家の道徳」（Bergson 1995, 84）である。

3　ポパーもまた，観察可能性を哲学的方法から排除する。ポパーとベルクソンおよびジョージェスク＝レーゲンの違いは，第一に，後者の二名が個人的経験を哲学的方法の一つとみなす点である。そうすることで，アローのような完全な一致ではないものの，ポパーよりも彼らは哲学と科学の方法論的な接近を試みると考えられる。第二に，ジョージェスク＝レーゲンがベルクソン哲学とともに合理的分析を用いて，合理的分析が実在をすべて表現できないことを明らかにし，かつその実在に実体的なものを見出す点である。その点で，彼らはすべての実体は方法論的諸規則にすぎないと考えるポパーとは異なる。

4　直観とは「主として精神による精神の内的認識であり、副次的には、精神による物質における本質的なものの認識である」（*PM*, 1424n11/409-410）。

5　ただし，ベルクソンは自然科学の研究成果をきわめて重視していた。たとえば『物質と記憶』においてはベルクソンは自然科学，特に生物学によって明ら

よって論理学的論証に基づいた哲学とみなされた。このような方法によってベルクソンは「哲学は，しっかり定まった方法に従って成立するものであり，その方法のおかげで，実証科学の客観性と性質を異にするものの，同様に大きな客観性を主張することができる」(Bergson 1972, 964) と考える。またこの意味において彼は「科学と形而上学は直観のうちで合致する」(*PM*, 1424/298) と考えた。

　このようなベルクソンの方法論を *SCIV* におけるアローの方法論と比較すると，次のような類似性と差異がある。アローは倫理的言説は科学理論によって解明可能であると考える。ベルクソンも同様に，彼が定義する「科学」は倫理的言説を解明可能であると考える。ただし，両者は科学の客観性に対して異なる構想をもつ。科学理論に論理的手法が必要であると考える点で，ベルクソンとアローは一致する。*SCIV* のアローと『試論』のベルクソンはともに，数学的論証によって哲学的問題を解く，あるいは，物事の数学的構造に対して哲学的意義を与え，そうすることで哲学的問題が解決できると考える。

　しかし，一方でアローは，観察可能なデータと合理的分析を科学的客観性の要件とみなし，合理化不可能で観察不可能なものに倫理的意義を与えない。他方で，ベルクソンはまず，観察可能性が科学にとって必要であるとはみなさず，そのために観察不可能なものの倫理的意義を擁護する。その代わりに彼が重視するのが個々人の経験である。次に，ベルクソンは合理化可能か否かではなく，その存在が論理的に論証可能か否かを要件の一つとみなす。すなわち，前述した「直観的連続性」は合理化不可能であるが，その存在を背理法によって論理的に論証可能である。そのため，それはアローの方法論においては意義をもたないが，ベルクソンのそれにおいては意義をもつ。

　ナジム・アイレムによれば，ベルクソンがこのような哲学的方法を確立しようとする背景には，第一章で述べたような，20世紀初頭から普及していた実証主義が哲学の存在意義を否定することに反論し，それとは異なる哲学的方法を確立することで哲学の存在意義とその客観性を守ろうという意図があった。そのため彼は「実証主義の知的風土のなかで失われていた

かにされた科学的命題に基づいた哲学の構築を目指す。

214　第四部　リベラル・デモクラシー論における全員一致の仮定

『内的生命の源泉』と形而上学の帰還」（Irem 2011）を志したとみなされた。このような方法を用いて，ベルクソンは『試論』の自由論を土台としながら，『講義録II』（以下，引用の際には *C2* と記す）と『二源泉』において道徳論を展開する。『二源泉』に関して，ベルクソンは次のように述べる。

> この本を書いているあいだ，当然ながら私は真理の源泉として経験と推論以外のものを認めなかった。〔…〕哲学者は哲学者として経験に訴えなければならないし，少なくとも経験を考慮に入れなければならない[6]。

つまり，中村弓子が述べるように「『二源泉』はベルクソンにとっての決定的道徳の書である」（中村 2009, 116）[7]。ただし，ベルクソンの言葉に反して，『二源泉』は厳密な推論によって成り立っているとは言い難い（中村 2009, 388）。そのため第二節と第三節では『二源泉』の道徳論を本書のテーマにそって再構築するとともに，それが決定的道徳の論証としてどこに不足点があり，本書がどのようにその不足点を補うのかを明らかにする。

第二節　尊厳の根拠としての道徳的人格

　前節で明らかにされた方法論によれば，本書の方法論の一つは，数学的論証によって哲学的問題を解くことができるというものである。そのため，第六章で述べられた数学的性質である直観的連続性を個人の人格がもつことの哲学的意義を明らかにする必要がある。本節は，その性質によって，個人の人格が尊厳を有するための必要条件がみたされると主張する。そのためにまず尊厳の概念の発展史を概略し，その必要条件を示す（第一項）。次に第六章の議論を踏まえたうえで，その条件を個人の人格が有すること

6　シュヴァリエ 1959, 152.
7　アンリ・グイエはベルクソンが「形而上学が自然学（物理学）と同様に科学的に確立されているような哲学」を目指していたと述べる。少なくとも『試論』や『同時性と持続』の観点からベルクソンの哲学を眺めるならば，ベルクソンが数学的にも自らの哲学を確立しようとしていたと考えることができるだろう（Bergson 1999-2000, xi）。

を明らかにする（第二項−第四項）。

第一項　尊厳の概念

　クリスチャン・シュタークによれば，人間の尊厳という理念は思想史的にはキリスト教に起源があり，それは人間が神の似姿として創造されていることに基礎づけられる。神の似姿としての人間は自然界を超越するが故に形而上学的な価値，すなわち尊厳を有するとみなされた。その際，人間の尊厳は他のすべての生物から人間を区別する，理性と自由意志の中にあるとみなされた（cf. 渡辺 1984）。

　ただし，人間の尊厳は人間という種に対して与えられ，個々人に尊厳が平等に付与されるわけではない。ジョージ・ケイティブによれば，キリスト教的な種に対する尊厳の付与という見方は各個人を神の秩序の中に不平等に位置づける。中世においては，その秩序によって根拠づけられた君主制ないし貴族制が多くの国家で維持されており，個人一人ひとりがもつ尊厳は社会的階層によって差異があると考えられていた。たとえばアウグスティヌスは種としての人間の尊厳を認めるものの，社会的な階級に応じて個人の尊厳も不平等であり，階層の高い者はより価値のある尊厳を有すると考えた（cf. Kateb 2011; Meyer 1987, 325f.）。

　しかし，そのような宗教的で超越論的な基礎づけは徐々に失われていき，近代になると尊厳の概念の世俗化が進んだ。近代においては，諸個人は理性的能力と同時に共通する道徳能力をもつがゆえに尊厳を平等に有するという考え方が生み出された。たとえばカントによれば，人格の尊厳は，すべての人格が平等にもつ内なる人間性の超越性によって基礎づけられる（Kant 1959）[8]。人間性とは個人が内面にもつ道徳的法則を意味し，個人の人格は自らの内なる道徳的法則に従い自己統治をするがゆえに尊厳を有する。なぜなら個人は自律的な自己決定能力をもつがゆえに道徳的判断を下しうるのであり，そのために自然法則が支配する自然界からの超越性を有するからである。このような人格の尊厳は相対化不可能で不可侵な絶対的価値である。

　カントの尊厳の概念は思想史的に影響を与えた。そのため近代以降，カ

8　Cf. 渡辺 1984，95−97.

216 第四部 リベラル・デモクラシー論における全員一致の仮定

ントに限らず多くの思想家が，人格の道徳的能力とそれに伴う超越性が人格に尊厳を付与する根拠となると考えてきた(cf. Pico della Mirandola 1942)。

その後も世俗化は進み，たとえばルードヴィッヒ・フォイエルバッハはキリスト教の宗教的要素を取り除き，それを人間学として再構築しようと試みた。彼によれば超越的な神は人間が内面にもつ無限性の反映であり，それによって生み出された一つの概念である。したがって，人間の外側に位置する超越的な神は存在せず，それは単に私たちがもつそれへの希求によって生み出されたイメージである。しかし，神が存在しないが故に人間は尊厳をもたないというわけではない。私たちは神の似姿だからではなく，そのような希求をもつからこそ尊厳を有する（Feuerbach 1941）。フォイエルバッハと同様に，カール・マルクスもまた宗教の超越性を否定し，基本的人権は宗教をつうじて現実とは異なる至高さをもつ人間に与えられるのではなく，感性的で実際に存在する人間がもちうる権利であると唱えた。そのうえでマルクスは実際の個人のもつ尊厳を認めた[9]。

しかし，そのように世俗化された尊厳の概念に対しても，近年では様々な批判がなされてきている。たとえばバラス・スキンナーは人間は観察可能なデータ以上のものではなく，科学的に操作可能であると考えてそれを批判した。シュタークがまとめるようにスキンナーによれば，「自由や尊厳は操作上の概念（operationale Begriffe）ではなく，準・宗教的あるいは形而上学的観念である。科学は，そのような概念によって不正確に示されている人間の諸状況を操作的な方法に基づいて記述し，変更できるところまで進歩している」（Skinner 1971)[10]。つまり彼は，もし人間が科学的にすべて解明可能ならば，それは科学法則から自由ではないためにほかの物質と同じであり，そうであるがゆえにほかの物質と区別された形而上学的な超越性が否定され，その尊厳は成立しないと主張する。

したがって，近年において個人の尊厳は，個々人の人格が次のような性質をもつときにかれらに平等に備わるとみなされているとまとめることができる。第一に，人間の精神は観察可能なデータに基づき理性的分析を行う科学によってすべて解明可能であるわけではない。第二に，それは道徳

9　マルクス 1974, 36−42.

10　渡辺 1984, 101.

的判断能力をもち自己統治が可能であるがゆえにほかの事物とは区別され
た，形而上学的な超越性を有する。第三に，それは共通した道徳的判断能
力をもつがゆえに尊厳を平等に有する。

　これらの性質を，次に，本書がこれまで明らかにしてきた個人の人格に
当てはめてみよう。第一の点については，第三部でそれが完全には観察不
可能で合理化不可能であり，それゆえに科学的に分析不可能であることが
明らかにされた。このことは，必ずしもアローの分析手法に特有な問題で
はなく，数論を用いることで，あらゆる論理的分析に当てはまることが明
らかにされた[11]。しかし，第三部では個人の人格の道徳的性質に関しては
論じられてきていない。

　そのため本節は，第二の点および第三の点について次項以降で明らかに
する。まず，本書の方法論および第三部の議論を用いて人間の人格の性質
を永遠性と定義する（第二項）。次にその観念を用いて個人の人格の共通し
た道徳性を示す（第三項）。続いて，個人の人格によってなされる哲学的思
考の可能性を指摘することで，尊厳が人間に固有であることを明らかにす
る（第四項）。最後に，人格の尊厳によって基本的人権を基礎づける（第五
項）。

第二項　時間と永遠

　もしベルクソンによって論じられたことが，人間の意識と時間は持続し，
それは直観的連続性という性質をもつということのみで，そのことの論拠
がゼノンのパラドックスであるとしたら，そのような論証は時間に対して
のみならず，人間以外のすべての生物に対しても成り立つ。そうであると
すれば，それは人間に特有な性質ではなく，したがって尊厳を基礎づける
こともできない。しかし，後述するように経験的に妥当な最低限の前提に
基づいて，第三部の議論から，個人の人格に永遠性と内在道徳，そして哲

11　現代の科学によって人間の精神が完全に分析可能であるかという問題につい
　て，ここでは扱うことができない。ベルクソンは当時の科学を踏まえたうえで
　その問いに否定的に答えるが，ベルクソンの時代と現代では科学技術の進歩が
　異なる。ここで言えることは，そのような科学が抽象的手法や観察可能なデー
　タを用いるならば，それは個人の全人格を分析することはできないと推測する
　のみである。

218　第四部　リベラル・デモクラシー論における全員一致の仮定

学的思考の可能性を導き出すことができる。そうすることで，人間に固有な尊厳が生まれると考えられる。

　第三部で明らかにされたことは，私たちが時間的な制約のある存在者，すなわち有限な時間を生きる存在者であるとともに，私たちの意識は，数的に表現不可能な直観的連続性をもつということである。直観的連続性の定義によれば，それは有限，無限を問わずいかなる数的な集合にも包摂されないという性質を有する。本書の方法論に従えば，直観的連続性の数学的な特徴は倫理的，哲学的な意義をもつ。ベルクソンはそのような数学的特徴をもつ「持続」をそのもっとも深い形態で「生きている永遠」と呼んだ[12]。

　ここでベルクソンの永遠性の観念を明らかにするために，それと哲学史における永遠の観念として代表的なプラトンの永遠の観念との差異を明らかにする。プラトンは経験される時間の流れを超えた永遠を考察した。プラトンによれば，私たちが実在と呼び普段生活している具体的な世界は，そこにある物体の理想的な概念が存在する理想の世界であるイデア界の影絵にすぎない。具体的な世界では時間の経過にしたがって物事は常に変化するが，イデア界ではすべてが不変である。そのような実在とは区別されたイデア界には時間の経緯がなく，無時間的である。無時間的とは有限な時間の流れに比して数的に無限な時間が流れることではなく，そもそも時間が存在せず，そのような意味で無限な時間の流れを超越することを意味する[13]。このようなプラトン主義は前述したようにアローによって現実と対比した超越論的であると批判された。

　プラトンにおける永遠の観念とベルクソンにおける「生きている永遠」の観念は，ともに有限な時間との数学的な比較をこえたものという点で共通する。他方で，両者には次のような差異がある。第一に，前者が無時間的な状態を指し示すのに対して，後者は流れている時間の緊張状態を示すという点である。第二に，前者は生きている人間にはかかわりのない，静止した不変的な世界の状態を指すのに対して，後者は変化しながら実在す

───────────────

12　佐藤透が述べるように，「ベルクソンの時間論においては，時間の説明的問題系と形而上学的問題系とが交錯し，相互に合致している」（佐藤 1999，176）。

13　ただし，ここで論じる「時間」は第三部で持続と同義に扱われた時間ではなく，有限な線分としての「時間」を意味する。

る人間の精神状態のうちにあるという点である。

　ベルクソンによれば，時間の流れを超越した無時間的なイデア界は「固定的で干からびた空虚な抽出物」で「死んだ永遠」である[14]。これに対して「もう一方の方向に進んで行くと，私たちは次第に緊張し縮まり強化された持続に至る。その極限に出てくるのは永遠である。それは，死んだ永遠と言われる概念的永遠ではなく，生きている永遠（éternité de vie）である」（*PM*, 291/1419）。言い換えれば，ベルクソンにおいて永遠とは持続する時間と意識の中で個人の意識が極度に緊張し，その持続がもつ直観的連続性という性質を感じ取る場合に直観するものである。このような直観は後述するように哲学的内省を経て得られる。

　このような意味における永遠は，表層の自我による日常的生活の経験とは異なるものの，それでも深層の自我が経験する外界および自らの実在に対する直観によって覚知される。その点でそれは超越的であるにもかかわらず，経験的に得られる。それは日常的経験ではないものの経験的な現実を意味し，瞬間の集積としての時間ではないものの持続する「時間の真諦」（佐藤 1999，177）を意味する。ベルクソンによれば，人間の意識の内側にはこのような意味における永遠性がある。

第三項　個人の人格の道徳的含意

　次に，人格に内在する永遠性のもつ倫理的，哲学的意義を明らかにする。そのために，これまでの個人観では前提にしてこなかった一つの前提を取り入れなければならない。それは，人間は生まれながらに永遠性や絶対を追求し，それを見出し，それを尊重したいという形而上学的欲求が備わるという前提である。

　ベルクソンによれば，人は「持続するどの瞬間にもいわば自分は死につつあると感じながらも永遠を思い描くことのできる存在」（*C2*, 123/118）である。このような永遠性を，人は最終的には哲学的思考を経て自我の深層部分のうちに見出す（*C2*, 134/129）。そのためにその人はそれを有する自らの人格を尊重しようと欲する。さらにかれは，自我の深層部分を知覚す

14　第五章における『試論』の議論を参照すれば，それは等質空間に近いと考えられる。

るとそこに自らの意識と他者の意識との相互浸透を感じ取る（*PM,* 1273/46-47）。そのような相互浸透によって人は自らが見出したものと同じものが他者の人格にも備わることに気づき，それを尊重することを欲する。

　他者の意識との相互浸透が存在する根拠は，私たちが日常において他者の感情に共感するからである。ベルクソンによれば，共感作用は私たちが意識の内奥において互いに共通するものを有する証拠である（*C2,* 134/130）。

　このような尊重の意識こそが内在道徳であり，それは各個人の人格がもつ永遠性を尊重することをつうじて，各個人の人格が独特で唯一のものであり，それ自体で尊重すべきものであることを教える。なぜなら永遠性は自我の深層部分にあり，深層部分は独特な自我（une personnalité originale）だからである（*DS,* 986/18）。第三部で述べたように，それは社会的自我である自我の表層部分とは異なり，等質空間で表現される n 人の中の 1 人というような数的表現には還元しきれない。言い換えれば，それは固有のもの（sui generis）である。ベルクソンによれば，具体的な人間の人格およびその生命は，その一つ一つがユニークであるがゆえに，数的にその価値を比較，評価することはできない。つまり，何百人の精神が一人の精神よりも尊いという関係は成り立たない。したがって，人々の永遠性の尊重という内在道徳は人々の差異性の尊重を含意する。

　ただし，そこまで自己の内奥を探求する人は稀である。多くの個人はそのような個人の思想にふれ，かれが体現する人格に対する尊重としての道徳と，自らが無意識にもつそれが「呼応」（echo）することを感じ，そうすることで自己のもつ道徳に気づく（*DS,* 1060/122）。なぜならたとえ本人が自覚せずとも，すべての個人は自己の内面に永遠性を有し，またそれを尊重したいという希求が備わるからである。

　このようにして，人々が永遠性への希求を共有するという前提から，人々に共通する内在道徳が導き出される。それは世代を超えてすべての人と共通であるがゆえに，私たちの自我の深層部分にある「時間をこえた存在とみなされる人間性（l'humanité）」（*C2,* 125/119）と呼ばれる。ベルクソンによれば，このように人には「意識一般」あるいは「深層にある共通の本質」（essence commune et profonde）がある（*C2,* 134/130）。

　したがって，永遠性への希求はそれが備わる「人間性」の尊重を生み出

し，それが人類に共通するがゆえに，「人間性」が備わる「人類」(l'humanité)
への愛，すなわち人類愛を生み出す[15]。ベルクソンにおいてそのような愛
は人間を対象とするのではなく，それと一体である。詳しくは後述するが，
一方でそのような愛は自らの「人間性」から生まれる。他方で愛の対象と
みなされる「人類／人間性」は個々人がもつ永遠性あるいは「人間性」が
呼応しあい，一体化したものである。それゆえに自己がもつ「人間性」は
「人類／人間性」を対象とするのではなく，それと一体である。ベルクソン
によれば「良心は，自らを掘り下げながら，次第にはっきりと自我と人類
／人間性一般との関係を把握していくような心理的意識以外のものではな
い」(*C2*, 152/149)。

　ベルクソンによれば，愛とは創造の情動でもある。ベルクソンの説明を
再構築すると，それは個々人がもつ永遠性と創造性への愛と尊重であり，
かれらが本来もつ創造力を尊重することで，個々人の人格の発展を促し，
そうすることで人類全体を発展させることである (*DS*, 1174/283)。このよ
うな愛によって，哲学者は「すべての人間はある高次の本質を平等に分有
するという原理」(*DS*, 1173-1174/282) を確信したとベルクソンは述べる。
この「高次の本質」は人間性であり，それがもつ永遠性の希求と創造力の
発展を望むことが愛とみなされる。哲学者が愛によってその原理を確信す
る理由は，内省によって自らがもつ愛の対象がすべての個人に内在すると
気づき，また呼応によってかれらも他者あるいはすべての人間を愛するこ
とができると気づくからであると考えられる。

　この「愛」(amour) は感情的な愛ではない。菊谷和宏が指摘するように，
ベルクソンにおいて「『愛』(amour) と『愛情』(affection) は峻別せねば
ならない」(菊谷 2011, 178)。前述したように，それは好悪の感情ではな
く個人の人格の人間性に対する尊重である。またそれは等質空間では完全
には表現されえない，実在する多様でユニークな，かつ創造力のある個人
の人格を，創造的で自由な行為をなしうる者として尊重することをも意味
する (菊谷 2011, 179)。

15　本章では l'humanité という単語が重要な意味をもつ。訳語としては人類と人
　間性が当てはまるが，ベルクソンはそれにこの双方の意味を伴わせると考えら
　れる。

222　第四部　リベラル・デモクラシー論における全員一致の仮定

　ベルクソンによれば，このような愛の対象は個人の物質性を超えたものである。したがって菊谷が述べる通り，それは観察可能な物に対するものではない（菊谷 2011, 177）。つまり，他者の身体は観察可能だが，他者の意識ないし心は観察不可能である。他者が自らと同じように意識ないし心をもつと私たちは推測することしかできない。さらにそのような推測も，観察可能性に基づいた科学理論によって解明可能な問題ではない。そのため，その観点からすれば非科学的な憶測である[16]。

　ただし，私たちは経験的に自らの自意識を直観すると同時に，他者に意識があり自由意志があることを直観しうる。ベルクソンによれば，一人の内在道徳ともう一人のそれは互いに「呼応」（echo）する。多くの人間は経験的にこの「呼応」を感じる。それは平たく言えば，他者とつながっているという感覚である。人は他者を自由意志および尊厳をもつ人間とみなしてその人と接するとき，この感覚をもち続ける。すなわち，究極的に自意識のみが自らに知覚可能であり，他者の意識が観察不可能である個々人が，自らが自意識をもつと同様に他者もそれをもつと感じるのは，経験的に自意識に実感されるこのような感覚に基づく[17]。

　他方で前述したように，自我は表層の自我と深層の自我によって成り立ち，表層の自我は社会的な規則に従う。だが深層の自我における内在道徳は永遠性の希求という人間存在に本質的な動機に支えられているがゆえに，一般的利害の調整に基づいた社会的な規則に優位する。それは社会的な規則に従ったり自己の欲求の追求に従ったりする表層の自我を，評価したり非難したりする良心（conscience）である[18]。良心と深層の自我は一体であり，良心は「表層の自我を称えたり非難したりする深層の自我である。そ

16　心身二元論か一元論かという問題にはここではかかわらない。ベルクソンの立場は精神は肉体すなわち頭脳に還元されないという立場である。

17　「人が我がものとする言葉は自分に呼応する言葉である」とベルクソンは述べる。神秘家は道徳が真実である時に，「自分に呼応する」からという理由でそれを真実であると考える。この「神秘家たちの証言」は，ベルクソンの「事実の系列」ではあるが，客観的な事実とは異なる。なぜならその証言は，呼応する人にのみ有効な方法だからである（中村 2009, 114-115）。

18　ベルクソンはしばしば conscience という単語を「意識」と，「道徳意識」すなわち「良心」という二重の意味で用いる。Cf. *C2*, 136-137(132-133).

れは二つの自我の接近ないし隔たりについての意識である」(*C2*, 136/132)
とみなされる。

　要するに，ベルクソンの「愛」は永遠性と創造力を内包し，それゆえに
尊厳を有する個人の人格に対する尊重を意味する。それは第三章で述べた
個人の人格への「平等な配慮と尊重」の理念に近い[19]。

第四項　自由な思考

　前項で述べたように，永遠性への希求という前提から，個人の意識の深
層部分に人類に共通する普遍的な内的道徳があることが導き出される。そ
の道徳は，自らがそれを見出すことによってか，あるいは他者に対する呼
応によって形成される。本項は，前者は哲学的思考をつうじてなされるこ
とを，言い換えれば哲学は自らの内奥にある普遍的なものを直観し論証す
ることであると明らかにする。

　ベルクソンによれば，人は自己の行いにおける動機を反省することで道
徳的な正しさを深く知ることができる。つまり「良心は心理的意識の自己
自身への反省ないし反射に呼応している」(*C2*, 146/143)。自己反省は自ら
の意識を深く掘り下げることであり，それによって心理的意識は少しずつ
深層に至る。

　このような哲学的思考は自己を知るという点で個別的である。しかしベ
ルクソンは実際に様々な哲学書が形式は異なれども極めて普遍的なものを
共有することを引き合いに出し，その共通性を私たちの意識が有する普遍
的なものの根拠であるとみなす(cf. *C2*, 120/114)。したがって，哲学ないし
「形而上学の目的は，個別的な存在に立ち返り，そこにある源泉にさかのぼ
ることである」(*PM*, 1456/357)[20]。要するに，哲学は自分の人格を知ること，

19　「平等な配慮と尊重」の理念を説くドゥオーキンもまた，この理念が個人の人
　格に尊厳を認めることを意味すると考え，尊厳の概念を考察する (Dworkin
　2011, 195-210)。実在する人格に対する愛は，それをもつ人間の身体が壊れや
　すいことを認め，それを尊重することを含むだろう。
20　ベルクソンにおいて，形而上学と道徳哲学のあいだに判然とした区別はない。
　Cf.「形而上学と道徳とは同一のものを言い表す。ただ一方は知性の言葉で，他
　方は意志の言葉で」(*DS*, 1016/60)。さらに，少なくとも『試論』と『形而上学
　入門』においては，哲学と形而上学のあいだに明確な差異はない。

そこにある「人類に共通する普遍的なもの」を知ることである（*C2*, 120/114）。ベルクソンの言葉によれば「意識は深層にまで下りていく限り，普遍的なものを知覚することができる」（*C2*, 134-135/130）[21]。

このようにして，善に対する多様な価値観をもつ個々人は，哲学的思考を経て自己に立ち返ると，そこに「普遍的なるもの」，言い換えれば一般善を見出しうるとベルクソンは考える。その一般善こそが人間性であり，互いの人格の尊厳を認め合うという道徳的理念である。

このような哲学的思考はそれ自体，パスカルによって人間に固有な尊厳の根拠とみなされてきた。パスカルの見解は，ベルクソンあるいは本書の数学的な特徴を踏まえて尊厳の観念を明らかにするうえで，比較対象となりうる。パスカルによれば，前述した尊厳論とは異なり，人間は自然法則や科学に従うだけの存在であるから尊厳を有さないのではない。もし人間存在と世界を時空間軸上で数的に対比するならば，時空間上で無限である世界に比べて，有限な人間は無に等しい。そのような無に等しい存在は尊厳を有さない。他方で人間は思考によって無限な世界を把握することができる。ここに，数的に対比される際には見いだせなかった人間の偉大さ，尊厳がある。パスカルによれば思考こそが人間の尊厳の源である（Pascal 1976, 72, 346-348）。

ベルクソンにおいても，単に数的に把握された理念として，すなわち等質空間で時空間を捉えれば，無限な世界に比して有限な人間の卑小さという図式が当てはまる。しかし，ベルクソンは人間存在と世界の数的比較を数学的にも否定する。その理由は次の二点である。第一に等質空間では複雑な構造をもつようにみえる外界も実在においては不可分であり，直観的連続性をもつ。第二に人間もまた有限な存在物であるとともに，その精神は数的な無限集合をも超える直観的連続性をもつ。そして，その精神に内在する直観的連続性は思考をつうじて把握可能である（cf. *DS*, 1194-1196/315-316）。したがって，人間存在と世界の関係に対してパスカルの数的図式は当てはまらない。

21　ただし，ベルクソンは「私たちの意識はそれ固有の排他的領分として個人的な魂を有している，と言われる。依然としてこの点には異論の余地はない」（*C2*, 130/125）と述べ，個々人の意識の排他的領域を認める。

さらにベルクソンによれば，哲学的思考をつうじて人は尊厳を得るが，哲学的思考は自己の普遍的な道徳に至る手段であり，その道徳こそが尊厳の根拠であると考えられる[22]。だがこのような哲学的思考は人類に固有であり，そのため尊厳は人類に固有のものとみなされる。

　このようにして，本書の方法論に基づけば，ベルクソンの人格観は人格に尊厳を付与させるための必要条件を備える。ただし，個人が哲学的思考を実際になしうるか否かは尊厳の必要条件ではなく，それは尊厳が人類に固有であることを根拠づけるだけである[23]。たとえある人が思考能力に乏しい（たとえば乳幼児や高齢者など）としても，それを理由に尊厳が欠けるわけではない。なぜならどのような個人も（哲学的思考によって自らのそれに気づくか否かは別として）潜在的には内面に尊厳の根拠となる人格を共有し，人類という種のみが哲学的思考をすることをつうじてそれに到達しうるからである[24]。さらに思考を経ずとも個々人は呼応によってそれを覚知しうる。したがって尊厳は人間に固有であり，かつすべての個人の人格に平等に付与される。

第五項　個人の人格の尊厳に基づく基本的人権

　本項は，人格の尊厳ないしはその不可侵性が基本的人権を基礎づけることを明らかにする。

　ドゥオーキンが述べるように「権利に対して合意する者は人間の尊厳を

22　ベルクソンは深層にある共通の本質を「ある者たちは『思考』Pensée と呼ぶ」（*C2*, 134/130）と述べる。

23　もし哲学的思考が尊厳の根拠であるならば，そのような思考能力は個人差があり，より深い思考が可能である者がより尊厳を有するという不平等な尊厳論が可能になる。しかし，個人の尊厳が永遠性にあり，それがすべての個人の内面にあり，哲学的思考はそれに至る手段であるならば，そのような不平等はなくなるだろう。そのためパスカルに反し，哲学的思考それ自体が尊厳であるわけではないとみなす。

24　現在の心理学では，良心の呵責を感じない個人の存在が明らかにされている。本書のような性善説は現実的な妥当性に乏しいとも考えられる。しかし，このような理想的な想定の下で正統化された制度によって，性善説が通用しない個人に対して道徳的な個人が擁護されるのであれば，その仮定はたとえ現実的妥当性に乏しくとも，有用性はあると考えられる。

容認しなければならない」ことは，近年ある程度の合意を得ている[25]。しかしながら，人間の尊厳という概念は必ずしもこれまで精密に論じられてきているわけではなく，それは「あいまいであるが強力な」概念である（Dworkin 1977, 198/264-265）。

　他方で近代以降に発展した個人の人格に対する平等な尊厳という概念は，諸個人のもつ諸権利の平等性を基礎づけ，近代的デモクラシーの思想的基盤を生み出したと考えられる。なぜなら尊厳の平等性は，被害者および加害者の社会的な階級が何であれ，個人の人格およびその身体を傷つけ，尊厳を侵害する加害者の罪は同じ重みをもつという考えを生み出し，このことから，各個人は法の下で平等であるという法的平等の理念が導き出されたからである（Kateb 2011）。またそれは各個人の人格に対して政府が平等に配慮と尊重をするべきであることを要求するからである[26]。

　ベルクソンもまた，すべての個人の人格は尊厳と基本的人権を有すると考える。彼によれば，道徳的人格は他のいかなるものとも通約不可能な（incommensurable）価値を有し，それは目的それ自体である（*C2*, 186/186）。権利は「道徳的人格のこのような不可侵性（の保障のため）以外のものではない」（*C2*, 186/186, 括弧内引用者）。個々人が普遍的な道徳的人格を有するがゆえに人格同士の平等が生み出され，それゆえに各個人の有する「諸権利の同等性が生じる」（*C2*, 187/186）。ベルクソンによれば，権利は「不可侵」であり「絶対的で普遍的である」（*C2*, 180/179）。つまり「権利は人格である限りの人格に属して」おり，そのために万人に共通で永続的である（*C2*, 181/180）。

　このように，個人の道徳的人格の尊重を根拠として基本的人権の尊重は基礎づけられる。

25　実際の法制度においても，たとえば世界人権宣言の第一条は「すべての人間は，生れながらにして自由であり，かつ，尊厳と権利とについて平等である」と規定する。この考え方は，形を変えてアメリカ独立宣言，フランスの人権宣言にも見いだされる。また日本国憲法の憲法原理も個人の尊厳であると考えられている。

26　デモクラシーが保障する基本的人権には自由権，社会権が含まれるが，自由権は個人の人格の自由を容認するために，社会権はそのような人格を（潜在的にであれ）有する身体を保護するために保障されるべきであるとみなされる。

第三節　ベルクソン『二源泉』における社会契約

　第三部から第七章の第三節まで，本書は個人の人格および選好に焦点を当ててきた。本節から第八章までは，これまで扱ってきた個人から成る社会を想定し，その中における合意形成の方法について検討する。本節は，個人の道徳的人格を主体とした社会契約の構想を示す。

第一項　リベラル・デモクラシーにおける社会契約

　本項は，個人の道徳的人格を主体とした国家の設立に対する合意，すなわち社会契約の構想を明らかにする。

　前述したような諸権利の平等性をみたす政治体制は，政治的権利の平等を含めた基本的人権の尊重を基本理念とするデモクラシー体制に限られる。ベルクソンによれば，道徳的人格に基づいた政治的平等の理念に支えられたデモクラシーは個人の人格の尊厳を容認する唯一の社会である（DS, 1214/345-356）。さらに，思考の自由に意義を見出すベルクソンはリベラル・デモクラシーを擁護するであろうし，より一般的にも，リベラル・デモクラシーこそが尊厳の根拠である個人の道徳的自律を認める。

　他方で第四章において，パレート原理対権利の原理の一バージョンであるデモクラシー対立憲主義の論争において，後者の立憲主義を擁護するためには，先行研究で以下の課題が残されていることが明らかにされた。それは，立憲的決定における基本的人権の採択が自明視されることでその決定が人民主権の理念に反するか，あるいはそれが人民主権の理念に適うがその際に必ずしも基本的人権が採択されるとは限らないという課題である。さらに，先行研究においてもっとも立憲主義の擁護に貢献しうると考えられるルーベンフェルドの議論にも，後者の課題とともに，個々人が集団的アイデンティティを形成する動機の説明がないという問題が残されていた。

　結論を先取りすれば，本項はここで提示する社会契約の構想が上記の課題を解消することを，ベルクソンの社会論を用いて明らかにする。第一に，社会契約によって「人類／人間性」という集団的アイデンティティが形成され，それは道徳的性質をもつがゆえに，立憲的決定で人民主権が行使されながらも，基本的人権が必ず採択される。第二に，社会契約の動機の一

228 第四部 リベラル・デモクラシー論における全員一致の仮定

つは互いの人格への尊重および永遠性への希求である。

　まず第一の点であるベルクソンの社会契約論における時間的な特徴を明らかにするために，ロールズの社会契約論における世代と人民について説明する。

　第三章で述べたように，本書は理想主義的な社会契約とそれ以降の四段階シークエンスを採用するという点でロールズと類似する。しかしその契約主体と状況および契約対象に関して本書はロールズとは異なる。またロールズの社会契約の構想では，第四章で残された課題には答えられないと考える。

　ロールズの社会契約論の詳細な説明は省くものの，ロールズは『正義論』において，原初状態における契約がどの時点でなされるのかについて以下のように述べる。まず，契約当事者は公平な判断を下すために，様々な情報から遮断された無知のヴェールの下にいなければならない。その遮断された情報の中には，自らがどの時点の世代にいるかも含まれる。そうすることで，当事者はどの世代にも公平な決定を下すことができる（Rawls 1999, 254/386）。次に，契約主体は世代を超えたすべての人の集まりではなく，社会状態とはある個人がその世代にいるままに，原初状態におかれた自己を想定することで成り立つ。つまり，社会契約は「思考実験」であり，どの世代の人々も思考においてその主体になりうる（Rawls 1999, 119-121/187-189）。言い換えれば，初期ロールズにおいて，原初状態における契約当事者は具体的な個人というよりも，むしろ人々のもつ個別具体的な特徴が捨象された，世代を超えてかれらが共通してもつ思考主体，あるいはロールズの定義における道徳的人格である。

　ロールズによる説明は，社会契約の世代を越えた普遍性を担保するものの，それを仮想的な思考実験とみなすことで，主体の観点からそれと立憲的決定との関連性を明らかにしていない。つまり，社会契約の当事者と憲法制定の当事者が異なるのか否か，もし異なるのならば，なぜ社会契約の制約下で憲法が制定されるのか，その際に「反多数決原理の難点」をいかに解消するのか，という問題である[27]。言い換えれば，人民主権の概念を

27　ロールズは，多数決原理の無条件な適用を肯定する手続き的民主制を批判し，立憲主義がより正義に適うと主張する（Rawls 2001, 146/259）。しかし，彼は前

説明する際に，抽象的な道徳的人格のみが主権者であるのか，それとも実際の個々人もまた主権者であるのかという議論が不足している[28]。

　ロールズの社会契約論におけるこれらの疑問点を解消するために，次に，人民主権の主体である人民の概念に時間性と道徳性を伴わせるベルクソンの開かれた社会における社会契約論を明らかにする。

　ベルクソンは「閉じた社会」（société close）と「開かれた社会」（société ouverte）という二つの形態に社会を区別する。ベルクソンによれば，アローが想定する民主的決定がなされても，資本主義体制でかつ功利主義的な道徳法則が社会規範となり，すべての個人の基本的人権の尊重という理念をもたない国家は，国家の外側の個人に閉ざされた社会である。そもそも，自然状態から実際に最初に生まれた国家はその土地に住む人々から成り立ち，物質的な豊かさを追求する都市国家，すなわち特定の構成員によって成り立つ閉じた社会であった（DS, 1209/338）。この社会で守られる規則は「閉じた道徳」である[29]。閉じた道徳は社会が存続し利益を追及するために諸個人の利益を調停するための規則であり，それは「社会生活が私たち（社会の構成員）に対して課す義務」（DS, 1004/43，括弧内引用者）である。個人が社会厚生よりも個人厚生を優先しようと考えるときに，閉じた道徳は個人がそうすることを規制する。個人もまた，社会が存続しなければ生き残れない。そのためこの道徳は個人の自然本能に基づいており，個人の自

　者の立場を軽視しており（Rawls 1999, 313/470），それからの批判やデモクラシーと立憲主義の対立問題に対して答える議論をしないと考えられる。

28　この問題に対して，ロールズは個々人が正義の感覚を有し，原初状態における自らの決定に現実においても従うがゆえに，かれらは社会契約の制約を守ると答えると考えられる。しかしそうすることで，ロールズの『正義論』は自らも認めるとおりに理想理論であり，そのような道徳的能力をもたない個人の存在を前提にしない。

29　ベルクソンは「閉じた道徳」を「静的宗教」（religion statique）であるユダヤ教と，「開かれた道徳」を「動的宗教」（religion dynamique）であるキリスト教と関連づけて，道徳哲学とともに宗教論を展開する。しかし本書では，ベルクソンの宗教論について扱うことはできなかった。その理由は，ここでベルクソンを扱う目的が社会契約の解明だからである。国家の正統性を示すために特定の宗教を用いることは，寛容の原理に反し様々な問題を内包するが，本書でそれらの問題を扱うことはできない。

己保存と社会の維持を調和させるために必要とされる（*DS*, 1152/253）。それは表層の自我における社会的自我と言い換えることができる。このような道徳は，自らの社会の利益と存続のためならばその外側にいる人々に対して防衛し，敵対すべきことを個々人に教える。すなわち，それは「人類に対してというよりも，むしろ都市（cité）に対して私たちに課されるもの」（*DS*, 1004/43）である。

　他方で，フランス革命やアメリカ独立宣言によって，人類は歴史的に社会形態を閉じた社会から開かれた社会へと移行させてきた。開かれた社会は，その社会の構成員を人種や民族や地域によって特定せず，すべての人間がその構成員になる資格を有する社会形態である。したがって，開かれた社会を体現する唯一の政治制度は，すべての人間に開かれたヒューマニズムに基づくデモクラシーである[30]。そのような民主国家は地域的閉鎖性のある都市国家とは質的に異なり，「自由・平等・博愛」を基本理念とした一つの道徳的共同体である（松葉 1994, 291）。そこではすべての個人の人格の尊厳を認める人間性，すなわち市民たちが内在的にもつ良心が「開かれた道徳」としてその社会のルールとなる。またデモクラシーのみが個人が尊厳を有するために必要とされる自己統治を可能とするだろう。

　閉じた社会と開かれた社会は，それらの性質が本来的に有する大きさという意味では，前者が家族や国民を内包し，後者が人類を内包するという点で差異がある。さらに二つの社会および道徳のあいだには質的な差異がある。前者の道徳は功利主義的な社会規則であるが，後者の道徳は前述した人間性に基づく。そのため大きさという点で閉じた社会の構成員が人類にまで至るとしても，それによってその社会が開かれた社会になるわけではない。ベルクソンによれば「たとえどんなに大きくても国家（＝閉じた社会）と，人類／人間性（l'humanité）（＝開かれた社会）のあいだには，有限から無限への，閉じたものから開かれたものへの，全距離が介在している」（*DS*, 1001/39, 括弧内引用者）。

　前述したように，人間性あるいは開かれた道徳は個人の人格がもつ尊厳を知覚する道徳であると同時に，尊厳の根拠でもある。またそれは個人の

30　ただし後述するように，ここで述べる「デモクラシー」は本書が定義するリベラル・デモクラシーであると考えられる。

不可侵な基本的人権を基礎づけると同時に，互いの権利の尊重を諸個人に教える（*DS*, 1037-1045/90-99）。個々人が開かれた道徳に従って，それぞれの人格がもつ尊厳を認め合うことをつうじて，デモクラシーの基本理念である「自由・平等・博愛」は遵守される。なぜなら個々人は社会的制約を受けずに思考するためには自由でなければならず，共通した人間性を有するがゆえに平等であり，さらに，そのような自由で平等な他者への博愛こそが人間性を意味するからである。

　開かれた社会を支えるのはそのような基本理念であり，また人間性はすべての個人に潜在的には共通して存在する。したがって，開かれた社会においては，いかなる個人でも，その理念を尊重するという開かれた道徳をもつという約束によってその成員になりうる。つまりそのような基本理念をもつ民主国家において初めて国家は自由で道徳的な市民間の契約，言い換えれば理想主義的な社会契約を経て成立する[31]。その民主国家において，すべての個人は「自由意志によってなされた努力によって，言い換えれば，その国（＝民主国家）のかれ以外の構成員が求めていることを，同じように求めているというまさにその事実によって，その国に迎え入れられることができる」[32]。

　社会契約において，個々人は開かれた道徳に従って互いを尊重し合うことに合意する。言い換えれば，社会契約の主体が道徳的人格をもつ個人であるからこそ，「自由・平等・博愛」という基本理念にかれは合意する。したがって個人の道徳的人格は権利を基礎づけるとともに，それを基礎づけ

31　多くのフランスの政治哲学は，国家が普遍的な人権を守ることは構成員の合意（consensus）によって保障されており，国家はその共通理念を遂行するための乗り物にすぎないという見方を共有する（Vernon 2003, 277-278）。

32　Bergson, *Cours de morale á clermont*, manuscrits, p. 48. Cf. 松葉 1994 290, 括弧内引用者．たとえば，フランス革命における人権の尊重に基づいたフランスは，共通理念を信奉し開かれた道徳を含意するすべての個人に開かれており，かれらの自由意志による合意によって成り立つ。ベルクソンの国家観は，ベルクソン自身の出生にも由来する。ユダヤ系の両親をもつベルクソンは20歳でフランス国籍を取得する。彼は19世紀後半から20世紀前半に多くの「同化ユダヤ人」が抱いていたナショナリズムをフランスに対してもっており，たとえ人種や民族が異なるとしても，フランスの共和主義的理念に賛同する限り，ユダヤ人もまた「同じ資格でフランス人である」と考えた（中村 2009, 79-82）。

232 第四部　リベラル・デモクラシー論における全員一致の仮定

る理念が社会契約で採択されることの必然性を保証する。

　ベルクソンによれば，このような社会契約は仮想的である。事実においては自然状態から社会状態への移行は，前述したように閉じた社会への移行である。その移行理由は，人々は閉じた社会の内部にいることで外敵から自己を防衛することができるが故に，その移行が自己保存にとって有利であったためである。しかし，人々はその社会を共通理念を守るものとして，「あたかもそれが契約の帰結として誕生したかのように」(*C2*, 169/168)作り変えたのであり，社会契約を想定することで前述した基本理念は民主的正統性をもちうる。ベルクソンによれば，そのような意味で社会契約説は現実的妥当性をもつ (*C2*, 165-171/163-169)[33]。

　論理的にはこのような仮想的な社会契約がなされた後で，契約主体の集合が憲法制定権力をもち，そこで合意された基本理念を憲法原理とした憲法が採択される。ただし，たとえ社会契約が仮想的であるとしても，立憲的決定は実際に存在したある過去の世代あるいはその代表者による決定である。契約主体が憲法制定権力であると言いうるためには，二つの決定の主体の同一性を担保しなければならない。

　この問題に対して，ベルクソンは明記していないものの，彼の道徳論を再構築すれば，ある世代ごとに属する有限な個々人は共通して時間をこえた人間性を内面にもち，それに従って社会契約を結ぶと仮定できる。この社会契約において個々人は，基本理念に対して合意した国家の一員であるという集団的アイデンティティをもつようになる。それは各個人がもつ時間をこえた人間性同士が相互浸透し合うことで形成される，人間性という集団的アイデンティティである。さらに，異なる世代に属する個々人も人間性という，時間的に持続する共通の集団的アイデンティティをもちうる。後述するようにこの集団的アイデンティティこそが人民主権の理念におけ

33　本書はベルクソンの『二源泉』と『講義録Ⅱ』を同じベルクソンの道徳体系を表現する著作として扱う。その理由は，ベルクソンの哲学観に由来する。彼は道徳に関するあらゆる哲学を一つの普遍的な道徳体系の表れとみなすことができると考えた。ベルクソンの言葉を借りれば，どの道徳的教説も「道徳の形式に関しては一致しているのであり，その表現において異なっているにすぎない」(*C2*, 120/114)。もしベルクソンがそのような立場にいるとすれば，彼の道徳論もまた一つの普遍的な道徳体系の表れとして統合されうるであろう。

る主権者となる。

　そのため，たとえ過去のある世代が立憲的決定を行うのであれ，かれら
が人民主権を行使したと主張したいならば，その主体は人間性という集団
的アイデンティティでなければならない。したがって立憲的決定と社会契
約の主体の同一性は担保される。

　さらに，世代を超えた人間性が人民主権の主権者となることで，憲法制
定後に過去の世代が決めた決定に対して現在世代が従う理由が判明する。
現在世代もまたそのような人間性を共有するのであり，そのために集団的
アイデンティティを共有するからである。つまりロールズが個々人に共通
する道徳的人格を契約主体とみなしつつそれを孤立した人格とみなしたの
に対して，ベルクソンの社会契約論を応用すれば，世代を超えて人々に共
通する集団的アイデンティティと捉えることができる。そうすることで，
ロールズが陥った上記の問題を回避できると考えられる。

　以上より，社会契約が道徳的人格を主体としてなされ，それが人間性と
いう集団的アイデンティティを形成することが明らかにされた。それは個
々人が共通してもつ人間性が共感によって相互浸透することで形成され，
世代を超えて人々が共有する，時間的に持続する一つの集団的アイデンテ
ィティである。

　次に第二の残された課題について考察する。諸個人が開かれた社会を形
成するために社会契約を結ぶ動機は，身体的な永続性をみたすとともに精
神的な自己の存続欲をみたすことであると考えられる。精神的な動機は第
一には個人間の愛ないしは尊重に基づく。第二には「無限への希求」（*C2*,
124/118）あるいはより俗的に，自己を永続させたいという欲求であると考
えられる。永遠性への希求をもつ個人が，有限な生とそれによる無あるい
は死への恐怖を前にして「人類／人間性」との合一によってその希求をみ
たすという考えは，多くの思想家によって共有されてきた。ベルクソンの
言葉を借りれば，「道徳とは，時間をこえた存在とみなされている人間性
（l'humanité）と結びつこうとする，個人による努力である」（*C2*, **125/119**）。
そして時間的に永続する「人類／人間性」こそが開かれた社会の存続を基
礎づける。このようにして，ベルクソンにおいては個々人が長期的な集団
的アイデンティティを形成する精神的動機が，形而上学的な希求として説
明される。

234 第四部 リベラル・デモクラシー論における全員一致の仮定

　ただし，このような形而上学的な希求を「人類／人間性」という集団的アイデンティティとの合一によってみたそうとする立場は，個々人の個性を喪失させ，かれらの個性および生命よりも全体の存続を尊重し，そのためにそれらを犠牲にすることを肯定するという意味における全体主義を生み出す危険性が伴う。そのため，全体主義とここで考えるデモクラシーとの相違点を明らかにしなければならない[34]。

　全体主義との相違点は，第一にベルクソンは人格に内在する永遠性を認め，それらのあいだの呼応を説くのに対して，全体主義はそのような性質を人格に認めないという点である。第二に，ベルクソンの考える「人類／人間性」という集団的アイデンティティは，個々人の人格の尊重に基づく基本的人権を保障するために存在する。したがって，全体のために個々人の生命を犠牲にすることを厭わない全体主義に反して，個々人の生命が全体のために犠牲になることは正当化されない。第三に，全体主義に反して，ベルクソンの集団的アイデンティティは，諸個人の量的な集合ではなく，諸個人の内面に質的に共有される。したがって，たとえば量的な意味で多くの人々の生命を尊重するために，一個人の生命を犠牲にすることが肯定されるという論理は成り立たない。詳しくは後述するが，ベルクソンにとって一個人の人格と人類は永遠性という同等の性質を有するがゆえに，同等の価値をもつ。

　以上より，個々人が社会契約によって「人類／人間性」という集団的アイデンティティを形成する動機は明らかにされた。前述したように，社会契約は基本理念に対する自由意志に基づく合意である。この自由意志は，ベルクソンによれば，開かれた道徳という普遍的な内的道徳を含意する意志であるとともに，深層の自我の判断によってその時々の社会的状況に左右されない「自由な行為」をしうるという意味でもある。そのためたとえ閉じた社会の内部においても，個々人は「自由な行為」をすることでこのような基本理念に対する合意の表明と，同時に基本理念に反する現行の社会制度に対する反対の声明をすることができる[35]。ベルクソンによれば，

34　実践的にも，ベルクソンは第二次世界大戦中にナチス・ドイツに反対し，そのための政治活動を行った。ベルクソンの政治活動については，Bergson 1972; Soulez 1989 などを参照。

35　ベルクソンの「自由な行為」はしばしば暴力的な社会改革の可能性を開くこ

閉じた社会においても，自らの哲学的思考などを経て開かれた道徳に気づき，それに基づいて開かれた社会への社会改革を遂行する開かれた道徳の体現者が現れる。そのような改革のためには多数の賛同が必要であるが，前述したように個々人は潜在的には良心を有するがゆえに，その体現者に呼応し，その行動に賛同するだろう（*DS*, 1003-1004, 1060/42-43, 122）。

　要するに，社会契約においては，潜在的にはすべての個人がもつ良心を動機とし，また合意をする者のみが「人類／人間性」という集団的アイデンティティを形成するため，それは全員一致でなされる[36]。言い換えれば，開かれた道徳を含意する自由意志による全員一致によって，リベラル・デモクラシー国家は形成される。そのとき国家は個人の人格の尊厳を認め合うという基本理念を採択した者の集まりである。

第二項　ベルクソンとルーベンフェルド

　ベルクソンの議論に対する批判はいくつか考えられる。もっとも重視すべきは，ベルクソンは社会契約について述べるものの，国家の設立過程，特に立憲的決定について明らかにしていないという批判である。つまり，彼は社会が存続する際に必要とされる憲法や通常政治の役割を蔑にするという批判である。これらの批判はもっともであり，彼の議論の限界を示すと考えられる。また，ルーベンフェルドが論じるように，憲法の制定者でかつ人民主権の主体は「人類／人間性」ではなく人民であり，人民こそが社会の存続基盤となるという批判も可能である。これに対しては以下で答えていく。

　上記した「人類／人間性」という観念は社会契約と憲法制定の主体であ

とに応用される（Sorel 1919）。しかし少なくとも『二源泉』ではベルクソンは個人に良心を付与させており，『試論』と『二源泉』を連続的に捉えれば，それが道徳的行為であると解釈できる。

36　前述したベルクソンの議論によれば，潜在的にはすべての個人が合意をすると考えらえる。しかし，良心は意識の深層部分にあり，個人がそのような自らの深層部分に気づかないこともありうる。さらに，現実においては，人類は道徳的な改革をつうじて少しずつ理想的な人間性に近づいていくが，その完成形に到達することは難しい（*DS*, 1046, 1213ff./191, 344ff.）。ベルクソンによれば深層にある道徳は「人類がその歩みに際して採用したある方向づけ」（*C2*, 134-135/130）である。

るとともに，その国家の存続基盤となりうる。社会契約で人々が尊重することに合意したと想定される基本理念は，ベルクソンによれば，アメリカ独立宣言や人権宣言に書かれている（*DS*, 1215-1216/346-348）。そうであるとすれば，リベラル立憲主義体制を敷く国家においては，その理念は憲法原理として憲法に表される。したがって，「人類／人間性」は一つの憲法にコミットしながら，その理念を遵守することをつうじて人々に共有される。そのためにそれは国家の存続基盤となるであろう[37]。

　このように，一つの時間的に持続する集団的アイデンティティが国家の存続基盤であり，それはある基本理念に対してコミットすることで形成されると考えうるという点で，ベルクソンとルーベンフェルドは一致する。さらに，そのような集団的アイデンティティを形成する個人に関しても，ベルクソンの時間論を考慮に入れれば，彼の個人の「人格」（personne）は時間的に持続するものであり（cf. *DI*, 83-92/141-156），ベルクソンの人格観は前述したように，ルーベンフェルドのそれと時間論的観点から一致する[38]。

　他方で，ベルクソンは個人の人格に対して道徳的性質を付与させるものの，ルーベンフェルドはそのような道徳的性質を想定しない。さらにこの人格観に起因して，ベルクソンの「人類／人間性」は開かれた社会においては，道徳的人格の尊重という基本理念を擁護する道徳的性質を有する。これに対して，ルーベンフェルドは人民に対して道徳的な意味づけをせず，それ故に基本的人権が憲法に必ず記載されるとは限らないという問題を有する[39]。

　両者に存在するこの差異によって，ベルクソンの議論はルーベンフェル

37　ルーベンフェルドは同一の憲法にコミットすることを国家の基盤とみなすものの，その理念については可変的であると考える。

38　ただしルーベンフェルドは前述した永遠性の観念について言及しない。

39　言い換えれば，第四章の脚注24で述べたように，ルーベンフェルドは憲法の内容と人民ないしは個人の性質のあいだに関係性をもたせない。他方でベルクソンは，世代的に接合しない個人のあいだの同一性は，政治的には同一の憲法にコミットすることであっても，より根本的には，もともと個々人のあいだにある共通性に基づき，憲法の内容である基本理念はそれによって基礎づけられると考えた。

ドがもつ不足点を補いうる。なぜなら，もし人間性をもつ人々が憲法の制定者であれば，かれらは必ず基本的人権の尊重を憲法原理とするからである。つまり憲法へのコミットメントを尊重するが故に修正不可能な憲法原理を認めないルーベンフェルドとは異なり，ベルクソンによれば，人民主権の理念に基づきつつも，人格がもつ尊厳によって，基本的人権の尊重は憲法原理として，すなわち修正不可能なものとして認められうる。

　これに対して，憲法の制定と人民主権の主体は人民であり「人類／人間性」ではないという前述の批判が想定される。しかし，ベルクソンによれば人民と「人類／人間性」は全く異なる主体というわけではない。彼は人民主権における人民の観念について次のように述べる。民主社会において個人の不可侵の権利が守られるためには，その社会に属する個々人が互いに対して，互いの権利を尊重するという義務を課さなければならない。このように，個々人が「立法者にして臣民」である場合に，かれらすなわち市民の全体としての「人民」（le peuple）が主権者となる。したがって，デモクラシーは理想的な人間を必要とする（DS, 1215/346）。すなわち，ベルクソンによれば人民は相互の権利を尊重するという人間性をもつ個々人の集合である。

　このようなベルクソンの議論をルーベンフェルドのそれを借りて補うとすれば，社会契約以降，個々人はその国の構成員として，基本理念が具体化された一つの憲法にコミットし，それを遵守することをつうじて，理想的な意味における「われわれ人民」という政治的アイデンティティを共有し続ける[40]。

　しかし，「人類／人間性」は普遍的な概念であるが，「人民」は局所的な概念である。ベルクソンが考える人民には，ちょうど個人の人格と同じように，個人や地域や時代によって様々である表層の自我の集まりとしてのローカルな部分と，深層の自我にある道徳的人格のつながりとしての普遍的な集団的アイデンティティ，すなわち「人類／人間性」という部分があると考えられる。

40　憲法制定後も，社会が閉じた道徳に従い，開かれた道徳を忘れているときに，ある個人がその社会を「道徳的に変形」させるべく自由な行為をなす場合がある（DS, Chap. 4）。

それは民主社会が局所的な閉じた社会と開かれた社会という二つの形態を同時にもつことに対応する。前述した二つの社会形態は，二つの完全に分離した社会を意味するわけではない。閉じた社会はそれ固有の性質のみをもつ社会であるが，開かれた社会はそれ固有の性質と同時に閉じた社会の性質をも有する。つまり開かれた社会は特定地域の国家形態をももつ（*DS*, 1220/353-354）。またその構成員である個人の人格も二つの性質を有する。すなわち第四章で述べたアッカマン，ルーベンフェルドと同様に，ベルクソンもまた，個人の内面的な二面性と，その二面性に照らし合わされた政治的形態の二面性を認める。言い換えれば，閉じた社会と開かれた社会という二つの社会形態は，それぞれ個々人が自我の表層部分にある閉じた道徳に従う場合に形成される社会形態と，かれらがそれとともに深層部分にある開かれた道徳あるいは良心に従うことによって成立する社会形態である。開かれた社会において，閉じた道徳は開かれた道徳によって規制される。すなわち，個人の権利の尊重が社会善の促進よりも優先される。

　以上より，ベルクソン哲学を用いた人民の観念が明らかにされた。ベルクソンにおいて人民は共通の人間性をもつ局所的な集団を意味する[41]。社会契約はそのような人民を形成し，それがその社会の存続基盤となると考えられる。

第三項　社会契約の方法論

　最後に，このようなベルクソンの社会契約論を彼の方法論の下で基礎づけ，そうすることでその数学的な特徴を浮き彫りにするとともに，それがアローの枠組みに包摂されないことを明らかにする。

　前述したように，『二源泉』においてベルクソンは「決定的な道徳」の構築を志したものの，同著は論理的論証が不十分で，それまでのベルクソンの著作よりも彼が定義する意味での客観性に乏しい。また彼は『二源泉』

41　この問題に関して，ベルクソンは以下のように述べる。「人権宣言の手本として役立てられたアメリカ独立宣言には，清教徒主義的な響きがある。それは『私たちは，すべての人格がその創造主から不可侵な諸権利〔…〕を付与されたこと〔…〕は自明である』とみなす」（*DS*, 1215/346-347）。その理念がフランス憲法上に明記される。つまり，憲法によって権利が守られる主体は人民であるとともに人類である。

執筆後,「道徳の問題が普遍的で万人に通じる証明によって解決できるのか?」という質問に対して,自分の著作が万人によって受け入れられることによってそれが明らかになると答える(中村 2009, 138)。しかし彼は『二源泉』で論理的論証を厳密に行わず,方法論的に自らの道徳論を擁護するために,主に経験的,直観的根拠を用いる。経験的,直観的根拠として用いられたのは自らの道徳論に対して人々が呼応することである。したがって『二源泉』を読んだ人が理性的にそれを受け入れるというよりも,むしろ経験的,直観的にそれに呼応するか否かが,そのままベルクソンの道徳論の成否の判定基準となる。つまり実質的には彼が客観性の定義の中で『二源泉』において成功したと考えられる要素は経験則と直観のみである。

　しかし,これまでの議論は『試論』との関連性および本書第三部との関連性を指摘することで決定的な道徳として再構築できる。そうすることで,ベルクソンが方法論的に意図していた,論理的論証と経験則の双方に基づいた道徳論の構築を達成する一助となるだろう。

　そのためにまず,閉じた社会あるいは閉じた道徳と,開かれた社会あるいは開かれた道徳との差異およびそれぞれの適用範囲を明らかにし,それを第六章の議論と関連づけよう。前述したように,前者の適用範囲はある閉鎖的な集団であり,後者のそれは人類である。ベルクソンは双方に質的な差異はないと考える主知主義的な立場に反論する。彼によれば,

　　家族愛,祖国愛,人類愛といった三つの傾向のうちに,この(主知主義的な)心理学は,次第に拡大しつつよりいっそう多くの人数を含むようになる同一の気持ちをみるだろう。〔…〕つまり,そのとき,この三つは,それぞれの関係する,次第に大きくなる三つの対象の名を挙げることによって区別されることになる。〔…〕しかし,それで分析したことになるだろうか。意識は最初の二つの気持ちと第三のそれとのあいだに,本質的な相違を直ちに認める。はじめの二つ(=閉じた道徳)は選択を,したがって排他を含んでいる。つまり,それらは闘争をそそのかすことがあり,憎しみを退けない。第三のもの(=開かれた道徳)は愛だけである(*DS*, 1007/47-48, 括弧内引用者)。

たとえどんなに大きくても国家と人類のあいだには,有限から無限への,閉じたものから開いたものへの,全距離が介在している(*DS*,

1001/39）。

　このように，ベルクソンは閉じた道徳と開かれた道徳のあいだにある差異を強調し，後者は前者に包摂されないと説く。そして包摂されないからこそ，後者の開かれた道徳は特定の集団の内部に限定されず，すべての個人の人格の尊厳を認める道徳，それゆえに「通約不可能性と絶対の観念を喚起する『人間の権利』の正義」（*DS*, 1037/90）となりうると彼は考える。しかしベルクソンはなぜ包摂されないのかも，なぜそうだからこそ開かれた道徳は上記の性質をもつのかも明示しない。

　これらの根拠を第六章の論証によって補強しよう。まず，家族愛と祖国愛は，それぞれ家族という集合（有限集合），国家という集合（有限集合）に対する愛であると考えられる。家族と祖国は有限集合であるため，それらは必然的に集合から取りこぼされる外部をもつ。それらがどのように構成要素を無限に広げても同様である。なぜなら第六章から明らかなように，すべての集合はその外部をもつからである。そのためそれらは，その集合に属するか属さないかという選択とその集合に属さない者に対する排他を必然的に含む。

　他方で，人類愛は人類に対する愛であり，排他を含まない。本章で明らかにされたように，ベルクソンにおいて「人類／人間性」は時間的に持続し永遠性を有する。言い換えれば人類愛とは永遠性に対する愛であり，その愛自身もまた自己の永遠性から生まれる。この「人類／人間性」の範囲あるいは大きさは，第六章の用語で表せば「直観的連続性」である。それは第六章で明らかにされたように常に外部が存在するあらゆる集合を超えており，それ自体は外部をもたない。

　このように，第六章の議論を『二源泉』に当てはめると，閉じた道徳と開かれた道徳のあいだにはその適用範囲という点で質的な差異があり，その差異によって後者は外部をもたないことが明らかにされる。このことを言い換えれば，前者は諸個人を構成要素とした集合であるが，後者の「直観的連続性」である「人類／人間性」はそのような集合ではないことを意味する。

　『二源泉』において，後者が前者に包摂されないこと，言い換えれば開かれた道徳が閉じた道徳に包摂されないこと，そうであるがゆえに開かれた

道徳の存在の余地があることの理論的な根拠としてベルクソンが唯一示すのが，ゼノンのパラドックスである。

　ベルクソンは閉じた道徳あるいは閉じた社会と，開かれた道徳あるいは開かれた社会のあいだの隔たりを，「ゼノンのパラドックスにおける静止と運動」との隔たりと同値であると述べる。ゼノンのパラドックスの原因は「すべての前進運動を，出発点と到達点とのあいだの距離の漸進的縮小だとみなす」（*DS*, 1036/88）という錯覚である。閉じた道徳が開かれた道徳に至ると考えるとき，「私たちはそうした錯覚を道徳の中にも発見する」。そのために，「私たちは，いったん絶対的正義が定立されると，相対的正義の諸形態は，絶対的正義に達する道の途上にある多数の停止点だと考える」（*DS*, 1036/89）。しかし，開かれた道徳は「ゼノンが中間の諸点を一つ一つ超えるために必要だと考えていたような，永遠に繰り返しなされるべき，従って無駄な，努力の無条件的否定」（*DS*, 1020/66）である[42]。

　要するに，ベルクソンはゼノンのパラドックスを用いることで，『試論』においては「個人の人格は諸瞬間の行為主体の集合ではない」ことを，『二源泉』においては開かれた社会が閉じた社会に包摂されないこと，言い換えれば，「人民は諸個人の集合ではない」ことを同様に基礎づけると考えられる。また彼は同じパラドックスを用いることで，『試論』においては「諸瞬間の個人選好をすべて集めても，個人の人格のすべての行動を表現できない」ことを，『二源泉』においては「諸瞬間の社会選好をすべて集めても，人民のすべての行動を表現できない」ことを同様に基礎づけると考えられる。

　ここで，ゼノンのパラドックスの定式化を再び示す。「ゼノンの（第二）パラドックスの通俗的な論駁は，無限数列の和

$$1 + \frac{1}{2} + \frac{1}{4} + \cdots\cdots + \frac{1}{2^n} + \cdots$$

が2であるという考えに基づく」（*EE*, 383/492，括弧内引用者）。

　このパラドックスを数学的に一般化して考えると，それは第六章で明ら

42　彼の論証は極めてあいまいであり，先行研究においても，『試論』の議論と『二源泉』の議論におけるこの部分の共通性を指摘する研究はほとんど見られない。

かにされたように，数学的連続性が直観的連続性に至らないことを意味する。言い換えれば，それは「点の集積ではない『集まり』が存在する」ことを意味する[43]。この数学的な結論は「個人の人格が諸瞬間の行為主体の集合ではない」ことと「『人類／人間性』が諸個人の集合ではない」ことの根拠になる。つまり，個人の人格と人類／人間性はともに直観的連続性という同じ性質を有し，それは数学的な集合を超える。

他方で，アローはこのような観念を考慮しない。後述するが時間論の観点から，アローは時間を瞬間の連続であると捉える。時間を瞬間の連続であると捉えることは，時間を数的に捉えることを意味する。そのようなアローの立場は，時間を「持続」あるいは直観的連続性として捉えないことを意味する。同時に，アローは社会を構成員の集合と捉える。社会を構成員の集合としてのみ捉えることは，少なくとも社会形成において直観的連続性としての「集まり」が果たす役割を考慮しないことを意味する。

アローが考慮するにせよしないにせよ，直観的連続性は集合に包摂されず，それは集合とは質的に差異がある。そのためそれは時間の観点からも個人の集まりとしての社会という観点からしても，アローの枠組みには包摂されない。言い換えれば，『試論』の解釈をつうじて個人の人格が個人選好に包摂されないことが明らかにされたことと同様に，集団的アイデンティティを主体とした本書の社会契約の構想は，アローの社会的決定とは質的に異なり，それに包摂されないことが分かる。

したがってアローの方法論の下では，本書の社会契約の構想は倫理的な意義をもたない。他方で，ベルクソンの考える意味における科学的論証によって倫理的言説が解明可能であるという本書の方法論の下で考察すると，これらの数学的特徴から開かれた道徳は次の二つの性質を有することが導き出される。第一に，開かれた道徳は個人一人一人の人格がもつ人間性の尊重を，そのような人間性の相互浸透により形成される，世代を超えた集

43　この場合，「集まり」は点の集合と定義されない。また，もちろん双方は理念的には全く異なる問題である。双方の相違点の一つは，後者においては，直観的連続性をもつ各個人がいかにして同じ性質をもつ「人類／人間性」を形成するのか，その動機は何かなどが検討されるが，前者においては，単一の個人が考察の対象であるので，そのような形成方法や動機などを考える必要がないという点である。

団的アイデンティティである「人類／人間性」の尊重と同価値とみなす。本書の方法論の下では，数学的に同じ性質を有するということは，規範的にも同じ価値を有することを意味するからである。アローもまた自らの道徳観を端的に表すとして採用するタルムードの別の詩によれば，

> 一人の魂を破壊する人は誰であれ，
> その人は全世界／永遠を破壊するに等しい。
> 一人の生命を守る人は誰であれ，
> その人は全世界／永遠を守るに等しい。

もし一個人と多数者の集合である人民が数的にのみ比較され，その比較に価値が伴うならば，当然のことながら多数者は一人よりも価値があるという図式が成り立つ。しかしベルクソンによれば，一個人の人格は内面に永遠性をもつが故に，それは全人類，あるいは全世界と同じ価値をもつ。このような極端なほどの個人の人格の尊厳の容認が，ベルクソンの議論を貫いていると考えられる。

　第二に，前述したように良心あるいは開かれた道徳は個人の人格をn人の中の一人としてのみみなさず，その固有性を尊重する。閉じた社会は等質空間上で表現されうる集合であるが，「人類／人間性」はそこでは表現不可能である。そのため，具体的な現象の複数性が単一化され，n人の集合となり，等質空間という社会的領域をもつ国家がいかに広がっても「人類／人間性」には至らない。たしかに個人はその表層部分では等質空間でn人の中の一人とみなされるが，その深層部分はユニークで固有である。開かれた道徳が尊重するのは等質空間では表現できない個々人のユニークな人格である。

　ただし，この考え方は実際の政治的決定において，たとえばすべての財を犠牲にしても一個人の人格や生命を守る政策を常に推奨するというわけではない。『二源泉』の実践的な意義は，両戦間期という時代背景の下で，閉じた道徳に傾き戦争を行いがちな実際の政治に対して警鐘を鳴らすことであった。それは道徳的な価値の問題として，また理想として守るべき理念として説かれていると考えられる[44]。

第四節　アローとの比較

本節は，これまで明らかにされたベルクソンの哲学観および社会契約論とアローのそれらを比較する。

第一項　アローの権利批判に対する応答

第三章におけるアローによるリベラル・デモクラシー論者に対する批判の一つは，権利の存在理由が不明であるという点であった。本項はそれに対する答えの一つを提示する。ベルクソンによれば，道徳的人格の尊重によって支えられた権利の平等はデモクラシーの基本理念である。

他方でアローは功利主義の立場から権利それ自体の意義を認めず，さらに個人観の差異からその根拠である道徳的人格の尊重という理念も認めない。しかしそうであるがゆえに，彼の枠組みは以下のような矛盾を引き起こす。

個人がもつ平等な権利の保障は，アローのデモクラシー社会においても必要な前提である。民主的な集団的意思決定を分析するアローは各個人の選好が同じウェイト付けで政治的決定に反映されることを前提にしており，彼の枠組みは暗黙の裡に，少なくとも政治的権利が個々人に平等に付与されることを前提にする[45]。

しかしアローの枠組みはそのような暗黙の前提のうえで，個人間の不平等な順序づけを肯定する。社会選好順序は，選択対象が構成員である場合，可変的な民主的決定を経て定まるがゆえに固定された社会階層ではないものの，個々人に対する社会的な順位づけである。ウックハルトによれば，

44　この考え方は，複数の個人の生命と一人の個人の生命は同じ価値をもつことを含意する。ただし，複数の個人の生命と一人の個人の生命のいずれかを選ばなければならない場合に，自らあるいは各個人は多数のうちの一人であり，社会の維持のための役割を担うという閉じた道徳に従って，人は前者を選ぶこともあるだろう。実際の選択においてそのような決定が下されるとしても，それはトレードオフや政治決定における必要悪の問題であり，その決定が開かれた道徳の観点から正しいわけではない。

45　このことは「平等性の条件」（*SCIV*, 101/146）の前提であると考えられる。

第 7 章 尊厳の政治と社会契約 **245**

合理的選択理論においては，有権者は候補者の集合に対して，かれらが社会厚生をどれくらい実現可能であるかという観点から順序づける。その場合，候補者の母集合である構成員全員の集合の順序づけが想定される。選択肢が構成員全員の集合であると想定すれば，それに対する社会選好順序は，社会的な評価のヒエラルヒーである（cf. Urquhart 2005, Part III）。そのようなヒエラルヒーが民主社会で成り立つためには，個々人の人格の平等が前提になければならない。しかし，もしアローが述べるように個人効用が向上する場合にのみ個々人の平等な権利を認めるとすれば，不平等なヒエラルヒーを肯定する個人は権利を放棄可能であり，そうであるとすれば民主社会が成り立たない。

したがって，アローの枠組みを民主社会に当てはめるためには，社会選好順序と両立可能な，個々人のもつ政治的な平等性にそれ自体として意義を認め，それを前提とする必要がある。言い換えれば，それは効用にかかわらず民主社会の基礎として認められなければならない。

さらに言えば，第三部の議論によって，個人の人格が個人選好に先立つことが明らかにされた。ただし道徳的人格は，永遠性の希求という形而上学的希求をもつ個人を想定しており，そのような想定が受け入れられなければ，アローの個人選好の主体にはなりえない。ただし第一に，もしアローが科学的客観性の要請のひとつである合理的分析の整合性を追及し，かつ数学的構造に規範的な意味をもたせるならば，本書の主体を受け入れなければならないだろう。第二に，もし方法論的観点から受け入れられないとしても，パレート原理の根拠の一つである個人選好の不可侵性は，その前提として個人の人格の不可侵性が守られなければならない。アローが市民主権および消費者主権において投票者あるいは消費者の選好の不可侵性を説く背景には，前述したように，個人の自由な選択によってパレート最適状態が実現するという厚生経済学の基本的な考え方がある。アローは帰結主義的な功利主義の観点から，パレート最適という社会厚生の最大化の基準となりうる社会状態を帰結的に生み出す個人の自由な選択を擁護する。

しかし，第一に，個人が自由な選択をすることを尊重するためには，それに先立って個人の人格が尊重されなければならない。もし選択主体である個人の人格が害される状況において，個人が自由な選択をしうるとしても，そのような選択が社会善の最大化を生み出すとは考え難い。たとえば

246 第四部　リベラル・デモクラシー論における全員一致の仮定

すべての個人が奴隷状態に置かれているとき，その状態において選択の自由がゆるされているとしても，センの適応型顕示選好の理念で明らかにされているように，個人は自らが望む選択をすることができない精神状態にある可能性がある。

　第二に，各個人の自由な選択を容認することで，別の個人の人格が侵害される可能性がある。後年においてアローが分析対象としたマーガレット・ラディン（Radin 1996）によれば，市場価格をつけるべきではない財が存在する。それは個人の人格を商品化することで，その尊厳を損ない，人間疎外を生み出すような財である。たとえば児童売買や売春などがこれに該当する。もし各個人の自由な選択を無条件に認めるならば，定義域の非限定性の条件も合わさり，たとえそのような財を商品化する社会状態への選好であっても，選好の内容を問わず肯定される。他方でそのように商品化された個人の人格は著しく損なわれ，表明される選好が歪められる可能性があるだろう。つまり社会善の最大化を目指すアローの立場においても，個人の人格の尊重は考慮されなければならない問題である。

　ラディンの問題提起を受けて，後年のアローはラディンの分析に全面的に賛成するわけではないとしつつも，市場や投票においても侵害されるべきではない個人の権利があることを容認する。つまり後年のアローは一部の個人の選好を，したがって一部の個人の自由な選択を肯定しない立場へと変化する（Arrow 1997, 765）。

　このようにアロー自身が後年において部分的に認めるように，デモクラシーの基本理念という観点からも，またアローの帰結主義的な社会厚生の最大化という観点からしても，パレート原理がみたされるよりも前に，基本的人権は前提として尊重されなければならない。そしてこのような基本的人権を根拠づけるのが個人の道徳的人格の尊厳という理念である。そうであるとすれば，本書が考える人格の構想は直接的にではないとしても，間接的な意味においてアローの枠組みに対して有用である。

　このことを認めるとすれば，もし権利の原理とパレート原理が対立するならば，権利の原理が優先されるであろう。すなわち，もし政策決定においてすべての構成員が全員一致して自らあるいは特定の個人の基本的人権を侵害する決定を下すという選好を表明するとしても，それはデモクラシーの基本理念にも社会厚生の最大化という理念にも反するがゆえに認めら

第7章　尊厳の政治と社会契約　　247

れない。

　以上より，基本的人権の尊重はアローの想定する民主社会においても必要であり，さらにパレート原理に優先されると考えられる。

第二項　アローの道徳観と哲学観に対する批判

　次に，アローの道徳観，哲学観を再検討する。まず道徳観に関しては，前述したように，アローは価値相対主義と倫理的絶対主義を二項対立的に分け，価値相対主義がデモクラシーにふさわしい理念であると考える。

　他方でベルクソンを援用しながら本書では，まず人格観において，個人の選好と価値観の多様性を認めながらも，精神の深層部分に「人類共通の普遍的なもの」を認めることにより，このような二項対立の立場をとらない。その代わり，諸個人は日常生活において合理的行動をとるとしても，多様な価値観と共通した内在道徳を有し，それによって合理的行動は倫理的に制約されると想定する。

　この内在道徳は合理性に還元されない。言い換えれば，ベルクソンの考える良心は選好順序を形成する欲求の一つとして還元されえない。第五章で述べたように，二項対立的に行為の動機を比較することは持続する意識を等質空間上で並べることを意味し，等質空間において持続する全人格を表現することはできない。良心はそのような持続する人格の深層部分にあり，それゆえに二項対立的な欲求の一つには組み込まれない。

　したがってアローに反して，合理的な個人の仮定のもつ欲求はすべての道徳的評価を含意しない。言い換えれば，良心は倫理的価値相対主義を超えた普遍性を有する。第五章で述べたように，合理的個人の仮定が下す評価にすべての道徳的評価が含まれるというアローの立場は，倫理的価値相対主義を生み出した。したがって良心もその評価の一つとみなされれば，良心もまた価値相対主義の影響を被る。しかし本書をつうじて明らかにされたことは，良心が価値相対主義を超えたところにあり，かつ超越論ではなく，実在する個人の人格の中にあるということである。良心は時間的に持続して個人の人格と行為を規定し，その時々の選好に対して倫理的制約を課す。たとえば，私たちはどうしても欲しい何かを，それを得ることによってもし他者の人格がもつ尊厳が傷つくならば断念するし，そのような断念は，単にその道徳的なためらいを含めた選好を形成すれば定式化でき

るわけではない[46]。

次に哲学観に関しては，第一章で述べたように，アローは個人選好の集計である社会選好という操作可能な概念によって，社会厚生ないし一般善が表現できると考える。このことの方法論的根拠として，彼は哲学的問題が科学理論で解明可能であるという見方を採用する。他方で，本書第三部では「個人の人格が個人選好に先立つ」ことと，個人の人格が科学的には完全に合理化不可能であることが示された。さらに，本章では個人の人格は形而上学的な源泉を有すること，哲学的思考がその源泉への内省であることが明らかにされた。

このように，個人の人格が選好に先立つとともに，それが形而上学の源であり，哲学的思考がその源にさかのぼることであるということは，個人の幸せとは何か，あるいは一般善とは何かという哲学的問題が必ずしも科学理論で分析可能であるわけではないことを意味する。アイレムが述べるように「ベルクソンは，知に至る非科学的な通路としての直観を強調した。このことは，純粋に合理的，実証的な科学に従属するものとして哲学が扱われることから，哲学を擁護する試みであった」(Irem 2011, 3)。個人選好と社会選好はそれぞれ，個人および社会が幸福とは何かを，その目的とは何かを定めた後で，それを反映させる評価基準である。同時に，自らの幸福とは何かは哲学的思考によっても明らかになりうるが，日常生活において諸個人はそこまで深く考えず，腐敗した選好をもつかもしれない。そのために真の幸福ないし一般善に基づいて個人選好および社会選好を制約する可能性が残される。

このような道徳的な個人選好は決して超越論的ではなく，個人が深く思考することによって経験的に得られる。それはいずれの選好がそのような選好であるかを観察可能なデータとして把握可能でないとしても，個々人は経験的にそれを自覚しうる。

SCIV において，アローは哲学的思考によって社会善が把握可能であるという立場をデモクラシーに反するとして批判する。アローの批判的態度が端的に表されている文章を再度引用しよう。

46　このような道徳的含意を有する自由意志によってなされる社会契約は，リベラル・デモクラシー国家の倫理的卓越性を担保する。

個人的評価がどのように変化しても（社会的）ランキングは変化しないと仮定することは，プラトン的実在論の類の伝統的な社会哲学とともに，個人の欲求とは独立に定義される客観的な社会善が存在すると仮定することである。この社会善は哲学的探求の方法によってもっともよく把握されうると，しばしば思われていた。そのような哲学は〔…〕エリートによる支配を正統化することが多かったし，そうすることができた。だがその結びつきに必然性がないことを以下で私たちは理解するだろう。

　近代的な唯名論的気質にとっては，あるプラトン的な存在領域に社会的理想が存在するという仮定は無意味であった。ジェレミー・ベンサムとその追随者たちによる功利主義哲学は，その代わりに社会善を人々の個別的な善に基礎づけようと努めた（*SCIV*, 22/31-32，括弧内引用者）。

たしかにアローが述べるように本書は哲学的思考によって一般善に到達できると考える。だがそれはデモクラシーに反するエリート支配にも超越論にも直結しない。個人は哲学的思考によって道徳的人格のもつ尊厳という一般善に到達可能であり，人々はその一般善に対して合意する。なぜならその一般善はすべての個人の自我の深層部分に共通する人間性を表すからである。そのような深層の自我による合意は，表層の自我における選好を制約する役割を果たすと考えられる。

　ところでベルクソンは，持続が等質空間では表現不可能であるがゆえに，本質的に言語化不可能であり，普遍的な内在道徳もまた禁止という形でしか言語としては表現できないことを認める。ベルクソンによれば，一方で「私たちが真の哲学的方法に眼を開かれるのは，内的生活の中に初めて経験の領域を見いだしたあと，言葉による解決を投げ棄てた日である」（*PM*, 1330/133）[47]。しかし他方において，内省は理性分析によって研ぎ澄まされ，さらに言語によって哲学は形になり，他者に伝達できるようになる[48]。他

47　Cf. 坂田・澤潟 1961, 44.
48　ベルクソンにおいて哲学的思考は理性的分析と直観との相互作用である。

者に伝達することで初めて，哲学は共同作業になりうる。また開かれた道徳の体現者への呼応も，かれが言語によって人々に伝達しなければ成り立たないだろう。したがって，普遍的なものは抽象化された一般性に翻訳されなければならない[49]。

つまり，「一般善とは何か」という哲学的問いは，言語化されて表現されることでのみ明らかにされる。したがって操作可能な定式化は依然として必要とされる。アローもまた *SCIV* で「いかなる形式での価値言明が個人間において伝達可能であるかという認識論的問題を提示する」（アロー 2013, ix）と述べる。しかし，たとえ哲学的思考を経た個人選好の可能性を問うとしても，それはアローの定式化とは次の四点で異なる。

第一に，哲学的な思考は，新しい価値観ないし選択肢を創造する可能性をもつという点である。一方でアローは，諸個人の価値観の役割は所与の選択肢間の評価基準であるとみなす。他方でこの立場では，諸個人は思考によって，与えられていない社会目的や価値観を反映させた選択肢そのものを新しく創造しうる。アローの定式化には，個人選好が新しく創造的な行為をみすごすことと同様に，社会目的の新しい創造を欠く。第二に，唯名論的で倫理的価値相対主義者であるアローに対して，本書は普遍的な道徳を容認するという点である。第三に，個人厚生のみを情報的基礎とみなすのではなく，個人の人格と権利の尊重をも情報的基礎とみなすという点である。さらに，もし権利の原理とパレート原理が対立するならば，前者が優先されるとみなされる。第四に，本書が時間的に持続するコミットメントを必要とする合意を説くことに対して，アローは合理的判断が常に可変的であることを要求する。これについて次項で詳しく述べる。

第三項　アロー『組織の限界』における社会の存続と合理的判断

社会契約と憲法に対する長期的なコミットメントを重視し，それに反するその時々の社会的決定を無効化できると考えるリベラル・デモクラシーの基本姿勢に反して，アローは各瞬間の社会的決定において，過去から続いているコミットメントをも含めたすべての選択肢が合理的決定の俎上に

---

[49] 哲学は精神の内奥の普遍性という「語りえぬもの」を語ることであり，それ自体で矛盾をはらむ。

載せられるべきであると考える。つまり第一章で述べたように，アローは社会的決定の暫定性を肯定的に捉える。彼の言葉によれば，集団的な意思決定において，実践的にはしばしば「ほかの事柄が議論の対象になるなかで，いくつかの道徳原理は吟味されずに所与のデータとみなされたままになる。しかしそれは単に思考と行動の倹約（economy）の問題であり，長期的に不変な原理があるという問題ではない」（Arrow 1967c, 118-119）。

　『組織の限界』では，アローは社会の存続における合理的判断の役割について，次の詩を引用することで議論を始める。

　　もし私が私のために存在しないならば，誰が私のために存在するのか。
　　もし私が他者のために存在しないならば，私とは誰なのか。
　　今がそのときでないならば，いつがそのときなのか。

　　　これら三つの一連の文章には，個人の自己充足の欲求と，社会的良心・社会的行動の欲求とのあいだにあって，私たちが誰しも感じる緊張の本質が示されている。〔…〕かくも多くのさだかならぬ変化に立ち向かいつつ，私たちはいかにして各瞬間に直ちに確信をもって行動に移りうるのか（Arrow 1974a, 1-2）。

このように議論を始めたうえで，アローは自らが合理的な個人を仮定するという立場であることを前提に，社会道徳とは何かを考察する（Arrow 1974a, 4）。第一章で示したように，アローはアローの定理が，個人に内在する個人的欲求と社会的欲求の対立と合意を示すと考えたうえで，しかしながらその合意を暫定協定とみなす。彼はその暫定協定においてすべての選択肢が選択対象になるべきであると考える。アローによれば，

　　　問題は，個人間の合意（agreement）を変えることが，個人の決定を変えるよりも典型的に難しいというところにある。〔…〕
　　　私が思うに，歴史のさまざまな最大の悲劇をもたらすのは，このような考え方である。言い換えれば，取り消さなければならないと経験によって教えられるまさにその瞬間において，かつての合意をあらためて強化してしまうような，過去の目的に対するコミットメントの感

覚なのである。〔…〕

　〔…〕私たちは，過去の過ちを認め，方向を変更する可能性を常に開いておかなければならない（Arrow 1974a, 25-28）。

　アローによれば，各瞬間における合理的選択のためには，過去のコミットメントを断ち切る可能性を常に残しておかなければならない。もちろん過去のコミットメントを継続して守るという選択もまた，その時々の合理的選択の結果として選ばれる可能性はある。だが同時にそれは常に取り消しの可能性に開かれていなければならない。さらに定義域の非限定性の条件から，アローはその時々の選択肢の範囲に何の倫理的な制約も設けない。

　このようなアローの立場は，極端な例を用いれば，社会的決定を行う個々人のあいだで全員一致の採択さえあれば，かれらが集団的に自殺をすることさえ容認されるという立場である。他方で，リベラル・デモクラシーにおける司法審査の役割は，たとえその時々の全員一致を含めた多数派の決定であれ，自殺を選ぶことは許されないことを意味する[50]。

　ラビの詩第一句は，個人的合理性の必要性を説く。ただしラビの詩第二句は，「私が私のためだけに存在するのであれば，私とは誰なのか」と問いかけており，私が私の主観的な欲求のためだけの人間ではないことを，個人のアイデンティティにかかわることとみなす。私がそのような性質だけをもつ人間ではないということが，私のアイデンティティの必要な要素であるとしたら，そのことは各瞬間の私の決定に対して，時間をこえて制約を課すと考えられる。

　アローはこのことを個人の評価基準に対する制約の問題というよりも，個人的合理性と社会的合理性のあいだでなされる妥協の問題であると表現する[51]。すなわち，個人は内面に個人的欲求とともに，社会の存続を求め

---

[50]　アローはパレート原理の正当性を擁護する際に，「ガチョウが集団である方向へ走っていけば，規範的にも記述的にも，その方向にガチョウを進めることを止める理由などない」（Arrow 2011, 26）と述べる。他方でリベラル・デモクラシーは，もしガチョウが集団で崖の下へ墜落する方向へと走っていくのであれば，外部の者によって柵を作ってそれを阻止することは，規範的に肯定されるという立場である。

[51]　ただし別論文では，この言葉がロールズの道理性のような，合理性以外の道

る社会的欲求をもち，それぞれは個人選好と社会選好として定式化される。アローによれば，個人が後者に従うことが第二の句の意味である。彼は社会的合理性の中身もまた各瞬間の合理的な判断によって可変的であると考えながら，それが社会の存続のために必要とみなす。しかしながら，社会の存続のための社会的合理性が各瞬間に可変的であるならば，それはそれだけで社会の存続の土台を形成しうるだろうか。もしそうであるとすれば，一つの社会的決定ともう一つの決定とのあいだ，あるいはジェファーソンが論じるように「一つの世代ともう一つの世代とは，あたかも一つの独立した国家ともう一つの国家のよう」（Jefferson 1958, 395）になると考えられる。すなわち，それは国家の時間的同一性を担保せず，それだけでは社会の存続基盤とはなりえない。

　社会選好がある一つの国家あるいは社会の存続基盤の一翼を担うためには，それが一つの時間的に持続する主体の選好であるとみなす必要がある。これまで明らかにされてきた人民という集団的アイデンティティはその主体であると考えられる。その集団的アイデンティティは個人のアイデンティティの一部を担う。もしそうであるならば，主体のアイデンティティにとって必要な要素は，社会選好に対して制約を課すと考えられる[52]。

　ラビの詩第三句は「今」という時の重要性を指摘する。アローの現在主義的な考え方はこの句と共鳴する。しかし，今を大切にすることと今が持続する時間からの抽象であることは両立する。むしろベルクソンは「今」という瞬間は道徳的制約の下で与えられた選択肢以外のものをも実行可能であると考える点で，アローよりも「今」の自由な性質を表現する。

　アローの見解には，各々の社会決定のあいだにおいてその社会あるいは国家の同一性を維持するものが何かという考察とともに，社会が今という瞬間において，国家の存在理由という倫理的制約の下で，与えられていない新しい選択をしうるという考察が欠ける。このことは，彼が，個人が行う各瞬間の選択のあいだで個人の同一性を維持するものが何かについての考察とともに，一定の倫理的制約の下で個人が各瞬間において，新しい「自

　　徳的意味をもつことをアローは認める（Arrow 1983, 109）。

[52]　個人の人格の尊厳を認めるという人間性を自らのアイデンティティとみなす主体がそれに反する決定を下すことは自己矛盾であり，そのような決定は無効化されなければならない。

由な行為」をしうるという考察を欠くという第三部の議論に対応する。

結論

　本章は，ベルクソンの議論を応用して，社会契約がどのようになされるかを考察した。結論として，ベルクソンを用いて次のことが明らかにされた。第三部で明らかにされた個人の人格がもつ性質により，それが尊厳を有する必要条件が導き出された。社会契約はそのような個人の人格が契約主体としてなされる，長期的なコミットメントを必要とする合意である。個々人はその契約をつうじて，個々人のもつ有限な生よりも時間的に長期に続く「人類／人間性」というアイデンティティを共有する。それは憲法へのコミットメントをつうじて人民となる。個々人が合意を結ぶ動機は，物理的な生存の保障だけでなく，精神的にもつ永遠性への希求によって，長期的に続く「人類／人間性」を共有したいと考えるからである。このようなベルクソンの社会契約は，アローの暫定協定とは異なり，またこれまでの議論より，それに包摂されない。

　さらに，アローの考える科学的客観性とは異なり，数理的分析と経験に基づく科学的方法によって倫理的問題が解明可能であるという本書の方法論が示された。

第八章　社会契約とアローの定理

　最後に，本書が提示する社会契約の構想を四段階シークエンスによって表される複数段階の集団的意思決定方法の中で考察し，それがアローの枠組みに包摂されないものの，その枠組みの前提になりうることを確認する。

　以下において，まず，本書の考える社会契約の特徴をまとめる（第一節）。次に，社会契約後になされる立憲的決定と政策決定の特徴を示し，社会契約がそれらに与える制約を明らかにする（第二節）。最後に，本書が考える諸々の社会的決定のあいだの関係性を明らかにする（第三節）。

第一節　社会契約の構想

　本書は，社会契約は以下の性質を有すると考える。

　まず想定する個人像は，日常生活において，あるいは自我の表層部分においては合理性をもちながらも，深層部分においては形而上学的な永遠性を希求しそれを尊重し，それに基づく内在道徳によって自らの合理性を制約する個人である。ただし，個人は日常的な営みにとらわれず哲学的思考をしたり，その道徳を体現する他者に呼応したりする理想的な精神状態においては深層部分にある内在道徳に自覚的であるが，日常生活においてそれを忘却する可能性がある。

　このような個々人は，理想的な精神状態ならば，道徳的人格のもつ尊厳を認め合うという理念に対して合意する。社会契約はそのような合意である。同時にそれは個々人に，互いの人格をその性質のままに，すなわち互いに比較不可能で唯一のものとして尊重するように要求する。

このような社会契約は次の二つの動機によって結ばれる。第一に，個々人が身体的な永続性を求め，そのために社会の形成を望むからである。第二に，個々人が精神的にも永遠性への志向という形而上学的希求をもつがゆえに，社会契約によって自らの生と世代を超えて長期的に持続する人民という集団的アイデンティティを共有することを望むからである。

個々人が自らの道徳を知覚し，そのために合意に至る方法は，第一に哲学的思考をつうじてである。哲学的思考とは個人が内省を経て自我の深層部分へと至ることを意味する。社会契約は仮想的であると考える点で，本書はロールズをはじめとした多くの社会契約論と一致する。他方で本書は社会契約が仮想的な状況下においてなされるのではなく，現実の状況において，自我がそのような理想的な状態であるときになされると想定する。そのような状態においては，個人は自らの社会的属性や地位あるいは社会的慣習などから離れて，哲学的な観点からのみ判断を下す。第二に哲学的思考を経なくても，哲学的思考をつうじて体得した普遍的な内在道徳を体現する他者からの触発と呼応によって合意する場合もある。そのためすべての個々人が哲学的思考を要請されるわけではない。このように合意をすると想定することで，現実の個人と理想的な道徳的人格の乖離をなくすことができるだろう。

個々人が哲学的思考をつうじて一つの共通理念に対して合意する根拠は，たとえ個々人が異なる哲学的思考をするとしても，個々人が共通してもつ内在道徳にかれらが気づくからである。そのような内在道徳が存在する証拠は，ベルクソンによれば，これまで哲学史においてなされてきた多くの道徳的教説は一つの共通する教説を内包するということから示される。たとえば功利主義がそのような内在道徳を認めなくとも，功利主義が重視する共感は自我の深層部分に共通の人間性があることの証拠として扱うことができる[1]。

社会契約は，契約主体が自我の深層部分をも含めた全人格であるがゆえに個人の人格の独自な選択であり，自らのアイデンティティを規定する選

1　このような考え方は，ロールズ『正義論』よりもむしろ『政治的リベラリズム』における重なり合うコンセンサスに親和的であるが，それよりも道徳的に厚い考え方である。ロールズは『政治的リベラリズム』において，道徳的な包括的教説の共通点としての政治的構想を提示する。

択である。それはベルクソンの用いる意味における個々人の「自由な行為」によってなされると解釈できる。その行為は自らのアイデンティティを示す行為であり，そうであるがゆえにその個人の生涯をかけてその後の選択を制約する。

　同時に社会契約において，個々人は「人間性」という道徳的な特徴をもち時間的に持続する，人民という集団的アイデンティティを形成し，それを受け入れる。ただし，集団的アイデンティティは社会契約のみによってではなく，社会契約の理念を具現化する憲法への長期的なコミットメントによって「人民」として特定化される。「自由な行為」が個人のその後の行動に影響を与えることと同様に，個々人が集団的アイデンティティを得るために行う社会契約は，その後の社会的決定を制約する。

　ただし，一方で「自由な行為」は選択肢があらかじめ規定されない創造的な行為であるが，他方で社会契約は個々人の道徳的人格の尊厳という基本理念に対する合意であり，そのために選択肢があらかじめ定められているとも考えられる。そうであるとすれば，前述した「現実が可能性に先立つ」という立場と矛盾するともいえる。

　しかし，社会契約で結ばれる基本理念は，個々人の人格をあらかじめ与えられた可能性には還元されえない新しい創造的行為をしうる存在として尊重するという理念であり，社会契約はその理念を互いが認め合うことを意味する[2]。したがって，それは「現実が可能性に先立つ」ことそれ自体に対する合意である。そのような合意は，その後の社会的決定において各人が新しい選択肢を提案する自由を保障する[3]。

　社会契約は過去のある時点でなされたものではなく，仮想的になされると仮定する。その決定はアローの考える暫定協定ではない。社会契約は個人のアイデンティティおよび集団的アイデンティティにかかわる決定であ

2　このような理念に合意する主体をアローの考える選択的行為主体とみなすことはできない。なぜならそうみなすことは主体と選択対象のあいだの矛盾を意味するからである。たとえばアローの定式化において「すべての個人は合理的に選択をしない」という選択対象が含まれないことと等しい。

3　そうであるとすれば本書が想定する社会契約がなされた後で行われる社会選択は，アローの定式化とは異なる特徴をもつ。しかし本書ではこれ以上この問題を扱うことはできない。

る。そのため，個人的決定において，ある個人が自分であることを規定する決定がそれ以降に自己を主体としてなされる決定を制約するように，ある個人がその集団の人民であることを規定する決定は，それ以降の社会的決定を制約する。それゆえに社会契約は長期的な社会の存続基盤を生み出す。基本理念が長期間守られ続けていく理由は，社会契約の動機が永遠性への希求だからである。

　このような社会契約による社会的決定への制約は制度化されなければならない。自我が理想的な状態ならば，人は憲法に対して従うだけではなく，それを自らの内在道徳を反映するものとみなす。またかれは永遠性への希求により，憲法にかかわることで得られる集団的アイデンティティを欲する。そのためにそれに対するコミットメントと遵守を進んで行うと考えられる。しかし現実の日常においては個々人は自我の表層部分にいるためにそれを忘れることもある。そのために強制力を伴う憲法の制定，司法審査の導入が必要になる。

　最後に，たとえ社会契約が仮想的な任意の時点でなされるとしても，それは，アローの方法論の下ではアローの手法によっては定式化できない。第三部で明らかにされたように，本書は「現実が可能性に先立つ」という立場を採る。そのため個々人の自由な行為は与えられた選択肢のあいだの選択ではない[4]。

　以上より，このような社会契約は*SCIV*の方法論，アローの定理の枠組み，異時点間の意志決定に対するアローの見解，アローのデモクラシー観，それらを統合的に考える場合，アローの考える意志決定の枠組みに包摂されず，それとは質的に差異がある[5]。社会契約は時間的に持続する道徳的人

4　アローの方法論と異なる立場，すなわち定式化に倫理的意義を伴わせずそれを単なる道具とみなす立場ならば，本書の考える社会契約も定式化可能かもしれない。たとえば可能なすべての選択肢集合を想定せず，ある命題に対する真偽判定とみなすコンドルセ陪審定理の立場が親和的であるだろう。しかしその場合，次の二点を考慮する必要がある。第一に，たとえ社会契約を「契約を結ぶか否か」という二項関係で定式化するとしても，それは倫理的価値相対主義を含意するわけではないという点である。第二に，本書の社会契約は人民という集団的アイデンティティをもつという自らのアイデンティティにかかわる決定であるため，その後の社会的決定を時間的に持続して制約し続ける。そのため，それ以外の社会的決定とそのような意味で同列には扱われない。

格を主体とした合意であり，それはアローの方法論によっては定式化できない。だが，それはアローとの方法論的な差異から本書の方法論の下では規範的意義を有する。本書は観察可能性を客観性の要請の一つとしては退けたうえで，個人の人格が深層部分で判断を下すという理想的な精神状態における合意が社会契約であると考える。そしてそのような合意は理性的に論証可能であり，また個人はそれを受け入れると経験的に検証可能である。さらに，社会契約はある国家の成立のための条件であり，アローが前提にする市民の資格や平等な投票権の確立のために，彼の枠組みの前提として必要である。

第二節　社会契約以降の社会的決定

　本節は，社会契約以降の社会的決定に対する道徳的制約について述べる。

第一項　第二段階の決定：立憲的決定

　第三章で述べた四段階シークエンスにおける第二段階は立憲的決定であり，第一段階の社会契約で採択された理念を憲法原理とする憲法に対する立憲的決定がなされる。第二段階において，憲法草案は哲学的思考をなしうる理性的な代表者によって作成される。前述したように深い思考を経た道徳的教説は理想的な精神状態であればすべての人の合意を得られる。また第二段階において代表者は社会契約で採択されたと想定される基本理念

5　社会的選択理論が「同時性」という性質を持つために，時間的な制度設計を理解せず，そのために社会的選択理論の論者たちが政治哲学のそのような側面を誤解する例として，ロールズが制度構築の理論の「発見法」として用いたマキシミン・ルールを，社会的選択理論の論者が社会状態の選択の際のゲーム理論におけるミニマックス・ルールであると考えるという誤解がある。盛山によれば，社会的選択理論では「抽象的に考えられた異なる社会状態の間で望ましいものを選択する論理が考察されている」が，そこでいう社会状態とは人々にどのような効用を与えるかが注目されており，「制度的内容は抽象されている」。だが，「ロールズが問題にしているのは，一瞬一瞬の社会状態ではなく，長期的な『制度的構造』である」。つまり，そのような誤解は社会的選択理論がある時点での社会状態の選択しか扱わず，時間的に構築される制度の基礎としてロールズが格差原理を用いたことを理解しないからである（盛山 2006, 129−131）。

を守るという制約のもとでのみ，人民の代表として憲法を作成する権利を有する。代表者により作成された憲法は，修正不可能な基本理念を除き，憲法上の修正条項に明記された特定数の賛同者があれば修正可能である。

　このような立憲的決定がアッカマンやルーベンフェルドのそれとは異なる点は，憲法立案者でさえ修正不可能な基本理念を認めるという点である。より具体的には，創造的で道徳的な個人の人格の尊重という基本理念に基づいた基本的人権が憲法原理となる[6]。またホームズのそれとも，本書の立憲的決定は基本理念を認める理由が社会契約を守るためであるという点で異なる。さらに第二段階では，もし第三段階の政策決定において憲法に反する結果が出たならばそれを破棄可能な司法審査制が設置される。

第二項　第三段階の決定：社会選好順序の制約

　最後に，第三段階の政策決定について考察する。通常，アローの定理が扱うのはこの段階の決定である。

　第三段階においては，候補者を投票で決定することで間接的に民主的な政策決定が行われる。投票において使用されている方法は選挙区や投票方法が何であれ，多数派の意志を反映する方式が採用される。その中でも個人の選好の全員一致が社会選好であるというパレート原理は，第三段階をアローの枠組みで定式化する際には公理とみなされる。

　アローは個人は内在的に個人選好と社会選好をもち，それぞれは個人的欲求と社会的欲求に基づくと述べる。つまり，アローは個人は内在的に自らの個性とともに，集団的アイデンティティをもち，そうであるがゆえに個人選好と同様に，それが示す社会選好を内在的にもつと考えると解釈できる。言い換えれば，アローは暗黙裡に社会選好の主体となる集合的アイデンティティを想定する。そうであるとすれば，そのような集団的アイデンティティとは構成員全員の集合が一つの主体となったものを指すと解釈できる。

　しかし，本書で明らかにしたように，もし個人の人格が個人選好に先立

6　基本的人権のうち，個人の創造性の擁護にかかわる権利は思想の自由や表現の自由などの自由権である。なお本書では憲法上の権利を付与する対象の範囲がどこまでかという問題に答えることはできなかった。

ち，個人の人格の尊重が個人選好の尊重よりも規範的に優位し，また個人の人格が，社会契約において人間性をもつ人民という集団的アイデンティティをもつという契約を結ぶとしたら，その社会契約後の社会においては，社会的決定の主体である主権者は「人間性をもつ人民という集団的アイデンティティ」である。そうだとすれば，それこそが社会選好の主体である。しかし，主権者が「人間性をもつ人民」として判断を下すには，構成員である個々人の精神が理想的な状態でなければならない。そのような状態ではない状況において，実際には，個々人は自己利益あるいは表層の自我に従って意見を表明する場合もあるだろう。そのような意思表明を抑制するために，司法審査制がある。言い換えれば，社会選好は人民の道徳的な制約に従わなければならない。それは，個人が自らの良心に従って個人選好を制約することと同様である。

　したがって，前述したように，社会契約で採択された理念に基づき憲法原理とみなされた基本的人権の尊重は司法審査制で擁護される。そのため，たとえ第三段階において個々人が全員一致でそれに反する決定をしても，その決定は破棄される。そのような意味で，パレート原理の制約が部分的に正当化される。

　それがアローに反して正当化される理由は次の三点である。第一に，第三章で述べたように，基本的人権の根拠は道徳的人格の不可侵性である。対してパレート原理の根拠の一つは消費者選好の不可侵性である。この二つの論拠に関して，第三部および第七章の議論により，個人の人格の不可侵性が個人選好の不可侵性に先立つことが明らかにされた。すなわち，個人選好の不可侵性は各個人の人格の不可侵性が保障されてから守られるべきである。言い換えれば，パレート原理は基本的人権によって制約される。

　第二に，社会契約と立憲的決定は政策決定よりも規範的に優位な決定だからである。言い換えれば，個々人の道徳的人格に基づいた全員一致は，個々人の日常的な選好の全員一致よりも規範的に優位である。前述したように，前者の社会契約は個々人が長期的にコミットする道徳を表しており，それは個人及び社会の同一性を担保するがゆえに，社会の存続を基礎づけ，後者のその時々の社会的決定を制約する。

　さらに，アローの定理によって表される個人選好と社会選好の対立の可能性は，個人が社会契約に合意し，集団的アイデンティティを内在的に有

してはじめて存在する。したがって，社会契約はアローの定理が行う集団的意思決定の前提として存在する。言い換えれば，投票であれそのほかの制度であれ，個々人がその社会の構成員としてその社会に参入することに対する合意を経た後に，アローの定理は問題視される。

　したがって各社会選択は一つ一つが独立しており，過去のコミットメントもすべて選択対象であるべきだと考えたアローと異なり，社会契約と憲法によって正統性を付与された基本的人権はその後の政策決定を制約する。さらに，創造的で道徳的な人格の尊重を基本理念として社会契約で合意した社会においては，政策決定の際にもあらかじめ与えられた選択肢のあいだの選択ではなく，一定の制約下で新たな選択肢を創造する機会が与えられるだろう。このことは，現実の政治においては立法行為として容認されており，そのため実践的な制度にも適う理念である[7]。

第三節　アローの社会厚生関数と本書の社会契約の関係性

　最後に，アローの考える社会厚生関数と本書の考える社会契約の関係を示す。そのために，序章で示した図1を再掲してこれまで本書で明らかにした関係性を①から③までに分類する[8]。第一に，個人的アイデンティティをもつ個人が個人選好順序を決定する際に守るべき道徳がある（①）。第二に，個人的アイデンティティが集まって集団的アイデンティティが形成される際に結ばれる契約，すなわち社会契約である（②）。第三に，社会契約において個々人が合意するルール，すなわち道徳的ルールである。集団的アイデンティティが，社会選好順序を制約する際に守るべき規則はこの道徳的ルールである。このルールは憲法の基本理念であり，その制約は司法審査によって制度化される（③）。最後に，個人選好順序の集計によって社会選好順序を決定する際の関数はアローの社会厚生関数である（④）。

　時間的な観点からすると，それぞれがもつ特徴は異なる。それを踏まえたうえで，それぞれの関係性を示す図が図1再掲の通りである。

7　具体的には教育政策における個人の創造性の重視などが挙げられる。この点については別稿に譲る。

8　厳密に言えば，持続は言語化不可能であるために定義もできない。第七章で論じたように，持続の観念自体に矛盾は存在する。

図1　再掲

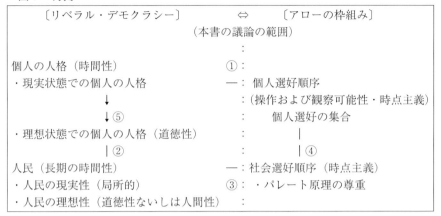

　定義にも示されたように，①−④のうち数学的な関数を表すのは④のみである。④はその時々の社会選択を表す。

　②は本書が考える社会契約であり，それは個々人のアイデンティティがもつ人間性が集団的アイデンティティを形成することとみなされた。数学的には，②で表された双方の関係性は「直観的連続性」の同値関係を表す。

　①と③は主体による選好の道徳的制約を表す。①はその時々の個人選好順序に対して，その主体であると本書が想定する道徳的人格が制約を課すことを意味する。時間の観点からすれば，個人的アイデンティティが時間的に持続するのに対して，個人選好はその時々のものである。前者は長期的に不変的な道徳をもつが，後者の個人選好はその時々で可変的である[9]。前者の道徳が後者の選好の動機の一つに包摂されないことを，第三部のパ

9　図1ではアローと本書の関係を表しているが，このような倫理的制約は本書以外の社会的選択理論の研究でもその存在と意義を指摘されている。たとえばセン＝鈴村の解法において「リベラルな個人」が，自らの選好が他者の権利領域を侵害すると知った時にそれを取り下げる際の道徳は，①と理念的に親和するだろう。政治哲学の研究でも，たとえばカントは不偏的道徳と合理性を区別し，前者による後者の制約の必要性を説く。このように，①の関係は個人選好に還元されない道徳が存在し，それが個人選好を外側から制約することを意味する。

ラドックスを用いて本書は明らかにしてきた。

③もまた，その時々の社会選好順序に対して，その主体であると本書が想定する集団的アイデンティティが制約を課すことを意味する。言い換えれば，長期的なコミットメントを必要とする社会契約が，その時々の暫定協定的な社会的決定に対して倫理的制約を課すことを意味する。集団的アイデンティティが社会契約をつうじて守るべき道徳は長期的に不変的であるが，その時々の社会選好順序は可変的である。

最後に，本書の考える社会契約（②）とアローの社会厚生関数（④）の関係を明らかにしよう。本書の社会契約はアローの枠組みに還元されない。本書はそのことを，第三部で解いたパラドックスを第七章で応用して，アローの社会厚生関数（④）が異時点間でどのようになされようとも，またどのように連続してなされようとも，それが時間的に持続する合意（②）を表現しないと論証することで明らかにした。

さらに，社会契約（②）は社会的決定（④）に先立ってなされると想定される。四段階シークエンスで明らかなように，リベラル・デモクラシー社会ではその基本理念を擁護するために段階的な集団的意思決定が必要である。そこにおいて社会契約はアローの考える社会的決定よりも規範的に優位であるため，前者は後者に対して先立ってなされると仮定される。

結論

以上より，本書の考える社会契約の特徴と，それと社会的選択理論が扱う社会的決定の関係が明らかにされた。前者の社会契約は個人のアイデンティティにかかわる決定であるが故に，一たび合意がなされるとそれ以降の決定に際して制約を課す。また社会契約が制度上どのようにして制約を課すかを，ロールズの四段階シークエンスに基づいて明らかにした。

第四部　結論

　第四部では，社会契約がどのようになされるのかを明らかにした。

　第七章では，第三部で明らかにされた個人の人格の特徴からその尊厳が導出されることを明らかにし，社会契約がそのような個人の人格による合意であるからこそ，それは互いの人格の尊重という理念に対する合意となりうることを示した。さらに，その合意は長期的なコミットメントを必要とすることを示し，それとアローの暫定協定的な合意を比較した。

　第八章では，本書が考える社会契約の特徴をまとめるとともに，それをアローの考える社会選択と比較した。結論として，社会契約はアローの枠組みの前提として成立し，そうであるがゆえにアローの定理が対象とする社会選択において，基本的人権の尊重のためのパレート原理の制約を支持することを明らかにした。

結論

　本書は，*SCIV* を検証することをつうじてアローの定理がデモクラシー論に与える含意を明確にし，その含意に基づいて彼の定理からリベラル・デモクラシーを擁護することを目的とした。そのためにまず，本書はアローの定理を，社会的選択理論で通常そう考えられているように科学理論によって証明された意志決定プロセスの解明のためのみの定理とはみなさず，同時にデモクラシー社会の存続を基礎づける道徳的ルールの解明のための定理でもあるとみなした。その解釈の下で本書は，アローの定理からリベラル・デモクラシーの存続基盤を擁護すること，すなわちアローの定理から擁護可能な道徳的ルールおよび社会契約が存在すると主張した。同時に，科学的客観性をみたす理論によって道徳的言説をも解明できるというアローの方法論の是非を問題にした。

　したがって本書の問いは，直接的には「道徳的ルールの不可能性を表すと解釈できるアローの定理は克服できるか」であった。間接的には，リベラル・デモクラシー国家の存続を基礎づける道徳的ルールは何か。リベラル・デモクラシー論者が考えるように，人々は社会契約において全員一致で道徳的ルールに対して合意するのか。もしするとすれば，かれらが合意するルールは何か。そして，そのような社会契約の存在は論証可能か否かであった。言い換えれば，それは多様な善の構想をもつ個々人のあいだに共通する一般善は何かという問題でもあった。さらに方法論的な観点から言えば，倫理的言説は科学理論によって解明可能かを問題にした。

　結論を要約すれば，本書は「アローの定理によってなされた否定的な証明から擁護されうる道徳的ルールおよび社会契約が存在する」こと，およ

びその合意は道徳的人格の尊重という理念に対する合意であり，それに基づく基本的人権の尊重に民主的正統性を付与するという政治経済学的意義があることを明らかにした。またその理念こそが一般善を表すことを明らかにした。さらに方法論的な問いに対しては，本書の考える科学理論によってこそ倫理的言説が解明可能であるという立場を示した。

　ここで，いくつかの想定される批判や疑問点に答えることにしよう。

　第一に，本書が用いる一般善の概念とアローが用いる社会善の概念が異なるという批判である。言い換えれば，一方で本書の一般善は精神的な概念であるが，他方でアローのそれは財の分配に基づく概念であるという批判である。しかし，バーグソンとアローの相違点を示した際に指摘したように，一方でバーグソンは経済厚生を経済変数に依存すると考えるが，他方でアローは，社会善を経済変数のみに依存するとは考えない。アローの社会状態には，たとえばその状態において諸個人がどのような精神的つながりをもつかをも含意されうる。つまり，バーグソンからアローの変更に伴い，物質的な富と労働量の関数としての「経済厚生は何か」という問いは，より精神的なものも含めた「幸福とは何か」という問いへと変化した。

　ただし，本書の一般善は人間の尊厳という極めて狭い意味であり，それ以外の，あるいはそれを基礎とした社会善ないしは社会厚生の追求には厚生経済学および社会的選択理論が有益であると考えられる。厚生経済学に関しては，その思想的背景として人々の生活水準の向上を目的としており，本書の結論である個人の人格の尊厳という理念はその目的に適うと考えられる。なぜなら社会権は個人の尊厳によって基礎づけられるからである。さらに本書の考察対象は基本理念に対する理想主義的な社会契約のみであり，社会的選択理論は社会的意思決定プロセスの解明のみならず，センが指摘したように現実の社会状態を比較したり，明確な不正を除去したりするという役割をも担う。

　第二に，リベラル・デモクラシーを理解するうえでなぜ形而上学的な希求をもつ個人の人格を想定する必要があるのか，そのような想定は政治的中立性に反するのではないかという疑問である。この疑問には，政治的権威と精神的権威の不分離の妥当性をめぐる問題が含まれる。社会の存続基盤である合意の動機づけや基本的人権の根拠を形而上学に求めるベルクソンの議論は，政治的権威と精神的権威の分離という政治的リベラリズムの

268 結論

基本姿勢に反する[1]。

　これに対しては次のように返答可能である。本書は包括的リベラリズムの可能性を提示する。後期ロールズ以降の政治的リベラリズムは善の問題に関しては価値中立的な立場を採用してきた。しかし，リベラルな理念をほかの理念よりも尊重することを正当化するためには，その哲学的な基礎づけ論が必要である。この点でリベラリズムは中立的ではありえない[2]。つまり，権利の存在理由が不明であるというアローの批判に対して形而上学的に基本的人権を基礎づけることは，リベラリズムを発展させるために必要な作業の一つである。

　このような個人の人格の構想に基づく社会契約は，アローの定理の否定的な結論から擁護可能な構想である。さらに本書の想定する方法論の下で，それは本書が定義する科学的客観性という一つの根拠をもちうる。

　第三に，社会的選択理論の方法を用いて，アローの考え方とは異なる方法で本書が考える社会契約は定式化可能であるかという疑問である。本書ではその定式化を明らかにすることはできなかった。ここではいくつかの示唆をするにすぎない。

　まず，社会契約のもつ社会の存続基盤という役割にかかわる問題である。たとえ集合的決定ルールの問題としては定式化可能であるとしても，それが社会の存続基盤を生み出すか，その際にこれまで議論された時間性の問題をどう解消するのか，という問題が依然として残される[3]。

　次に，本書の想定する人格の構想とより親和的な，陪審定理について考察する[4]。陪審定理においては，個人はアローの想定するような個人選好をもつ主体ではなく，ある命題に対して真偽判定を下す主体と想定される。

1　たとえ論理学を用いて形而上学を合理的に分析しようとしても，ロールズによる「合理主義的な信仰者」（Rawls 1996, 135）に対する批判が当てはまる。

2　たとえばドゥオーキンに対して，その権利論および「平等な配慮と尊重」の理念に対して形而上学的基礎づけが必要であるという批判がなされてきている（cf. 井上 2011）。

3　政治的アイデンティティの受け入れについての社会選択を社会的選択理論の枠組みで行った研究として，Samet and Schmeidler 2003 など。

4　アローは本書第二章で明らかにした理想主義的なデモクラシー観と陪審定理の親和性を指摘し，その含意は個人は決定に際して，選好表明よりむしろ真理の発見をすると想定されることであると述べる（*SCIV*, 95/137）。

近年では，陪審定理を用いて様々な個人の判断の集計に関する研究がなされている。それらの研究の中には，ロールズの重なり合うコンセンサスに基づいて政策決定におけるパレート原理を制約することを正当化する研究や，司法審査制度を定式化する研究などもなされてきている（List 2006; List 2011; Dietrich and Mongin 2010）。これらの研究との関連性は今後の課題である。

　第四に，このような問題を探求することの学際的意義および本書の応用可能性を明らかにする。本書は社会的選択理論と政治哲学の双方にかかわる問題を扱ってきた。この二つの分野は，これまでも領域を横断する様々な議論がなされてきた[5]。これらの議論は，社会的選択理論が厚生経済学から派生したことを考えると，大きく経済学と政治学の二分野にかかわってきた。

　伝統的にも，政治学と経済学は長く関連づけられており，その二つにかかわる政治経済学は歴史的に主に三つに分類される（河野 2006, 27–33）。第一は政治学と経済学とが独立して発展する以前に，両者が統一的な学問であったときの古典的政治経済学であり，アダム・スミスやマルクスなどの知的巨匠はこの範疇に含まれる。その後政治学と経済学が分化されるにつれて，そのような意味での古典的政治経済学は衰退し，第二に，経済学モデルにおける政治的要因の重要性を考慮に入れる理論的立場としての政治経済学が登場する。第三に，「政治現象を引き起こす要因として経済的要因を重視」（河野 2006, 30）して，基本的に経済学における合理的な個人の仮定を変更しながらも援用する，近年において政治経済学と呼ばれる立場が登場する。

　社会的選択理論はこの三番目の範疇に属する。特に *SCIV* 以降，アローの定理を修正することに端を発して学問分野をまたぐ研究が数多くなされた。若松良樹が述べるように，それらの研究成果および異なる学問分野が対話する場の開拓はセンの貢献によるところも大きい。つまり，センは「経済学に倫理学を導入した」だけでなく，「工学的な伝統を経済学から輸

5　アローによれば，「私の定理に関する質問の中で，それが恣意的に区切られた知的領域のうちのどこに位置するのかという質問以上に，つまらない質問を見つけることは滅多にできない」（*SCIV*, 108/115）。

出し，経済学と倫理学とが対話するための魅力的なインターフェイスを整備した」（若松 2003, iv）点で，現代の規範的な政治理論に重要な功績を残してきている。

　他方で河野は，第二，第三の政治経済学を批判的に吟味し，それらは経済学の分析手法を借用しており，政治経済学というよりもむしろ経済学に近いとみなし，単に経済学の手法を援用するのではない，新しい政治経済学の創設の必要性を指摘する。そして河野は経済学と政治学の融合の可能性を考察するが，河野によれば，一度分化された政治学と経済学を再統合しようという試みには方法論的な問題がある。その問題点は，経済学における方法論的個人主義と方法論的演繹主義は，政治学における現実主義とは相反する考え方だという点である。なぜなら前者は理論的な一貫性を重視するが，後者はそれよりもむしろ事実と理論の一致という理論の正確さを重視するからである。一方で経済学にとってそれら二つの主義は自らのアイデンティティであり，捨て去ることは困難であるが，他方で政治学はそれらを受け入れることが困難である。したがって，分析手法が分化した後では経済学と政治学の融合は困難である（河野 2006, 33-34）[6]。

　本書は社会的選択理論と政治哲学の対話を深めようとする試みの一つである。このような試みの途上においても，河野によって指摘された方法論的な問題点は浮上してくる。アローとミクロ経済学，その中でも消費者選択理論は，合理的な個人の仮定という方法論的個人主義と演繹主義をその研究の方法論的基礎とするという点において共通する[7]。しかしながら，一部の現代リベラリズムの研究書を除いてほとんどの政治哲学の研究書は，演繹主義はとにかくもそのような個人の仮定を分析手法として用いない。

　筆者はこの問題点を克服し社会的選択理論と政治哲学の対話と融合を目

6　このように，政治経済学は必ずしも独立した一分野として確立されているわけではなく，政治学と経済学の双方の手法を応用しながら政治・経済現象を分析する試みの総称であるといえる。このような現代の潮流を踏まえながら，政治学や政治哲学，そして経済学を融合させようとする新しい試みが近年なされつつある。そのような研究の成果として，河野・清野 2006や，須賀・齋藤 2011，田中・河野 2013など。

7　ただし，アローが無差別曲線や効用関数を用いないなど，両者には差異も存在する（*SCIV*, 16-17/23-24）。

指すためには，前者がアイデンティティとしている方法論的基盤こそを考察しなおす必要があると考える。本書はアローの合理的な個人の仮定が見過ごす，あるいは社会的選択理論の分析手法が取り込めないが，同時に政治哲学，特にリベラリズムにおいて重視されてきたもの，すなわち道徳的人格を合理的個人像とともに理論的土台として捉える可能性を探ってきた。

　ただし，このような応用可能性を考慮する場合，本書における個人像が理論的土台となりうるほど普遍性をもつか否かが問題になるだろう。特に本書は第四部で，個人が形而上学的な希求をもつことを想定してきた。もし本書の考える個人像が土台となりうるならば，このような想定が少なくとも合理性と同程度の現実的妥当性を有する必要があるだろう。経験的には，科学の発展に伴い宗教の超越性が否定されてきた現在においても宗教への信仰がなくならない背景には，多くの個々人が形而上学的希求を依然として有するからであると考えられる。ただしこれについては今後の課題にしたい。

　最後に本書は，多くの厚生経済学者が自明視してきたパレート原理が社会的決定の文脈においてはその自明性が問われるという考察を行ったが，市場においてパレート最適基準が公理であることを否定するわけではない。第七章では個人の人格の尊重が基本的人権を基礎づけると論じられたが，それを拡張して，パレート最適な社会状態を実現する市場均衡の規範的妥当性を問題視し，たとえば福祉国家による救済措置を肯定するという議論に対しては，ここでは答えることができない。なぜなら，アローが考えるパレート原理と市場におけるパレート最適性のあいだには相違点があり，福祉国家と市場均衡の関係性もまたより複雑なものであると考えるからである。

　同様に，本書は権利の基礎づけ論および，それに対して民主的正統性を付与する社会契約に関する議論であり，それらの理念に基づいて希少な資源をどのように再分配するのかに関する基準を明らかにすることはできなかった。本書の分析を応用すれば，市場内部でのパレート原理の自明性は保証されるものの，その外部からの制約を容認する点で，福祉国家に賛同的な意見になるであろう。そして本書の考える社会契約が，消費者選好の不可侵性に基づいた市場におけるパレート最適状態を正当化するための前提となるならば，自由放任型の政策に対する反論となるであろう。その観

点から本書の考え方を発展させれば，新しい政治経済学の構築に対して可能性が開かれていると考える。

補遺 273

補遺

1. バーグソン＝サミュエルソンの社会厚生関数

　バーグソン＝サミュエルソンの社会厚生関数の定式化のために，まずパレート原理を説明する（鈴村 2009，67−68）。X は選択肢の集合，x, y は選択肢，i は社会の構成員とする。この時，xR_iy は個人 i が x を y よりも少なくとも同程度に望ましいと考えているとみなす。$xP(R_i)y$ は個人 i が x を y よりも望ましいと考えているとみなす。また，$xP(R)y$ は社会が x を y よりも望ましいと考えているとみなす。パレート原理は，任意のプロファイル $R=(R_1, R_2, ..., R_n)$ に対して次のように表現される。

$$\forall\, x, y \in X : x(\bigcap_{i \in N} P(R_i))y \Rightarrow xP(R)y$$

バーグソン＝サミュエルソンの社会厚生関数は，パレート原理をみたす社会選好に対して，

$$\forall\, x, y \in X : u(x) \geq u(y) \Leftrightarrow xRy$$

をみたす実数値関数 u である。バーグソン＝サミュエルソンにとって，社会厚生はパレート原理をみたしさえすれば所与の価値である。

2. アローの定理

　続いて，アローの定理の形式的な証明を示す。

・1951年版の *SCIV* におけるアローの定理

　構成員を $N=\{1, 2, ..., n\}(2<|N|<\infty)$, 選択肢集合を $X=\{x, y, z, ...\}$ とみなす。まず，順序 R とは，完備性，推移性，反射性をみたす二項関係を意味する。プロファイル $R=(R_1, R_2, ..., R_n)$ は構成員の個人選好順序の組み合わせである。このとき，集合的選択ルールは任意の機会集合 S において，各プロファイルから選択関数 $C(S)$ を選ぶ方法である。

274 補遺

R_i：個人 i の X 上の順序（反射性・完備性・推移性をみたす）

R：X 上の社会的順序（反射性・完備性・推移性をみたす）

$C(S, R)$：R と機会集合 S における選択関数

定義　社会厚生関数はその値域が X 上の順序の集合に限定される集合的選
　　　択ルールである。$F: R \to R$

このとき，社会厚生関数に次の五つの条件を課す。まず「容認できる組」
とはその組み合わせから社会選好が導出される個人選好の組み合わせを意
味する。

条件１：選択対象全体の集合 X の中に三つの選択対象からなる部分集合 S
　　　で，次の性質をみたすものが存在する。S 上の個人順序のあらゆる組 T_1,
　　　…, T_n に対しても X 上の個人順序の容認できる組 R_1, …, R_n で，各個人 i
　　　と S に属するすべての x, y に対して，$xT_iy \Leftrightarrow xR_iy$ である。

条件２：R_1, …, R_n と R'_1, …, R'_n を個人順序の二つのプロファイルとし，P
　　　と P' をそれぞれに対応する社会的順序と，R と R' を社会選好関係とす
　　　る。この時，所与の異なる x', y' に対して，$x'R_iy' \Leftrightarrow x'R'_iy'$，すべての
　　　y' に対して，$xR_iy' \to xR'_iy'$，すべての y' に対して，$xP_iy' \to xP'_iy'$ であ
　　　るとする。この時，$xPy \to xP'y$ が成り立つ。

条件３：R_1, …, R_n と R'_1, …, R'_n を個人順序の二つのプロファイルとし，$C(S)$
　　　と $C'(S)$ をそれぞれに対応する社会選択関数とする。この時，各個人 i と
　　　所与の S に属するすべての x, y について，$xR_iy \Leftrightarrow xR'_iy$ ならば，$C(S)$ と
　　　$C'(S)$ は同じである。

条件４：社会厚生関数は賦課的であってはならない。

条件５：社会厚生関数は独裁的であってはならない。

定理２（一般可能性定理）：社会の構成員がいかなる仕方ででも自由に順序
づけうる選択対象が三つ以上存在する場合，条件２と３をみたし公理Ⅰ，
Ⅱをみたす社会的順序を生み出す社会厚生関数は，どれも賦課的となるか
独裁的にならざるを得ない[8]。

補遺　275

・1963年版の *SCIV* におけるアローの定理

アローは1951年の *SCIV* では五つの条件を提示したが，ジュリアン・ブラウによって，証明の一部に対する批判がされた（Blau 1957）。そのため，1963年に *SCIV* の第二版において条件1を条件1′（公理 UD）に修正し，かつ条件2と4を統合してパレート原理（公理 P）にして，四つの条件とした。政治哲学の文献でアローの定理が紹介される場合，そのほとんどは修正後の四つの条件を提示している。

数多くある証明のうちで簡明な証明としては，以下の Sen 1995 などがある。

公理 UD　定義域の非限定性
　社会厚生関数の定義域は，個人順序の論理的に可能なすべての組み合わせである。

公理 P　弱パレート原理
　　$\forall x, y \in X : [\forall i : xP_i y] u(y) \rightarrow xPy$

公理 I　無関連な対象からの独立性
　　$\forall i \in N, \forall x, y \in X : [xR_i y \leftrightarrow xR'_i y] \rightarrow [C(S, R) \leftrightarrow C(S, R')]$

公理 D　非独裁制
　　$\neg \exists i \in N : [\forall x, y \in X : xP_i y \rightarrow xPy]$

定理1　公理 UD，公理 P，公理 I，公理 D をみたす社会厚生関数 f は存在しない。

証明）まず，ほとんど決定的な（almost decisive）集団と決定的な（decisive）集団をそれぞれ次のように定義する。

定義2　$\forall i \in V : xP_i y$ & $\forall i \in N / V : yP_i x \rightarrow xPy$ であるとき，V は $AD(x, y)$ である。

定義3　$\forall i \in V : xP_i y \rightarrow xPy$ であるとき，V は $D(x, y)$ である。

8　*SCIV,* 59/85. 証明は *SCIV,* 48-59/69-85.

276 補遺

補助定理 a　ある順序対に対してほとんど決定的な個人 J が存在するなら，条件 UD, P, I をみたす SWF は，J が独裁者でなければならないことを含意する。

証明

J が $AD(x, y)$ であり，選択肢が x, y, z であるとする。

xPy, yPz であり，J 以外のすべての個人 i が yPx, yPz であるとする。このとき，$AD(x, y)$ より，xPy，公理 U より，yPz，社会的順序の推移性より，xPz. よって，

$$AD(x, y) \rightarrow D(x, z). \tag{①}$$

また，zPx, xPy であり，zPx, yPx であるとする。このとき，公理 U より，$zPx, AD(x, y)$ より，xPy，社会的順序の推移性より，zPy. よって，

$$AD(x, y) \rightarrow D(z, y). \tag{②}$$

①と②の式の変換から，結果的には $AD(x, y)$ である個人 J は，3 つの選択肢のすべての対について決定的であることが分かる。この結果は，任意の選択肢に拡張可能である。

次に，定理 1 が補助定理 a を用いることで証明される。

証明

公理 U, P, I の下で，$AD(x, y)$ である個人 J がいないと仮定する。

公理 P より，全体集合 N は任意の x, y に対して $D(x, y)$ であり，したがって $AD(x, y)$ である。このとき，すべてのほとんど決定的な集合のうちの最小集合を V とおき，それが $AD(x, y)$ であるとみなす。

・V が一人のとき，V は個人 J であり，矛盾が生じる。

・V が二人以上のとき，V を一人の集合 V_1 と，それ以外の集合 V_2 とに分ける。また，V 以外の集合を V_3 とする。それぞれ，以下のような順序を仮定する。

$\forall i \in V_1 : xP_iy \& yP_iz$

$\forall j \in V_2 : zP_jx \& xP_jy$

$\forall k \in V_3 : yP_kz \& zP_kx$

このとき，$AD(x, y)$ より xPy，もし zPy だと V_2 が $AD(z, y)$ になって矛盾するため，yRz. 社会的順序の推移性より，xPz なので，V_1 が $AD(x, z)$ になるた

補遺　277

め，矛盾が生じる。

・完全な全員一致

　個人選好にもともと完全な全員一致があれば，その選好を社会選好にする社会厚生関数は条件1と非独裁性以外をすべてみたすが，このケースでは非独裁性は無意味なので，条件1以外のすべての条件をみたす（*SCIV*, 74/109）。さらに，完全な全員一致がなくても条件1を単峰型選好に緩和すれば，単純多数決はその条件と条件2－5をみたす社会厚生関数である（*SCIV*, 75-80/111-118）。そして，完全な全員一致は単峰型選好の一つとみなされる。まず，単峰型選好の定義と条件を提示する。

定義12：S が強順序である時，$B(x, y, z)$ は xSy かつ ySz であるか，zSy かつ ySx であることを意味すると定義する。

補助定理5：x, y, z が相異なるとき，$B(x, y, z)$, $B(y, x, z)$, $B(y, z, x)$ の中の一つのみが成立する。

単峰型選好の仮定：強順序 S で，各 i に対して，$xRiy$ かつ $B(x, y, z)$ ならば $yPiz$ となるものが存在する。

定義5：ある相異なる x, y に対して，個人選好順序のどの組み合わせに対しても xRy となるとき，社会厚生関数は賦課的と言われる。

定義6：個人 i 以外のすべての個人の選好順序にかかわらず，$xPiy$ であるすべての x, y に対して xPy となる個人 i が存在するとき，社会厚生関数は独裁的と言われる。

条件1″：《単峰型選好の仮定》をみたす個人順序の任意の組 $R_1, ..., R_n$ に対して，対応する社会的順序 R は弱順序である。

　次に，多数決の方法を定義し，それが条件2－5をみたすことを証明する。

定義９：多数決の方法とは，$xRiy$ である個人の数 $N(x, y)$ が，$yRix$ である個人の数 $N(y, x)$ を下回らない時，その時に限り xRy となる社会厚生関数を意味する。

補助定理３：任意の選択対象の空間に対して，多数決の方法は条件２−５をみたす社会厚生関数である[9]。

　最後に，これらを用いて次の可能性定理を証明する。

補助定理６：R が個人順序の組 $R_1, ..., R_n$ から多数決によって形成され，すべての i に対して $xRiy$ の時に $zPiw$ ならば，xRy の時には zRw となる（*SCIV,* 78/114）。

定理４（単峰型選好の場合の可能性定理）：個人の数が奇数である場合，選択対象の数がいくつであっても，多数決の方法は条件1″と条件２−５をみたす社会厚生関数である（*SCIV,* 78/115）。

証明[10]：補助定理３より，多数決の方法は条件２−５をみたす。よって個人選好が単峰型であるとき，R が弱順序，すなわち完備性，反射性，推移性をみたすと証明する。

・完備性と反射性：

　多数決の方法より，必ず $N(x, y) \geq N(y, x)$ であるか $N(y, x) \geq N(x, y)$ であるので，すべての x, y に対して xRy か yRx であり，完備性と反射性はみたされる。

・推移性：

　以下において，すべての可能なケースで推移性が成り立つことを証明する。そのため，xRy, yRz と想定して xRz となることを示す。

１：選択対象 x, y, z のうちのどれかが同一であるとき

　　$x=y$ ならば yRz から xRz. $y=z$ ならば xRy から xRz. $x=z$ ならば反射性よ

9　*SCIV,* 48/68. 証明は *SCIV,* 46-48/65-686. 条件２−５は1951年版の *SCIV* におけるアローの定理の条件のことを意味する。

10　*SCIV,* 78-79/114-117.

り xRz.

2：x, y, z が相反するとき。この時，補助定理5より，次の (a), (b), (c) の可能性がある。

(a) $B(x, y, z)$；xRz が成り立つことを示す。

単峰型の仮定より，$xRiy$ のときは $yPiz$ なので，推移性より $xPiz.\ z$ を x で，w を z で置き換えて補助定理6より，xRz.

(b) $B(y, x, z)$；xRz が成り立つことを示す。

背理法を用いる。$yRiz$ だが $xPiz$ ではないと仮定する。この時 $zRix$. よって $yRix$. 単峰性より $yRix$ の時に $xPiz$ となるが，これは最初の仮定と矛盾する。ゆえに $yRiz$ ならば $xPiz$. 補助定理6より，yRz から xRz.

(c) $B(y, z, x)$；そもそも $B(y, z, x)$ と xRy, yRz という仮定が両立しないことを示す。

$yRiz$ と仮定する。単峰型の仮定より，$zPix$. よって $yPix$.

N' を $yPix$ である個人の数，N を個人の総数とする。この時，$N(x, y)＝N–N'. N(y, x) \geqq N'$. xRy より，$N(x, y) \geqq N(y, x)$ なので，$N–N' \geqq N'$. よって $N/2 \geqq N'$. さらに，$yRiz$ ならば $yPix$ なので，$N' \geqq N(y, z)$. 各 i に対して $yRiz$ または $zRiy$ が成り立つため，$N(y, z)+N(z, y) \geqq N. yRz$ なので $N(y, z) \geqq N(z, y)$. ゆえに $N(y, z) \geqq N/2. N' \geqq N(y, z)$ より，$N' \geqq N/2$. さらに $N/2 \geqq N'$ より $N' ＝ N/2$. しかし，これは投票者が奇数であるという仮定と矛盾する。

・部分的な全員一致

部分的な全員一致は，選択対象のうちのいくつかについては構成員が全員一致で同じ選好をもち，その選好がどのようなものかもあらかじめ明らかであると定式化される。この時，公理 UD（$SCIV$ では条件1であり，公理 UD とは多少異なる）が次のように緩和される。Q_i を個人 i においてあらかじめ選好が明らかな準順序とすると，

条件1'：個人的順序の容認できる組 $R_1, ..., R_n$ 全体の集合は，各 i に対して Ri が Q_i と両立するような組の全体と一致する（$SCIV$, 62/91）。

この時，各 i に対して，Q_i と両立し集合 S の上では Ti と一致する個人順序

R_i が存在することが証明される（*SCIV*, 62-63, 64-68/100, 102-108）。そのうえで，次の定理が成立する。

定理3：$Q_1, ..., Q_n$ が準順序の組であり，この組に対して少なくとも三つの選択対象を含む集合 S が存在し，いかなる i に対しても，また S に属し $x \neq y$ となるいかなる x と y に対しても，xQy となることがないならば，条件 1′ と条件 2 および 3 をみたす社会厚生関数は，どれも賦課的か独裁的である（*SCIV*, 63/192）。

すべての個人がある選択肢に対しては同じ選好であるとは，Q_i がすべての個人で同一であることである。したがってその状況は定理3に内包される（*SCIV*, 89/129-130）。

3. リベラル・パラドックス（Sen 1970a, Sen 1976, Chaps. 6, 6*）

選択肢集合を $X = \{x, y, z, ...\}$，社会の構成員を $N = \{1, 2, ..., n\}$ とする。まず，順序 R とは，完備性，推移性，反射性をみたす二項関係を意味する。プロファイル $R = (R_1, R_2, ..., R_n)$ は構成員の個人選好順序の組み合わせである。集合的選択ルールは任意の機会集合 S において，各プロファイルから選択関数 $C(S)$ を選ぶ方法である。この関数に課す以下の四つの条件を考察する。

公理U　定義域の非限定性

集合的選択ルールの定義域は，個人順序の論理的に可能なすべての組み合わせである。

公理P　弱パレート原理

$$\forall x, y \in X : [\forall i : xPy] \rightarrow xPy$$

条件L　自由主義

$$\forall i \in N, \exists x, y \in X : (xPy \rightarrow xPy) \cap (yPx \rightarrow yPx).$$

条件L*　最小自由主義

少なくとも二人の個人 k, j が，二つのペア (x, y), (z, w) のそれぞれに対して，どちらの順序にせよ決定力をもつ。

定理1：条件U, P および L* をみたす集合的選択ルールは存在しない。

証明：

・(x, y) と (z, w) が同じペアである場合：L* は明らかに成立しない。

・二つのペアが共通する一つの要素をもつ場合：

$xP_iy, wP_ix, \forall i : yP_iw$ と仮定する。このとき，条件 L* より，$xPy \& wPx$. 条件 P より，yPw. このとき，非循環性に抵触する。

・四つの選択肢のすべてが異なる場合：

$xP_iy, zP_iw, \forall i : (wP_ix \& yP_iz)$ と仮定する。このとき，条件 L* より，$xPy \& zPw$. 条条件 P より，$wPx \& wPz$. このとき，非循環性に抵触する。

以上より，条件 U, 条件 L*, 条件 P をみたす集合的選択ルールは存在しない[11]。

4. ブラウの定理 （Blau 1975）

ブラウは，リベラル・パラドックスの公理 L* を以下で説明されるような公理 ML に修正することで，可能性定理を導出する。まず「おせっかいな個人」の定義をする。

$R : x>y>z>w$

$R : x\sim y>z>w$

$R : x>y>z\sim w$

このとき，三つの選好順序に共通する選好は，$xRy, yP(R)z, zRw$ である。推移性により xRw である。この場合，選好順序 $xP(R)w$ は，$yP(R)z$ よりも「序数的な意味で強い」（stronger in the ordinal sense）選好である。

・おせっかいな個人の定義：自分の私的領域にかんする選好よりも他人の私的領域にかんする選好が「序数的な意味で強い」個人。

「修正された自由主義」の公理（条件 ML）：少なくとも一人がおせっかい

11　さらに条件 U, 条件 P, 条件 L をみたす集合的選択ルールも存在しないことが証明される。

な個人ではないとしたら，ある人がおせっかいな個人でない場合のみ，その人の私的領域にかんする権利が保障される。

定理：もし構成員が二人ならば，条件 ML, P, U をみたす集合的選択ルールが存在する。

証明：

・選択肢が三つの時

　次の性質をみたす社会順序を想定する。①全員一致の個人選好は社会選好になる。②個人 1 の権利領域を $\{a, c\}$，個人 2 の権利領域を $\{b, c\}$ とする。このとき，個人 1，2 は d, d^* 以外のすべてのプロファイルにおいて，それぞれに対して決定力をもつ。d は個人 1 が $c>a>b$，個人 2 が $b>a>c$ であり，d^* は個人 1 が $b>a>c$，個人 2 が $c>a>b$ である。d, d^* のみが，二人ともおせっかいな個人のプロファイルである。③ a, b, c 以外の選択肢は無差別とする。このとき，この社会選択のメカニズムは，条件 U, P, ML をみたす。

　さらに，社会順序は非循環（acyclic）であるため，それは合理的なメカニズムである。なぜなら，循環する社会選好はプロファイル d, d^* のみから導出されるからである。

・選択肢が四つ以上の時

　選択肢を $\{a_1, b_1, a_2, b_2\}$ とする。このときも，循環する社会選好は二人ともがおせっかいな個人選好をもつときにのみ導出される。

5. ギバードのパラドックス（Gibbard 1974）

　ギバードは，たとえパレート原理を採用しなくとも自由権と定義域の非限定性が対立することを証明する。

　個々人において一定の非個人的なすべての性質の集合を X_0 と，個人によって異なる，ある個人 i のすべての個人的な性質の集合を X_i とみなす。このとき，すべての社会状態の集合は次のように表すことができる。

$X = X_0 \times X_1 \times ... \times X_n.$

また，X_{-i} は次のような意味である。

$X_{-i} = X_0 \times X_1 \times ... \times X_{i-1} \times X_{i+1} \times ... \times X_n$

$x_{-i} = (x_0, x_1, ..., x_{i-1}, x_{i+1}, ..., x_n)$

さらに，もし $x_i \in X_i$ であり，$z = (z_0, z_1, ..., z_{i-1}, z_{i+1}, ..., z_n) \in X_{\neg i}$ であるとき，$(x_i ; z) = (z_0, z_1, ..., z_{i-1}, x, z_{i+1}, ..., z_n)$.

このとき，個人 i の私的領域を以下のように定義する。

$D_i = \{(x, y) \in X \times X : x_{\neg i} = y_{\neg i}\},(i \in N)$.

この中では，個人は自分の選好にしたがって決定をする自由をもつとされる。

条件 GL　各個人 i において，もし $(x, y) \in D'_i$ であり，すべての $z \in X_{\neg i}$ において $((x_i ; z),(y_i, z)) \in P(R_i)$ ならば，$[x \in S \& y \in C(S)]$ であるような機会集合 S は存在しない。

定理（ギバードのパラドックス）　公理 U と公理 GL とを同時にみたす集合的選択ルールは存在しない。

証明：二人の個人 $j, k \in N$ を想定して，以下のような四つの選択肢集合を考える（鈴村 2009, 254 – 255）。

$x = (a_0, a_1, ..., a_{j-1}, x_j, a_{j+1}, ..., a_{k-1}, x_k, a_{k+1}, a_n)$

$y = (a_0, a_1, ..., a_{j-1}, x_j, a_{j+1}, ..., a_{k-1}, x_k, a_{k+1}, a_n)$

$z = (a_0, a_1, ..., a_{j-1}, x_j, a_{j+1}, ..., a_{k-1}, x_k, a_{k+1}, a_n)$

$w = (a_0, a_1, ..., a_{j-1}, x_j, a_{j+1}, ..., a_{k-1}, x_k, a_{k+1}, a_n)$

選択肢 $x_j, x_j^* \in X_j, x_k, x_k^* \in X_k$ とする。臨界的ループを次のように定義する。

臨界的ループ（critical loop）：$\{(x^\mu, y^\mu)\}_{\mu=1}^t (t \geq 2)$

s. t. 1) $\forall \mu, (x^\mu, y^\mu) \in \cup_{i=1}^n D_i$

2) $\neg \exists i^* \in \{1, 2, ..., n\}, s.t. \forall \mu, (x^\mu, y^\mu) \in D_{i^*}$

3) $\forall \mu = 2, ..., t, x^1 = y^t \& x^\mu = y^{\mu-1}$

このとき，$(x, y) \in D_j, (y, w) \in D_k, (w, z) \in D_j, (z, x) \in D_k$ であるため，権利領域 D は臨界的ループをもつ。したがって社会選好は循環性をもつ。

6. セン＝鈴村の解法（Sen 1976, Suzumura 1978）

　最後に，セン＝鈴村の解法の証明過程の方向性のみを概略する。セン＝鈴村の解法では，まずリベラル・パラドックスは次のように定式化される。

$N = \{1, 2, ..., n\}$

$X = \{x, y, z, ...\}$

$R = (R_1, R_2, ..., R_n)$

284 補遺

$C=F(R_1, R_2, \ldots, R_n)$

S：機会集合

条件 U　定義域の非限定性

　社会的決定関数の定義域は，個人順序の論理的に可能なすべての組み合わせである。

条件 P　$\forall x, y \in X, (x, y) \in \cap_{i \in N} P(R_i) \rightarrow [x \in S \& y \in C(S)]$ for no $S \in K$.

次に，D_i を個人 i がもつ権利領域であるとする。このとき，センによる自由主義的権利の条件は次のことを意味する。

条件 SL　$D=(D_1, D_2, \ldots, D_n) \in \Omega(n)$

　　　　 s. t. $(x, y) \in D_i \cap P(R_i) \rightarrow [x \in S \& y \in C(S)]$ for no $S \in K$.　　　(1)

リベラル・パラドックス：条件 U, P, SL をみたす集合的選択ルールは存在しない。

リベラル・パラドックスを解消させるために，条件 SL を緩める。そのために次の概念を導入する。

定義：権利領域 D が一貫しているとは，それが臨界的ループ（critical loop）をもたないことを意味する。

補題 1　権利領域 D が一貫している時，その時に限り，すべての $D_i \cap R_i$ に順序拡張 R が存在する。

　補題 1 より，権利領域 D が一貫していれば，すべての権利領域における個人選好と両立する選好順序が存在しうることが分かる。よって，自由主義の条件を権利領域の一貫性を条件に含めるように修正し，かつパレート原理を拡張順序 R と両立するように修正する。

　まず，リベラルな個人がもつ選好を次のように定義する。R を補題 1 の拡張順序とする。

　　　　$R_i^* = R_i \cap R$

条件 CL　すべての一貫した権利領域 D に対して，（1）が成立する。

条件 CP　$R^* = \cap_{i \in N} R_i^*, \ \forall \, x, y \in X,$

(a)　$(x, y) \in R^* \rightarrow [x \in S - C(S) \& y \in C(S)]$ for no $S \in K,$

(b)　$(x, y) \in P(R^*) \rightarrow [x \in S \& y \in C(S)]$ for no $S \in K.$

定理1：少なくともリベラルな個人が一人いれば，条件 U，CL，CP をみたす合理的な集合的選択ルールが存在する。

証明：

i がリベラルな個人ならば $R_i^* = R_i \cap R, i \in N_1,$ そうでなければ $R_i^* = R_i$ とする。

　　$R^* = \cap_{i \in N} R_i^*, P = \cap_{i \in N_1} P(R^i)$ とする。このとき，

　　$R_0 = \{(x, y) \in X \times X : (y, x) \notin P \cup P(R^*)\}$ とする。

次に，R_0 が完備（total）かつ非循環（acyclic）であることを証明する。それぞれは次の意味である。R が完備であるとは，$\forall \, x, y \in X, (x, y) \in R$ あるいは $(y, x) \in X$ のとき，そのときのみである。R が非循環であるとは，すべての $\mu = 1, 2, ..., t-1$ に対して $(x^\mu, x^{\mu+1}) \in P(R)$ でありかつ $(x^t, x^1) \in P(R)$ であるような $\{x^1, x^2, ..., x^t\} \in K$ は存在しないとき，そのときのみである（Suzumura 1976, 340）。続いて次の補題2を証明する。

補題2　R が完備かつ非循環ならば，$C(S) = G(S, R_0)$ をみたす。

よって，補題2より，ある社会的決定関数が存在することが分かる。

　　最後に，その社会的決定関数が条件 CL と CP をみたすことを証明する。

7. ゲーム形式の権利論（鈴村 2009, 296–303）：

　　まず，あるゲーム形式を以下のように定める。ゲーム形式は順番に，構成員の数，戦略集合，戦略と帰結の関係を表す帰結関数に依存する。

$$G = \left(N, \{\textstyle\sum_i^G\}_{i \in N}, g^G \right)$$

　　このゲーム形式の集合のなかで，ゲーム形式の権利体系として適格性をもつゲーム形式の集合を G^R とみなす。ゲーム形式の初期付与の問題は，G^R からゲーム形式 G を一つ選びだすという問題である。したがって，権利体系として適格性のあるゲーム形式が与えられることそのこと自体は，初

286 補遺

期付与の問題以前に自明視されている。

　次に，ゲーム形式それ自体の社会的決定という第一段階の意志決定と，その形式の下でなされるゲームという第二段階の決定とがあると想定する。

・第一段階において，第二段階のゲームにおける帰結に対する個人選好のプロファイルがあらかじめ分かっている場合：

　その場合，そのプロファイルを情報的基礎として，ゲーム形式に対する個々人の選好順序を作り出す。(3.1) はあるゲーム形式 G とプロファイル R によるナッシュ均衡帰結を表す。

(3.1)　$E^{NE}(G, R)=\{g^G(\sigma^{NE})|\sigma^{NE}$ はゲーム (G, R) のナッシュ均衡$\}$

このとき，各ゲーム形式に対する個人選好を以下のように定める。個人 i にとって，あるゲームのナッシュ均衡帰結の一つが，もう一つのゲームのすべてのそれよりも望ましいならば，彼は前者のゲームを後者のそれよりも選好する。

(3.2)　$\forall G^1, G^2 \in G^R : G^1 \Theta_i^G(R)G^2 \Leftrightarrow \forall y \in E^{NE}(G^2, R), \exists x \in E^{NE}(G^1, R): xR^1y.$

ゲーム形式に対する諸個人の選好順序のプロファイルは以下のように書ける。

(3.3)　$\Theta^G(R)=(\Theta_1^G(R), \Theta_2^G(R), ..., \Theta_n^G(R))$

この選好順序を集計することで，ゲーム形式を社会的に決定する。そのうえで，定められたゲーム形式の下で諸個人はゲームをして，ある帰結を得る。つまり，第一段階の意志決定は諸個人の選好を集計する外部の機関（政府など）によって，第二段階のゲームはその後で定められたゲーム形式の下で諸個人によってなされると考えられる。

・第一段階において，第二段階のゲームにおける帰結に対する個人選好のプロファイルを誰も知らない場合：

　まず，(x, G) はゲーム形式 G によって社会状態 x が帰結することを意味する。次の式は，個人順序のプロファイルが与えられたとき，ゲーム形式 G においてナッシュ均衡解であるが故に実現可能な状態 x と G の組み合わせの集合を意味する。

(3.4)　$\wedge(R)=\{(x, G) \in X \times G^R|x \in E^{NE}(G, R)\}$

　次に，その組み合わせに対する個人選好を次のように定義する。

(3. 5) $\forall\, (x, G), (x^*, G^*) \in \wedge (R): (x, G)Q_i(R)(x^*, G^*) \Leftrightarrow$

個人 i の判断によれば，帰結に対する個人順序のプロファイル R のもとで実現可能な集合のうちで，ゲーム形式 G の下で帰結 x を得ることは，G^* の下で x^* を得ることに比べて少なくとも同程度に望ましい。

　このような個人 i の判断による順序の組み合わせであるプロファイル Q = $(Q_1, Q_2, ..., Q_n)$ が与えられたとき，ルール Φ によって社会的な判断である $Q = \Phi (Q)$ が形成されるとき，所与の R における Q の下でゲーム形式は次のように決定される。

(3. 6) $C(Q, R) = \{G^* \in G^R | \exists\, x^* \in A, \forall\, (x, G) \in \wedge (R): (x^*, G^*)Q(R)(x, G)\}$

　この時，次の式がみたされるとすれば，いかなるプロファイル Q に対してもあるゲーム形式が選択されることになる。

(3. 7) $Q = (Q_1, Q_2, ..., Q_n)$ に対して，

$\bigcap_{R \in A^C} C(\Psi(Q), R) \neq \phi$

参考文献

　『社会的選択と個人的評価』（Arrow, Kenneth, 1963, *Social Choice and Individual Values: 2nd edition*, New Haven: Yale University Press）．『著作集』（Bergson, Henri, 1963, *Œuvres*, Paris: Presses Universitaires de France）所収の論文，および『講義録』（Bergson, Henri, 1999-2000, *Cours*, Paris: Presses Universitaires de France）などについては，略号と頁数を本文中に挿入した．また邦訳本の頁数を原文の頁数とスラッシュの後に示した．ただし訳出に関しては，原文と文脈に応じて，訳文を一部変更してある．

一次文献

Arrow, Kenneth. 1963[1951a], *Social Choice and Individual Values: 2nd editions*, New York: Yale University Press（長名寛明訳『社会的選択と個人的評価』勁草書房，2013年）．【*SCIV*】

――. 1951b, "Little's Critique of Welfare Economics," *American Economic Review*, Vol. 41, No. 5, pp. 923-934.

――. 1951c, "Mathematical Models in the Social Science," in Lerner, Daniel and Harold D. Lasswell, eds., *The Policy Science*, Stanford, California: Stanford University Press, pp. 129-154.

――. 1959, "Rational Choice Functions and Orderings," *Economica*, Vol. 26, No. 102, pp. 121-127.

――. 1967a, "Public and Private Values," in Hook, Sidney, ed., *Human Values and Economic Policy*, New York: New York University Press, pp. 3-21.

――. 1967b, "Values and Collective Decision-Making," in Laslett, Peter and W. G. Runciman, eds., *Philosophy, Politics and Society, third series*, Oxford: Blackwell, pp. 215-232.

――. 1967c, "The Place of Moral Obligation in Preference System," in Hook, Sidney, ed., *Human Values and Economic Policy*, New York: New York University Press, pp. 117-119.

――. 1970, "Political and Economic evaluation of social effects and externalities," in Julius Margolis ed., *The Analysis of Public Output: A Conference of the Universities-National Bureau Committee for Economic Research*, New York: National Bureau of Economic Research; Columbia University Press.

――. 1972, "Gifts and Exchanges," *Philosophy & Public Affairs*, Vol. 1, No. 4, pp. 343-

362.

——. 1974a, *The Limits of Organization*, New York: Norton（村山泰亮訳『組織の限界』岩波書店，1999年）.

——. 1974b, "A Case for Redistributing Income: Taxation and Democratic Values," *New Republic*, Vol. 171, No. 2, pp. 23-25.

——. 1974c, "General Economic Equilibrium: Purpose, Analytic Techniques, Collective Choice," *American Economic Review*, Vol. 64, No. 3, pp. 253-72.

——. 1974d, "Capitalism, for Better or Worse," in Silk, Leonald, ed., *Capitalism: The Moving Target*, New York: New York Times Book Co. Quadrangle, pp. 105-113.

——. 1982, "Risk Perception in Psychology and Economics," *Economic Inquiry*, Vol. 20, Issue 1, pp. 1-9.

——. 1983, *Collected Papers of Kenneth J. Arrow: Social Choice and Justice*, Cambridge, Mass.: Harvard University Press.

——. 1985, "Distributive Justice and Desirable Ends of Economic Activity," in Feiwel, George, ed., *Issues in Contemporary Macroeconomics and Distribution*, Albany: State University of New York Press, pp. 134-156.

——. 1994, "Individualism and Social Knowledge," *American Economic Review*, Vol. 84, No. 2, pp. 1-9.

——. 1997, "Invaluable Goods," *Journal of Economic Literature*, Vol. 35, Issue 2, pp. 757-765.

——. 1998a, "What Has Economics to Say about Racial Discrimination?," *Journal of Economic Perspectives*, Vol. 12, No. 2, pp. 91-100.

——. 1998b, "The External Cost of Voting Rules: A Note on Guttman, Buchanan, and Tullock," *European Journal of Political Economy*, Vol. 14, pp. 219-222.

——. 2006, "Freedom and Social Choice: Notes in the Margin," *Utilitas*, Vol. 18, Issue 01, pp. 52-60.

——. 2011, "Kenneth Arrow on Social Choice Theory," in Arrow, Kenneth J., Amartya K. Sen, and Kotaro Suzumura, eds., *Handbook of Social Choice and Welfare*, Vol. II, Amsterdam: Elsevier, pp. 3-27.

Bergson, Henri, 1963[1889], "Essai sur les données immédiates de la conscience," dans *Œuvres*, textes annotes par Andre Robinet, Paris: Presses Universitaires de France, pp. 1-157（合田正人・平井靖史訳『意識に直接与えられたものについての試論』筑摩書房，2002年）. 【*DI*】

——. 1963[1932], "Les deux sources de la morale et de la religion," dans *Œuvres*, textes annotes par Andre Robinet, Paris: Presses Universitaires de France, pp. 979-1247（平山高次訳『道徳と宗教の二源泉』岩波書店，1977年）. 【*DS*】

——. 1963[1934], "La pensée et le mouvant," dans *Œuvres*, textes annotes par Andre Robinet, Paris: Presses Universitaires de France, pp. 1249-1482（河野与一訳

『思想と動くもの』岩波書店，1998年）．【*PM*】

――．1999-2000, *Cours*, Paris: Presses Universitaires de France（合田正人ほか訳『ベルグソン講義録　2』法政大学出版局，2000年）．【*C2*】

アロー．2013．長名寛明訳「第二版の日本語訳への序文」『社会的選択と個人的評価』勁草書房．

二次文献

Arrow, Kenneth J., Debreu, Gérard, 1954, "Existence of an Equilibrium for a Competitive Economy," *Econometrica*, Vol. 22, No. 3, pp. 265–290.

Ackerman, Bruce, 1994, "Rooted Cosmopolitanism," *Ethics*, Vol. 104, No. 3, pp. 516-535.

――．2001, *We the People 1: Foundations*, Cambridge, Mass.: Harvard University Press.

Amadae, Sonia, 2003, *Rationalizing Capitalist Democracy: The Cold War Origins of Rational Choice Liberalism*, Chicago: University of Chicago Press.

Arrow, Kenneth J., Amartya K. Sen, and Kotaro Suzumura, eds., 2002, *Handbook of Social Choice and Welfare*, Vol. I, Amsterdam: Elsevier.

Arrow, Kenneth J., Amartya K. Sen, and Kotaro Suzumura, eds., 2011, *Handbook of Social Choice and Welfare*, Vol. II, Amsterdam: Elsevier.

Bentham, Jeremy, 1987, *Utilitarianism and Other Essays*, Harmondsworth, Middlesex, England: Peuguin Books（田制佐重訳『功利論：道徳並びに立法の諸原理への序論』春秋社，1928年）．

Bergson, Abram, 1938, "A Reformulation of Certain Aspects of Welfare Economics," *Quarterly Journal of Economics*, Vol. 52, pp. 310-334.

――．1954, "On the Concept of Social Welfare," *Quarterly Journal of Economics*, Vol. 68, pp. 233-252.

Bergson, Henri, 1915, *La signification de la guerre*, Paris: Bloud et Gay.

――．1931, *Durée et simultanéité; a propos de la theorie d'einstein*, Paris: Felix Alcan（花田圭介・加藤精司訳「持続と同時性」『ベルグソン全集　3』白水社，1965年）．

――．1963, *Œuvres*, textes annotes par Andre Robinet, Paris: Presses Universitaires de France（平井啓之ほか訳『ベルグソン全集』白水社，1965年）．

――．1963[1907], "L'Evolution créatrice," dans *Œuvres*, textes annotes par Andre Robinet, Paris: Presses Universitaires de France, pp. 487-809（松浪信三郎・高橋允昭訳「創造的進化」『ベルグソン全集　4』白水社，1965年）．【*EC*】

――．1972, *Mélanges*, texts publiés et annotés par André Robinet, Paris: Presses Universitaires de France.

――．1995, *Course III*, Paris: Presses Universitaires de France.

———. 1999-2000, *Cours*, Paris: Presses Universitaires de France（合田正人ほか訳『ベルグソン講義録　1』法政大学出版局，1999年）.

———. 1999-2000, *Cours*, Paris: Presses Universitaires de France（合田正人ほか訳『ベルグソン講義録　3』法政大学出版局，2000年）.

———. 1999-2000, *Cours*, Paris: Presses Universitaires de France（合田正人ほか訳『ベルグソン講義録　4』法政大学出版局，2001年）.

———. 2002, *Correspondances*, textes publiés et annotés par André Robinet, Paris: Presses Universitaires de France.

———. *Cours de morale á clermont*, manuscrits.

Black, Duncan, 1948, "On the Rationale of Group Decision Making," *Journal of Political Economy*, Vol. 56, pp. 23-34.

Blau, Julian, 1957, "The Existence of Social Welfare Functions," *Econometrica*, Vol. 25, No. 2, pp. 302-313.

———. 1975, "Liberal Values and Independence," *Review of Economic Studies*, Vol. 42, pp. 395-401.

Boulding, Kenneth, 1948, "Samuelson's Foundation: The Role of Mathematics in Economics," *The Journal of Political Economy*, Vol. 56, No. 3, pp. 187-199.

Brennan, Geoffrey and James Buchanan, 1985, *The Reason of Rules: Constitutional Political Economy*, Cambridge: Cambridge University Press（菊池威他訳『立憲的政治経済学の方法論：ルールの根拠』文真堂，1989年）.

Broome, John, 1978, "Choice and Value in Economics," *Oxford Economic Papers*, New Series, Vol. 30, No. 3, pp. 321-325.

———. 1991, *Weighing Goods: Equality, Uncertainty, and Time*, Cambridge, Mass: Basil Blackwell.

———. 1999, *Ethics out of Economics*, Cambridge: Cambridge University Press.

Buchanan, James, 1954, "Social Choice, Democracy, and Free Markets," *Journal of Political Economy*, Vol. 62, No. 2, pp. 114-123.

Buchanan, James and Gordon Tullock, 1962, *The Calculus of Consent: Logical Foundations of Constitutional Democracy*, University of Michigan Press（宇田川璋仁監訳，米原淳七郎・田中清和・黒川和美訳『公共選択の理論：合意の経済論理』東洋経済新報社，1979年）.

Cajori, Florian, 1915, "The History of Zeno's Arguments on Motion," *American Mathematical Monthly*, Vol. 22, No. 6, pp. 1-6, 39-47, 77-82, 109-15, 143-49, 179-86, 215-20, 253-58, 292-97.

Campbell, D. E. and J. S. Kelly, 2002, "Impossibility Theorem in the Arrovian Framework," in Arrow, Kenneth J., Amartya K. Sen, and Kotaro Suzumura, eds., *Handbook of Social Choice and Welfare*, Vol. I, Amsterdam: Elsevier, pp. 35-94（長久領壱訳「アロー型不可能性定理」鈴村興太郎・須賀晃一・中村慎助・廣川みどり監

訳『社会選択と厚生経済学ハンドブック』丸善株式会社).

Cantor, Georg, 1941, *Contributions to the Foundation of the Theory of Transfinite Numbers*, New York: Dover Publications.

Capek, Milic, 1971, *Bergson and Modern Physics: A Reinterpretation and Re-evaluation*, Dordrecht: Reidel.

Chang, Ruth, ed., 1997, *Commensurability, Incomparability and Practical Reason*, Cambridge, Mass.: Harvard University Press.

Coleman, Jules and John Ferejohn, 1986, "Democracy and Social Choice," *Ethics*, Vol. 97, No. 1, pp. 6-25.

Condorcet, Nicolas de, 1785, *Essai sur l'application de l'analyse à la probabilité des décisions rendues à la pluralité des voix*, Paris: Imprimerie royale.

D'Agostine, Fred, 2003, *Incommensurability and Commensuration: The Common Denomirator*, Burlington, VT: Ashgate.

Davis, Otto and Melvin Hinich, 1966, "A Mathematical Model of Policy Formation in a Democratic Society," in Bernd Southern, J. A., ed., *Mathematical Applications in Political Science*, Vol. 2, Dallas, Texas: Southern Methodist University Press, pp. 175-208.

Davis, Otto A., Melvin J. Hinich, and Peter C. Ordeshook, 1970, "An Expository Development of a Mathematical Model of the Electoral Process," *American Political Science Review*, Vol. 64, pp. 426-449.

Deleuze, Gilles, 1991, *Le bergsonisme*, Paris: Presse Universitaires de France(宇波彰訳『ベルクソンの哲学』法政大学出版局, 1974年).

Delong, Howard, 1991, *A Refutation of Arrow's Theorem*, Lanham, Md: University Press of America.

Descartes, René, 1967, *Discours de la méthode*, texte et commentaire par Étienne Gilson, Paris: Lib. philosophique J. Vrin (野田又夫編『世界の名著　22　デカルト』中央公論社, 1967年).

Dietrich, Franz and Philippe Mongin, 2010, "The Premiss-based Approach to Judgment Aggregation," *Journal of Economic Theory*, Vol. 145, Issue 2, pp. 562-582.

Dobb, Maurice, 1933, "Theory and the Problems of a Socialist Economy," *Economic Journal*, Vol. 43, No. 172, pp. 588-589.

Downs, Anthony, 1957, *An Economic Theory of Democracy*, New York: Harper(古田精司監訳『民主主義の経済理論』成文堂, 1980年).

Dryzek, John S. and Christian List, 2003, "Social Choice Theory and Deliberative Democracy: A Reconciliation," *British Journal of Political Science*, Vol. 33, No. 1, pp. 1-28.

Dworkin, Ronald, 1975, "Hard Case," *Harvard Law Review*, Vol. 88, pp. 1057-1119.

——. 1977, *Taking Rights Seriously*, Cambridge, Mass.: Harvard University Press（木

下毅・小林公・野坂泰司共訳『権利論』木鐸社，2003年）.

――. 2000, *Sovereign Virtue*, Cambridge, Mass.: Harvard University Press（小林公ほか訳『平等とは何か』木鐸社，2002年）.

――. 2011, *Justice for Hedgehogs*, Cambridge, Mass.: Harvard University Press.

Edgeworth, Francis Ysidro, 1881, *Mathematical Psychics: An Essay on the Application of Mathematics to the Moral Sciences*, London, C. K. Paul & Co.

Elster, Jon and Rune Slagstad, eds., 1988, *Constitutionalism and Democracy*, Cambridge: Cambridge University Press.

Estlund, David, ed., 2002, *Democracy*, Malden, Mass: Blackwell Publishers.

――. 2005, "Democracy," in Jackson, Frank and Michael Smith eds., *The Oxford Handbook of Contemporary Philosophy*, Oxford: Oxford University Press.

Farrell, M. J., 1976, "Liberalism in the Theory of Social Choice," *Review of Economic Studies*, Vol. 43, No. 1, pp. 3-10.

Feuerbach, Ludwig, 1941, *Das Wesen des Christenthums*, Leipzig: O. Wigand（船山信一訳『キリスト教の本質』岩波書店，1965年）.

Fishburn, Peter C., 1970, "Arrow's Impossibility Theorem: Concise Proof and Infinite Voters," *Journal of Economic Theory*, Vol. 2, pp. 103-106.

Gaertner, Wulf, 2002, "Domain Restrictions," in *Handbook of Social Choice and Welfare*, Vol. I, Amsterdam: Elsevier, pp. 131-170（蓼沼宏一訳「社会選択ルールの定義域の限定」鈴村興太郎ほか監訳『社会選択と厚生経済学ハンドブック』丸善株式会社，2006年）.

Gaertner, W., P. K. Pattanaik and K. Suzumura, 1992, "Individual Rights Revisited," *Economica*, Vol. 59, pp. 61-177.

Gauthier, David, 1986, *Morals by Agreement*, Oxford: Oxford University Press（小林公訳『合意による道徳』木鐸社，1999年）.

Georgescu-Regeon, Nicholas, 1954, "Choice, Expectations, and Measurability," *Quarterly Journal of Economics*, Vol. 68, Issue 4, pp. 503-534.

――. 1971, *The Entropy Law and The Economic Process*, Cambridge, Mass.: Harvard University Press（高橋正立ほか共訳『エントロピー法則と経済過程』みすず書房，1993年）. **【EE】**

――. 1987, "Ophelimity," in Eatwell, J., M. Milgate and P. Newman, eds., *The New Palgrave: A Dictionary of Economics*, Vol. 3, London: Macmillan.

Gibbard, Allan, 1974, "A Pareto-Consistent Libertarian Claim," *Journal of Economic Theory*, Vol. 7, pp. 388-410.

Goto, Reiko, 2016, "Arrow, Rawls, and Sen: The Transformation of Political Economics and the Idea of Liberalism," in Goto, Reiko and Paul Dumouchel, eds., *Social Bonds as Freedom: Revisiting the Dichotomy of the Universal and the Particular*, New York: Berghahn, pp. 259-284.

294 参考文献

Goto, Reiko and Kotaro Suzumura, 2001, "Constitutional Democracy and Public Judgements," Hitotsubashi University, Discussion Paper Series A, No. 416, pp. 1-26.

Guerlac, Suzanne, 2006, *Thinking in Time: An Introduction to Henri Bergson*, Ithaca: Cornell University Press.

Hamilton, Alexander, James Madison and John Jay, 1987[1898], *The Federalist: A Commentary on the Constitution of the United States*, Leicester, Paul, ed., New York: H. Holt and Company（斎藤真・武則忠見訳『ザ・フェデラリスト』福村出版，1991年）．

Hammond, Peter, 1976, "Equity, Arrow's Conditions, and Rawls' Difference Principle," *Econometrica*, Vol. 44, No. 4, pp. 793-804.

Harsanyi, John C., 1953, "Cardinal Utility in Welfare Economics and in the Theory of Risk-Taking," *Journal of Political Economy*, Vol. 61, pp. 434-435.

——. 1955, "Cardinal Welfare, Individualistic Ethics, and Interpersonal Comparisons of Utility," *Journal of Political Economy*, Vol. 63, No. 4, pp. 309-321.

——. 1975, "Can the Maximin Principle Serve as a Basis for Morality? A Critique of John Rawls's Theory," *American Political Science Review*, Vol. 69, No. 2, pp. 594-606.

Holmes, Stephan, 1995, *Passion & Constraint: On the Theory of Liberal Democracy*, Chicago: University of Chicago Press.

Hughes, Stuart, 1958, *Consciousness and Society: The Reorientation of European Social Thought, 1890-1930*, New York: Knopf（生松敬三・荒川幾男訳『意識と社会：ヨーロッパ社会思想1890－1930』みすず書房，1970年）．

Hurley, Susan, 1992, *Natural Reasons: Personality and Polity*, Oxford: Oxford University Press.

Irem, Nazım, 2011, "Bergson and Politics: Ottoman-Turkish Encounters with Innovation," *The European Legacy: Toward New Paradigms*, Vol. 16, Issue 7, pp. 873-882.

Jefferson, Thomas, 1958, "Letter from Thomas Jefferson to James Madison," in Boyd, Jurian, L. H. Butterfield, Charles T. Cullen, John Catanzariti, and Barbara Oberg, eds., *The Papers of Thomas Jefferson*, Princeton: Princeton University Press.

Jones, Christopher, 2002, "A Lost Tradition: Nishida Kitaro, Henri Bergson and Intuition in Political Philosophy," *Social Science Japan Journal*, Vol. 5, No. 1, pp. 55-70.

Kant, Immanuel, 1906, *Grundlegung zur Metaphysik der Sitten*, Leipzig: F. Meiner（宇都宮芳明訳・注解『道徳形而上学の基礎づけ』以文社，2004年）．

——. 1959, *Metaphysik der Sitten*, Leipzig: F. Meiner（吉沢伝三郎・尾田幸雄訳「人倫の形而上学」『カント全集　第11巻』理想社，1969年）．

Kasher, A. and A. Rubinstein, 1997, "On the Question 'Who is a j', a Social Choice Approach, *Logique Analyse*, Vol. 40, No. 160, pp. 385-395.

Kateb, George, 1992, *The Inner Ocean: Individualism and Democratic Culture*, Ithaca, N.Y.: Cornell University Press.

――. 2011, *Human Dignity*, Cambridge, Mass.: Harvard University Press.

Kelly, J. S. 1987, "An Interview with Kenneth J. Arrow," *Social Choice and Welfare*, Vol. 4, Issue 1, pp. 43-62.

Kirman, Alan and Dieter Sondermann, 1972, "Arrow's Theorem, Many Agents, and Invisible Dictators," *Journal of Economic Theory*, Vol. 5, pp. 267-277.

Knight, Frank Hyneman, 1935, "The Ethics of Competition," in Friedman, Milton ed., *The Ethics of Competition and Other Essays*, London: G. Allen & Unwin, pp. 41-75.

――. 1947, "Ethics and Economic Reform," in Knight, Frank Hyneman and Hubert Bonner eds., *Freedom and Reform: Essays in Economics and social Philosophy*, Harper and Bros, pp. 45-128.

Knight, Jack and James Johnson, 1994, "Aggregation and Deliberation: On the Possibility of Democratic Legitimacy," *Political Theory*, Vol. 22, No. 2, pp. 277-96.

Leibniz, Gottfried, 1956, *Philosophical Papers and Letters*, a selection translated and edited, with an introduction by Leroy E. Loemker, Chicago: University of Chicago Press.

Levinas, Emmanuel, 1971, *Totalité et infini: essai sur l'extériorité*, La Haye: M. Nijhoff（熊野純彦訳『全体性と無限　上・下』岩波書店，2005年）.

List, Christian, 2004, "A Model of Path-Dependence in Decisions over Multiple Propositions," *American Political Science Review*, Vol. 98, No. 3, pp. 495-513.

――. 2006, "The Discursive Dilemma and Public Reasons," *Ethics*, Vol. 116, No. 2, pp. 362-402.

――. 2011, "The Logical Space of Democracy," *Philosophy and Public Affairs*, Vol. 39, Issue 3, pp. 262-297.

Little, Ian, 1952, "Social Choice and Individual Values," *Journal of Political Economy*, Vol. 60, No. 5, pp. 422-432.

MacDonard, Paul, 2003, "Useful Fiction or Miracle Maker: The Competing Epistemological Foundations of Rational Choice Theory," *American Political Science Review*, Vol. 97, No. 4, pp. 551-565.

Mackay, Alfred, 1980, *Arrow's Theorem: The Paradox of Social Choice: A Case Study in the Philosophy of Economics*, New Haven: Yale University Press.

Mackie, Gerry, 2003, *Democracy Defended*, Cambridge: Cambridge University Press.

Maskin, Eric, 1995, "Majority Rule, Social Welfare Function, and Game Forms," in Basu, Kaushik, Prasanta K. Pattanaik, and Kotaro Suzumura, eds., *Choice, Welfare and Development, A Festschrift for Amartya K. Sen*, Oxford: Clarendon Press, pp. 100-109.

May, Kenneth, 1952, "A Set of Independent Necessary and Sufficient Conditions for Majority Decision," *Econometrica*, Vol. 20, pp. 680-684.

——. 1954, "Intransitivity, Utility, and the Aggregation of Preference Patterns," *Econometrica*, Vol. 22, No. 1, pp. 1-13.

Meyer, Michael J., 1987, "Kant's Concept of Dignity and Modern Political Thought," *History of European Ideas*, Vol. 8. No. 3, pp. 319-332.

Mill, John, 1833, "Remarks on Bentham's Philosophy," in Edward Lytton Bulwer, *England and the English*, II, Appendix B, London: Bentley.

——. 1878, *An Examination of Sir William Hamilton's Philosophy*, London: Longmans, Green, and Dyer.

——. 2003[1858], *On Liberty*, New Haven: Yale University Press（塩尻公明・木村健康訳『自由論』岩波書店，1971年）.

Miller, David, 1991, "Deliberative Democracy and Social Choice," *Special Issue of Political Studies*, Vol. 40, Issue Supplement s1, pp. 54-67.

Miller, Nicholas, 1983, "Pluralism and Social Choice," *American Political Science Review*, Vol. 77, No. 3, pp. 734-747.

Moore, Adrian, 1993, *Infinity*, Aldershot: Dartmouth（石村多門訳『無限：その哲学と数学』東京電機大学出版局，1996年）.

Moore, George Edward, 1903, *Principia Ethica*, Cambridge: Cambridge University Press（泉谷周三郎・寺中平治・星野勉訳『倫理学原理』三和書籍，2010年）.

Murakami, Yasusuke, 1968, *Logic and Social Choice*, London: Routledge & Kegan Paul PLC（鈴村興太郎訳「論理と社会選択」『村上泰亮著作集　1』中央公論社，1997年）.

Nozick, Robert, 1974, *Anarchy, State, and Utopia*, New York: Basic Books（嶋津格訳『アナーキー・国家・ユートピア：国家の正当性とその限界』木鐸社，1992年）.

Parfit, Derek, 1984, *Reasons and Persons*, Oxford: Clarendon Press（森村進訳『理由と人格：非人格性の倫理へ』勁草書房，1998年）.

Pareto, Vilfredo, 1927, *Manuel d'économie politique, deuxieme edition*, Paris: M. Giard.

Pascal, Blaise, 1976, *Pensées*, Paris: Mercure de France（伊吹武考ほか訳『パスカル全集』人文書院，1959年）.

Pateman, Carole, 1986, "Social Choice or Democracy? A Comment on Coleman and Ferejohn," *Ethics*, Vol. 97, No. 1, pp. 39-46.

Petit, Philip, 2001, "Deliberative Democracy and the Discursive Dilemma," *Philosophical Issue*, Vol. 11, Issue 1, pp. 268-299.

Pattnaik, Prasanta K., 2005, "Little and Bergson on Arrow's Concept of Social Welfare," *Social Choice and Welfare*, Vol. 25, pp. 369-379.

Pico della Mirandola, Giovanni, 1942, *De Hominis Dignitate: Heptaplus, De ente et uno*, Firenze: Vallecchi（大出哲ほか訳『人間の尊厳について』国文社，1985年）.

Pigou, Arthur, 1920/1978, *The Economics of Welfare*, New York: AMS Press（永田清監訳，気賀健三・千種義人・鈴木諒一・大熊一郎訳『厚生経済学　1』東洋経済新報社，1953年）.

Pildes, Richard and Elizabeth Anderson, 1990, "Slinging Arrows at Democracy: Social Choice Theory, Value Pluralism, and Democratic Politics," *Columbia Law Review*, Vol. 90, pp. 2121-2214.

Popper, Karl, 1960, *The Poverty of Historicism*, London: Routledge & K. Paul（久野収・市井三郎訳『歴史主義の貧困：社会科学の方法と実践』中央公論社，1961年）.

――. 1959/1961, *The Logic of Scientific Discovery*, New York: Basic Books（大内義一・森博訳『科学的発見の論理』恒星社厚生閣，1971年）.

Posner, Richard, 1997, "Are We One Self or Multiple Selves?: Implications for Law and Public Policy," *Legal Theory*, Vol. 3, pp. 23-35.

――. 1998, "Rational Choice, Behavioral Economics, and the Law," *Stanford Law Review*, Vol. 50, No. 5, pp. 1551-1575.

Putnam, Hilary, 2004, *Ethics without Ontology*, Cambridge, Mass.: Harvard University Press（関口浩喜・渡辺大地・岩沢宏和・入江さつき訳『存在論抜きの倫理』法政大学出版局，2007年）.

Radin, Margaret, 1996, *Contested Commodities*, Cambridge, Mass.: Harvard University Press.

Rawls, John, 1999[1971], *A Theory of Justice*, Cambridge, revised edition,Mass.: Harvard University Press（川本隆史・福間聡・神島裕子訳『正義論』紀伊國屋書店，2010年）.

――. 1974, "Some Reasons for the Maximin Criterion," *American Economic Review*, Vol. 64, No. 2, pp. 141-146.

――. 1996, *Political Liberalism*, New York: Columbia University Press.

――. 2001, *Justice as Fairness: A Restatement*, Kelly, Erin, ed., Cambridge, Mass.: Harvard University Press（エリン・ケリー編，田中成明・亀本洋・平井亮輔訳『公正としての正義：再説』岩波書店，2004年）.

Riker, William, 1982, *Liberalism against Populism: A Confrontation between the Theory of Democracy and the Theory of Social Choice*, San Francisco: W. H. Freeman（森脇俊雅訳『民主的決定の政治学：リベラリズムとポピュリズム』芦書房，1991年）.

Riker, William and Barry R. Weingast, 1988, "Constitutional Regulation of Legislative Choice: the political consequences of judicial deference to regislatures," *Virginia Law Review*, Vol. 74, No. 2, pp. 373-401.

Riker, William and Peter Ordeshook, 1973, *An Introduction to Positive Political Theory*, Englewood Cliffs, N.J.: Prentice Hall.

Riley, Jonathan, 1988, *Liberal Utilitarianism: Social Choice Theory and J. S. Mill's Philosophy*, Cambridge: Cambridge University Press.

Robbins, Lionel, 1932/1935, *An Essay on the Nature and Significance of Economic Science*, London: Macmillan（辻六兵衛訳『経済学の本質と意義』東洋経済新報社，1957年）.

――. 1981, "Economics and Political Economy," *American Economic Review*, Vol. 71, No. 2, pp. 1-10.

Rousseau, Jean-Jacques, 1903[1762], *Du contrat social*, Paris: Société, Nouvelle（桑原武夫・前川貞次郎訳『社会契約論』岩波書店，1954年）.

――. 1948, *Les rêveries du promeneur solitaire*, Lille: Librairie Giard（青柳瑞穂訳『孤独な散歩者の夢想』新潮社，1969年）.

Rubenfeld, Jed, 2001, *Freedom and Time: A Theory of Constitutional Self-Government*, New Haven, Conn: Yale University Press.

Runciman, W. G., and Amartya K. Sen, 1965, "Games, Justice and the General Will," *Mind*, Vol. LXXIV, Issue 296, pp. 554-562.

Russell, Bertrand, 1969, *Our Knowledge of the External World: as a Field for Scientific Method in Philosophy*, London: Allen & Unwin.

Samet, Dov, and David Schmeidler, 2003, "Between Liberalism and Democracy," *Journal of Economic Theory*, Vol. 110, Issue 2, pp. 213-233.

Samuelson, Paul, 1948, "Consumption Theory in Terms of Revealed Preference," *Economica*, New Series, Vol. 15, No. 60, pp. 243-253.

――. 1966-86, *The Collected Scientific Papers of Paul A. Samuelson, 5 volumes*, Cambridge, Mass.: MIT Press.

――. 1967, "Arrow's Mathematical Politics," in Hook, Sidney, ed., *Human Values and Economic Policy*, New York: New York University Press, pp. 41-51.

――. 1983, *Foundations of Economic Analysis*, Cambridge, Mass.: Harvard University Press（佐藤隆三訳『経済分析の基礎』勁草書房，1986年）.

Sartre, Jean-Paul, 1943, *L'etre et le néant: essai d'ontologie phenomenologique*, Paris: Gallimard（松浪信三郎訳「存在と無：現象学的存在論の試み」『サルトル全集20』人文書院，1960年）.

Sen, Amartya K., 1970a, "The Impossibility of Paretian Liberal," *Journal of Political Economy*, Vol. 78, No. 1, pp. 152-157.

――. 1970b, *Collective Choice and Social Welfare*, San Francisco: Holden-Day（志田基与師監訳『集合的選択と社会的厚生』勁草書房，2000年）.

――. 1976, "Liberty, Unanimity and Rights," *Economica*, Vol. 43, pp. 217-245.

――. 1982, *Choice, Welfare and Measurement*, Oxford: Blackwell（大庭健他訳『合理的な愚か者：経済学＝倫理学的探求』勁草書房，1989年）.

――. 1985a, "Well-being, Agency and Freedom," *The Journal of Philosophy*, Vol. 82, No. 4, pp. 169-201.

――. 1985b, Commodities and Capabilities, New York: Elsevier Science Publishing

Company（鈴村興太郎訳『福祉の経済学：財と潜在能力』岩波書店，1988年）．

——. 1986, "Social Choice Theory," in Arrow, Kenneth J., and Michael Intrilligator, eds., *Handbook of Mathematical Economics*, Vol. III, Amsterdam: North-Holland, pp. 1073-1181.

——. 1995, "Rationality and Social Choice," *American Economic Review*, Vol. 85, pp. 1-24.

——. 1997, "Maximization and the Act of Choice," *Econometrica*, Vol. 65, No. 4, pp. 745-779.

——. 1999, *Reason before Identity*, Oxford: Oxford University Press（細見和志訳『アイデンティティに先行する理性』関西学院大学出版会，2003年）．

——. 2002, *Rationality and Freedom*, Cambridge, Mass.: Harvard University Press.（若松良樹・須賀晃一・後藤玲子訳『合理性と自由　上・下』勁草書房，2014年）

——. 2009, *The Idea of Justice*, Cambridge, Mass.: Harvard University Press（池本幸生訳『正義のアイデア』明石書店，2011年）．

Sen, Amartya K., and Bernard Williams, eds., 1982, *Utilitarianism and beyond*, Cambridge: Cambridge University Press.

Skinner, Burrhus Frederic, 1971, *Beyond Freedom and Dignity*, New York: Knopf（山形浩生訳『自由と尊厳を超えて』春風社，2013年）．

Sorel, Georges, 1919, *Réflexions sur la violence*, Paris: M. Riviere et cie（木下半治訳『暴力論　（上）（下）』岩波書店，1965－66年）．

Soulez, Philippe, 1989, *Bergson politique*, Paris: Presses Universitaires de France.

——. 2002, *Bergson: biographie*, Paris: Presses Universitaires de France.

Steele, Richard, 2004, "Understanding Economic Man: Psychology, Rationality and Values," *American Journal of Economics and Sociology*, Vol. 63, No. 5, pp. 1021-1030.

Suzumura, Kotaro, 1976, "Remarks on the Theory of Collective Choice," *Economica*, Vol. 43, No. 172, pp. 381-390.

——. 1978, "On the Consistency of Libertarian Claims," *Review of Economic Studies*, Vol. 45, No. 2, pp. 329-342.

——. 1983, *Rational Choice, Collective Decisions, and Social Welfare*, New York: Cambridge University Press.

——. 2010, "Welfarism, Individual Rights, and Procedural Fairness," in Arrow, Kenneth J., Amartya K. Sen, and Kotaro Suzumura, eds., 2011, *Handbook of Social Choice and Welfare*, Vol. II, Amsterdam: Elsevier, pp. 605-685.

Suzumura, Kotaro and Naoki Yoshihara, 2008, "On Initial Conferment of Individual Rights," Working Paper, Institute of Economic Research, Hitotsubashi University.

Tarski, Alfred, 1941, *Introduction to Logic and to the Methodology of Deductive Sciences*, New York: Oxford University Press.

Tuck, Richard, 2008, *Free Riding*, Cambridge, Mass.: Harvard University Press.

Urquhart, Robert, 2005, *Ordinary Choices: Individuals, Incommensurability, and Democracy*, New York: Routledge.

Van de Haag, Ernest, 1967, "Normative and Analytical Welfare Economics: Arrow's Pareto Principle," in Hook, Sidney, ed., *Human Values and Economic Policy*, New York: New York University Press.

Vernon, Richard, 2003, "Bergson's Two Sources Revisited: The Moral Possibility of Nationalism," *Contemporary Political Theory*, Vol. 2, Issue 3, pp. 271-288.

Watkins, John, 1973, *Hobbes's System of Ideas: A Study in the Political Significance of Philosophical Theories*, London: Hutchinson（田中浩ほか訳『ホッブズ：その思想体系』未来社，1988年）.

Whitehead, Alfred, 1933, *Adventures of Ideas*, Cambridge: The Free Press（山本誠作・菱木政晴共訳「観念の冒険」『ホワイトヘッド著作集　12』松籟社，1982年）.

Wilson, Robert, 1972, "Social Choice without the Pareto Principle," *Journal of Economic Theory*, Vol. 10, pp. 89-99.

Wittgenstein, Ludwig, 1984, *Tractatus Logico-philosophicus: Tagebucher 1914-1916: Philosophische Untersuchungen*, Frankfurt am Main: Suhrkamp（奥雅博訳「論理哲学論考」『ウィトゲンシュタイン全集　1』大修館書店，1975年）.

Worms, Frederic, 2004, *Bergson, ou, les deux sens de la vie: étude inédite*, Paris: Presses Universitaires de France.

Young, H. Peyton, 1988, "Condorcet's Theory of Voting," *American Political Science Review*, Vol. 82, No. 4, pp. 1231-1244.

アリストテレス，1968，出隆・岩崎允胤訳『アリストテレス全集2　自然学』岩波書店．【*Phys*】

飯島昇藏，2001，『社会契約』東京大学出版会．

市川浩，1983，『ベルグソン』講談社．

井上彰，2011，「ドゥオーキンは平等主義者か？」宇佐美誠・濱真一郎編『ドゥオーキン：法哲学と政治哲学』勁草書房，pp. 189－205.

井上達夫，2003，『普遍の再生』岩波書店．

宇佐美誠，1992，「パンドラの箱：社会的選択理論の政治哲学的含意」『リヴァイアサン』臨時増刊号，pp. 141－166.

宇佐美誠，2000，『決定』東京大学出版．

加藤晋，2013，「民主主義と社会的選択理論」『社会科学研究』東京大学，pp. 135－165.

菊谷和宏，2006，「トクヴィルとベルクソン：近代民主主義の人間的／超越的基礎」『日仏社会学会年報』第16号，pp. 89－112.

菊谷和宏，2011，『「社会」の誕生：トクヴィル，デュルケーム，ベルクソンの社

会思想』講談社.

久米博・中田光男・安孫子信編, 2006, 『ベルクソン読本』法政大学出版局.

小泉良幸, 2011, 「政治的責務と憲法：《法の共和国》の試みとして」, 宇佐美・濱編著『ドゥオーキン：法哲学と政治哲学』勁草書房.

河野勝, 2006, 「政治経済学とは何か」, 河野勝・清野一治編著『制度と秩序の政治経済学』東洋経済新報社.

河野勝・清野一治編著, 2006, 『制度と秩序の政治経済学』東洋経済新報社.

後藤玲子, 2002, 『正義の経済哲学：ロールズとセン』東洋経済新報社.

阪口正二郎, 2001, 『立憲主義と民主主義』日本評論社.

坂田徳男・澤瀉久敬共編, 1961, 『ベルグソン研究』勁草書房.

佐々木毅・金泰昌編, 2001, 『公共哲学』東京大学出版会.

佐藤透, 1999, 『時間体験の哲学』行路社.

佐藤光, 1994, 『ポラニーとベルグソン：世紀末の社会哲学』ミネルヴァ書房.

澤瀉久敬, 1955, 『科学入門：ベルクソンの立場に立って』角川書店.

澤瀉久敬, 1987, 『アンリ・ベルクソン』中央公論社.

塩野谷祐一, 1984, 『価値理念の構造：効用対権利』東洋経済新報社.

清水和巳, 2005, 「効用概念の解体と再生に向けて」『早稲田政治経済学雑誌』361号, pp. 13 – 23.

清水誠, 1999, 『ベルクソンの霊魂論』創文社.

下村寅太郎, 1979, 『無限論の形成と構造』みすず書房.

下村寅太郎, 2003, 野家啓一解説『精神史としての科学史』投影舎.

シュヴァリエ, 1997, 仲沢紀雄訳『ベルクソンとの対話』みすず書房.

ジョージェスク＝レーゲン, 佐藤光訳, 1990, 「効用と価値：経済思想における」『西洋思想大事典』平凡社, pp. 165 – 173.

須賀晃一・若田部昌澄・薮下史郎編著, 2006, 『再分配とデモクラシーの政治経済学』東洋経済新報社.

須賀晃一・齋藤純一編, 2011, 『政治経済学の規範理論』勁草書房.

須田伸一, 2007, 「パレートと積分可能性問題」『三田学会雑誌』Vol. 99, No. 4, pp. 637 – 655.

杉山直樹, 2006, 『ベルクソン：聴診する経験論』創文社.

鈴村興太郎, 2001, 「社会的選択の観点からみた【公】【私】問題」佐々木毅・金泰昌編『公共哲学〈6〉経済からみた公私問題』東京大学出版会, pp. 39 – 79.

鈴村興太郎, 2009, 『厚生経済学の基礎』岩波書店.

鈴村興太郎, 2012, 『社会選択の理論・序説』東洋経済新報社.

鈴村興太郎・後藤玲子, 2002, 『アマルティア・セン：経済学と倫理学』実教出版.

盛山和夫, 2006, 『リベラリズムとは何か：ロールズと正義の論理』勁草書房.

セルティランジュ, 1976, 三嶋唯義訳『アンリ・ベルクソンとともに：持続論・

科学論・宗教論』行路社.

田中愛治監修, 河野勝編, 2013, 『新しい政治経済学の胎動：社会科学の知の再編へ』勁草書房.

田中一之・鈴木登志雄, 2003, 『数学のロジックと集合論』培風館.

谷口洋志, 1981, 「Bergson-Samuelson 型社会厚生関数について」『経済学研究年報』第20巻, pp. 74－97.

都留重人, 2006, 『市場には心がない：成長なくて改革をこそ』岩波書店.

ドゥルーズ, 2000, 平井啓之訳『差異について』青土社.

中村弓子, 2009, 『心身の合一：ベルクソン哲学からキリスト教へ』東信堂.

野崎昭弘, 2006, 『不完全性定理：数学的体系のあゆみ』筑摩書房.

ハート, 1987, 小林公・森村進訳『権利・功利・自由』木鐸社.

ハーバーマス, ラッツィンガー, 2007, 三島憲一訳『ポスト世俗化時代の哲学と宗教』岩波書店.

長谷部恭男, 1997, 「司法審査と民主主義の正当性」『法律時報』第69巻6号, pp. 49－55.

廣瀬健・横田一正, 1985, 『ゲーデルの世界：完全性定理と不完全性定理』海鳴社.

深田三徳, 1999, 『現代人権論：人権の普遍性と不可譲性』弘文堂.

ホームズ, 2008, 河野勝訳「憲法は考える？」藪下監・川岸編著『立憲主義の政治経済学』東洋経済新報社.

松坂和夫, 1968, 『集合・位相入門』岩波書店.

松葉祥一, 1994, 「戦争・文明・哲学」『現代思想　臨時増刊号：ベルクソン特集』vol. 22, No. 11, 青土社, pp. 284－297.

マルクス, 1974, 城塚登訳『ユダヤ人問題によせて・ヘーゲル法哲学批判序説』岩波書店.

村田全, 1998, 『数学と哲学との間』玉川大学出版部.

守健二・玉手慎太郎, 2011, 「政治経済学の復権：A. センにおける経済学と倫理学」柴田信也編著『政治経済学の再生』創風社, pp. 175－209.

谷澤正嗣, 1995, 「カント――理性の支配と人間の自由」『西洋政治思想史　1』新評論, pp. 428－444.

谷澤正嗣, 2002, 「現代リベラリズムにおける立憲主義とデモクラシー」飯島昇蔵・川岸令和編『憲法と政治思想の対話』新評論, pp. 294－355.

山本光雄訳編, 1958, 『初期ギリシア哲学者断片集』岩波書店.

ヨンパルト, 1983, 金沢文雄訳『法と道徳：リーガル・エシックス入門』成文堂.

レヴィナス, 2010, フィリップ・ネモ述, 西山雄二訳『倫理と無限：フィリップ・ネモとの対話』筑摩書房.

若松良樹, 2003, 『センの正義論：効用と権利の間で』勁草書房.

渡辺中, 1984, 「憲法的保障としての人間の尊厳――シュターク論文の翻訳――」

比較法制研究，第7号，pp. 85 - 112.
渡辺幹雄，2000，『ロールズ正義論の行方：その全体系の批判的考察』春秋社.

雑誌文献
『現代思想　特集号：リベラリズムとは何か』vol. 22，No. 5，青土社，1994.
『現代思想　臨時増刊号：ベルクソン特集』vol. 22，No. 11，青土社，1994.

おわりに

　本書は，2013年2月に早稲田大学にて受理された博士学位申請論文「リベラル・デモクラシー論における全員一致の仮定の考察：ケネス・アロー『社会的選択と個人的評価』における時間性と意志決定」を修正，加筆したものです。

　各章のうちのいくつかは，部分的に既に学会誌などで公表していますが，内容に即して大幅に書き換えてあります。第一章以外は明確には対応していませんが，それぞれの章の初出一覧は下記の通りです。

第一章　「道徳的ルールとしてのアローの社会的選好順序」『経済学史研究』経済学史学会，57巻2号，2016年，68-88頁。

第二章　"A Reply for the Criticism against Liberal Constitutionalism in the work of Arrow's *Social Choice and Individual Values*," *The Waseda Journal of Political Science and Economics*, No. 378-379, 2010, pp. 139-153.

第三章　「リベラル・デモクラシー論における『アローの一般可能性定理』の批判的含意」『年報政治学』日本政治学会，2012年（Ⅱ），349-370頁。

第四章　「ベルクソン『開かれた社会』における社会契約論：立憲主義と民主主義の対立問題における『人民』の概念の分析をつうじて」『政治哲学』政治哲学研究会，2014年，1-17頁（第一節から第三節）。および「推論的ジレンマと司法審査の正当性」『年報政治学』日本政治学会，2014年（Ⅱ），211-231頁。

第五章　「アンリ・ベルクソンにおける自由な行為の政治哲学的意義について」『武蔵野大学　政治経済学研究所年報』武蔵野大学政治経済学研究所，

第1号，2009年，135-155頁。

第七章　「ベルクソン『開かれた社会』における社会契約論：立憲主義と民主主義の対立問題における『人民』の概念の分析をつうじて」『政治哲学』政治哲学研究会，2014年，17-29頁（第四節）。および「ベルクソン道徳論における人格の尊厳：スミスとの比較をつうじて」『日仏社会学年報』日仏社会学会，第26号，2015年，119-138頁。

　本書を執筆するにあたり，たくさんの方々のご援助を受けました。すべての方の名前を挙げることはできませんが，ここに記して感謝と御礼を申し上げます。

　まず，指導教授であった谷澤正嗣先生には，本書の構想段階から細かくご指導を賜りました。特に，現代正義論およびリベラリズムに関する幅広くかつ精密な知識と見解を教えていただきました。大学院生の時は自分のことで精いっぱいで気づきませんでしたが，私がやりたいことをやるという自己中心的な研究スタイルを維持できたのは，谷澤先生が院生のそのようなスタイルを許し，それを支えてくださる利他的な方だったからだと今ではわかります。

　次に，飯島昇蔵先生には，修士課程から博士課程二学年まで指導教授としてご指導を受けました。特に，政治哲学のテキストの精密な読解および解釈の方法について深く学ぶことができました。飯島先生から学んだ知識よりも深い考察が大事であるという研究スタンスは，私が哲学に携わる研究者として最も大事なことを教えていただいたと思っております。

　須賀晃一先生には，本学政治経済学部経済学科在籍中に，公共経済学および社会的選択理論について最初に教えていただいて，大学院に進むことを勧めてくださってから，長年にわたりご指導をいただきました。政治哲学に関する須賀先生の造詣により，社会的選択理論に関する筆者の知識が乏しくとも，議論をつうじて論文の方向性を示していただくことができました。

　鈴村興太郎先生には，講義や個別指導のみならず，様々な側面で励まして下さいました。ご指導を引き受けてくださったことを大変深く感謝しております。拙い本書ではありますが，もし鈴村先生の励ましがなく，また講義にも参加していなければ，本書の完成は不可能であったに違いありま

せん。何よりも鈴村先生が気にかけてくださることが励みになり，研究を続けていくことができました。

齋藤純一先生には修士課程在学時から長年にわたり，政治哲学について幅広く深いご指導をいただきました。後藤玲子先生には，研究会に誘ってくださるなど様々な点でご配慮いただき，また理論とその実践的な意義についてご指導をいただきました。杉山直樹先生には，ベルクソン哲学の深いご見解を教わるだけでなく，社会科学の観点からテキスト解釈を進めることにご理解をいただき，励みになりました。加藤晋先生には，構想について助言をいただいただけでなく，社会的選択理論，特にアローの定理に関して様々な側面で教えていただきました。近藤和貴先生には，常日頃から政治哲学および形而上学について教えていただいただけでなく，序章を読んでコメントを下さり，それを改善することができました。

折にふれてご指導をいただきました，井上彰先生，宇佐美誠先生，川岸令和先生，佐藤正志先生，西沢保先生，吉原直毅先生，若松良樹先生，安達剛氏，玉手慎太郎氏，横田義史氏にも感謝をいたします。

早稲田大学大学院政治学研究科政治思想領域における先輩，同僚，後輩たちにも感謝いたします。自由で有意義な議論を何時間でもしていた頃をとても懐かしく思い出します。特に千野貴裕氏，上原賢司氏，金慧氏，田中将人氏，田畑真一氏の五名とは修士課程から，互いに叱咤激励をしながら研究を進めてきました。

また，早稲田大学 COE-GLOPE プロジェクトおよび，当プロジェクトを通じて知遇を得た先生方および同僚たちに感謝いたします。本書は政治哲学および厚生経済学から派生した社会的選択理論にかかわるテーマを扱っており，政治学と経済学の融合を目指す当プロジェクトにご支援をいただきました。特に河野勝先生と清水和巳先生には，研究会や講義においてご指導をいただきました。在学中は当プロジェクトにあまり貢献することはできませんでしたが，本書が少しでも貢献になれば幸いです。個人的には，当プロジェクトに携わった思い出とともに本書を推敲いたしました。

一橋大学規範経済学研究所センターの研究会においても，様々な友人を得ることができ，たくさんのご支援をいただきました。特に栗林寛幸先生，坂井豊貴先生，坂本徳仁先生にはいつもご指導ならびに有意義な議論をしていただいたことに大変感謝いたします。小峯敦先生，下平裕之先生，古

谷豊先生をはじめとした経済思想研究会の皆さまにも，仙台における自由で有意義な研究拠点を作ってくださることに，感謝を申し上げます。

木鐸社の坂口節子さんには，出版を引き受けてくださっただけでなく，原稿を細かく校正していただきました。遅筆のゆえに大変ご迷惑をおかけして，申し訳ありませんでした。早稲田大学大学院生の石野啓太氏には参考文献の整理を手伝っていただきました。よい研究環境を整えてくれた勤務校の東北学院大学と，いつも温かく接してくださる同僚の先生方にも感謝を申し上げます。なお本書を出版するに当たり，早稲田大学政治経済学術院現代政治経済研究所から若手研究者のための出版助成を受けました。

ただし，本書に残された間違いはすべて筆者に属することを，蛇足ながら付け加えます。本書にはさまざまな不足点があると考えられますが，それらはひとえに，素晴らしい研究環境や指導者，また同僚たちに囲まれながら筆者が力不足であったことが原因です。

最後に，これまで育ててくれた両親をはじめ，支えてくれた家族と友人たち，そして読みやすいとは言えないこの本を手に取ってくださった方々に感謝いたします。

2016年10月

斉藤　尚

308   abstract

Social Agreement and Time:
The Philosophical Implication of Arrow's Theorem

Nao SAITO

The aim of this book is to clarify the implication of Arrow's theorem on the theory of democracy and to protect liberal democracy against Arrow's theorem. We first interpret Arrow's theorem as one attempt at scientific proof of the existence of a social decision process but also the existence of a moral rule on which democratic society is based. Then, we show the existence of a moral rule and societal agreement with this rule, that is, a social contract that can be protected against Arrow's theorem. Additionally, we discuss the validity of Arrow's methodology and whether the scientific theory can elucidate the moral problem.

Thus, this book addresses the following question directly: Can we overcome Arrow's theorem, which can be interpreted as the impossibility of the existence of moral rule? Indirectly, the question addressed can be interpreted by the following enquiries: What is the moral rule on which democratic society is based? Will people unanimously agree to such a rule in a social contract as liberal Democrats have argued? If the answer is yes, then, can we prove the existence of such a social contract? Methodologically, by what method can we do so? Additionally, can we elucidate the moral problem using Arrow's method? If the answer is no, then what is the alternative method or methodology?

The first section of this book clarifies the identified questions and the book's contribution to previous studies. In Chapter 1, we interpret Arrow's theorem as the proof of the impossibility of the existence of an agreement to a moral rule, including a social contract. We analyze Arrow's belief that his method meets the requirements of the scientific method, that is, observability and consistency. Next, we clarify Arrow's thought, populism, and ethical relativism. We argue the provisional character of his idea of agreement. Then, we compare Arrow's idea of agreement with the social contract. We conclude that Arrow's idea of agreement lacks the long-term duration of a social contract (Chapter 2).

The second section of the book clarifies the argument between liberal Democrats and Populists such as Arrow and show the contribution of this book. We note two problems in previous studies with respect to the protection of liberal democracy. First, liberal Democrats consider that the principle of right is prior to the Pareto principle, but Arrow considers the opposite to be the case. However, liberal Democrats do not consider the relationship between the grounding of both principles. On the contrary, we clarify that the grounding of the Pareto principle is the maximization of social good and the inviolability of individual preferences. Also, we clarify that the grounding of the principle of right is the inviolability of moral personality. Then, we argue the relationship between the two principles in Chapter 3.

Second, populism is critical in its assertion that constitutionalism, which is one characteristic of liberal democracy, is anti-democratic. Previous studies have defended constitutionalism against such criticism but face a dilemma. One tendency of previous studies, rights fundamentalism, is to consider fundamental right as self-evidence, and the other tendency, constitutionalism such as Holmes, Ackerman and Rubenfeld, cannot guarantee that people select it as a constitutional right. On the contrary, we overcome this dilemma and assume the social contract (Chapter 4).

The second half of the book shows the conception of social contrast. Chapters 5 and 6 question the relationship between individual preference and personality. We conclude that individual personality is prior to individual preference both actually and normally because the former is the subject of the latter. Additionally, the assumption of rationality cannot express an individual's whole personality. We prove this conclusion using the philosophical and mathematical methods.

In the fourth section, we show the conception of the social contract to which individual moral personality agrees. We argue that the social contract can be protected from Arrow's theorem because it cannot connote the framework of Arrow's theorem.

First, we show the moral character of individual personality that overcomes Arrow's ethical relativism. Then, we argue that the social contract represents an agreement with the idea of the respect of moral personality, and we gain a common collective identity by agreeing to this social contract (Chapter 7). Finally, we insist that such a social contract is different from Arrow's idea of social agreement, and that its existence is the tacit assumption of the framework of Arrow's theorem. However, we insist that the principle of right, which is agreed by the people in the social contract, should constrain the Pareto principle in Arrow's idea of social agreement. We criticize Arrow's methodology by showing the moral meaning of something unobservable and irrational such as moral personality and the collective identity (Chapter 8).

In conclusion, we show one conception of a moral rule and social contract that can be protected against Arrow's theorem. The social contract represents an agreement with the idea of the respect of moral personality, and we share the collective identity through this agreement. The agreement is significant because it represents the fundamental rights and the long-term duration of a democratic society.

索引

あ

愛　221-223, 231, 239-240
アッカマン，ブレース（Ackerman, Bruce）
　30, 118, 123, 130-134, 138, 140, 238, 260,
　118n, 133n
アリストテレス（Aristotle）　170-173, 170n,
　181n, 200n
生きている永遠　218, 219
イデア界　218, 219
今　170, 173, 253
ウィトゲンシュタイン，ルートヴィヒ
　（Wittgenstein, Ludwig）　50, 177
運動　163, 170-173, 184, 203, 241, 203n
永遠性　34, 217-223, 228, 233, 234, 240, 243,
　245, 254, 256, 258, 225n, 263n

か

科学的客観性　18, 25, 31, 56, 58, 67, 76, 77,
　80, 87, 113, 114, 142, 187, 190, 192, 193,
　204-207, 210, 212, 213, 245, 254, 266, 268,
　55n, 65n, 152n, 207n
価値相対主義　28, 67, 68, 70, 74, 77, 80, 85,
　154, 156, 186, 247, 250, 69n
観察可能性　35, 87, 187, 188, 190-195, 202,
　204, 213, 222, 259, 263n, 212n
カント，イマヌエル（Kant, Immanuel）　11,
　57, 81, 215, 9n, 153n, 263n
カント主義　9, 19
帰結主義　31, 47, 124, 153, 179, 189, 246,
　39n, 142n, 161n
基数主義　38, 56, 160, 162, 166, 167n
ギバード，アラン（Gibbard, Allan）　282,
　283, 99n
規約主義　152, 165, 166, 185, 200, 204
旧厚生経済学　38, 41, 160, 165
ゲーム形式の権利論　123-125, 285, 147n
決定的道徳　211, 214
現在主義　134, 153, 156, 157, 159, 253, 136n
現在世代　117-121, 127, 130, 135, 136, 233,

136n
顕示選好　59, 192, 193, 246, 56n, 81n
憲法原理　9, 10, 26, 103, 121, 122, 132, 146,
　210, 232, 236, 237, 259, 260, 9n, 126n, 226n
権利基底主義　30, 118, 119, 121, 125, 128,
　132, 146, 129n, 147n
厚生経済学の基本定理　59, 60, 66, 111, 60n
厚生主義　14, 96, 108, 110, 112, 110n
功利主義　69-71, 106, 151-154, 156, 185, 229,
　230, 244, 245, 249, 256, 114, 142, 156, 167
呼応　220-223, 225, 235, 239, 250, 250, 255,
　256, 222n
個人厚生　11, 13, 14, 40, 46, 48, 91, 108, 150,
　229, 250, 48n
個性　111, 151, 234, 260, 111n, 178n
固有性　243, 167n

さ

サミュエルソン，ポール（Samuelson, Paul）
　38, 42, 48, 273, 11n, 55n
暫定協定　28, 34, 36, 64, 68, 74, 81, 84, 85,
　87, 120, 137, 143, 144, 211, 251, 254, 257,
　264, 265, 64n
自我の深層部分　176, 219, 220, 249, 256
自我の表層部分　220, 238, 255, 258
社会厚生関数　11, 13, 15, 34, 36, 39, 40, 42,
　44, 47, 48, 72, 91, 120, 193, 262, 264, 273-
　275, 277, 278, 280, 39n, 91n
社会善　21, 46, 58-61, 70, 71, 76, 84, 238,
　245, 249, 267, 60n, 70n
宗教　215, 216, 271, 229n
自由権　14, 15, 76, 87, 118, 124, 126, 282,
　111n, 226n, 260n
集団的アイデンティティ　18, 33, 34, 36, 89,
　117, 137, 138, 143, 210, 211, 227, 232-237,
　242, 243, 253, 256-258, 260-264, 258n
自由な行為　32, 34, 151, 152, 158, 159, 179-
　181, 184, 185, 202, 208, 221, 234, 253, 257,
　258, 152n, 182n, 186n, 234n, 237n
ジョージェスク＝レーゲン，ニコラス

（Georgescu-Regeon, Nicholas）　32, 145, 187, 196-204, 208, 212, 16n, 150n, 212n

消費者主権　59, 69, 72, 73, 106, 110, 111, 245, 69n

序数主義　56, 160, 162, 166

新厚生経済学　11, 27, 38, 39, 41-43, 46, 50, 52, 58, 105, 160, 161, 39n, 52n, 55n, 56n, 161n

死んだ永遠　219

人類愛　221, 239, 240

数的連続性　32, 197, 200, 202, 203, 206, 208

政治経済学　23, 267, 269, 270, 272, 20n, 270n

ゼノンのパラドックス　32, 149, 152, 166, 169-171, 173, 184, 199, 200, 203, 217, 241, 170n, 199n

全員一致　10, 11, 13, 15, 17, 28, 57, 58, 72, 74, 77, 99, 102, 140, 209, 235, 246, 252, 261, 266, 277, 279, 282, 20n

操作可能　40, 46, 150, 216, 248, 250, 55n, 92n

創造　51, 151, 152, 179-181, 185, 215, 221, 250, 257, 260, 262, 146n, 203n, 238n, 260n, 262n

相対的正義　78, 80, 241

た

多数決原理　10, 26, 104, 105, 120, 122, 126, 128, 138, 228, 45n, 94n, 104n, 189n, 228n

超越性　215-217, 271

直観的連続性　32, 33, 150, 186, 187, 196-199, 201-203, 205, 206, 208, 213, 214, 217-219, 224, 240, 242, 263, 150n, 242n

デカルト，ルネ（Descartes, René）　211, 197n, 211n, 212n

デカルト主義　211, 212

手続き主義　47

ドゥオーキン，ロナルド（Dworkin, Ronald）　31, 130, 133-138, 141, 144, 146, 151, 156, 157, 175-177, 210, 232, 233, 253, 261, 137n, 236n

同時性　117, 119, 141, 145, 145, 148, 151, 159, 166, 171, 173, 182, 184, 203, 259n

閉じた社会　229, 230, 232, 234, 238, 239, 241, 243

閉じた道徳　229, 238-241, 243, 229n, 237n, 244n

ドップ，モーリス（Dobb, Maurice）　58, 59

な

ナイト，フランク（Knight, Frank）　73

二元的政治　30, 131

ノージック，ロバート（Nozick, Robert）　100-102, 104, 105, 115, 118, 123, 124, 128, 101n, 104n, 123n

は

バーグソン，エイブラム（Bergson, Abram）　11, 27, 38-42, 46-49, 58, 61, 64, 120, 193, 195, 267, 273, 39n, 42n, 48n

ハーバーマス，ユルゲン（Habermas, Jürgen）　82

パスカル，ブレーズ（Pascal, Blaise）　224, 225n

反多数決主義　117, 122, 123

非厚生主義　96, 107, 112, 110n

表明される選好　57, 58, 191, 246, 104n

開かれた社会　229-231, 233, 235, 236, 238, 239, 241

開かれた道徳　230, 231, 234, 235, 238-243, 250, 229n, 231n, 237n, 244n

ブラウ，ジュリアン（Blau, Julian）　98, 275, 281

プラトン（Plato）　69, 70, 218, 249

ホームズ，ステファン（Holmes, Stephan）　30, 118, 123, 125-130, 132, 133, 138, 260, 118n, 127n, 128n, 129n, 139n, 146n

方法論的諸規則　50, 52-54, 60, 212n

ポパー，カール（Popper, Karl）　27, 40, 41, 49-54, 60, 65, 52n, 212n

ポピュリズム　14, 24, 28, 66-68, 73, 75, 76, 84, 85, 93-95, 120, 121

ま

マルクス，カール（Marx, Karl）　216, 269, 216n

ミル，ジョン・スチュアート（Mill, John S.）　110, 151-156, 158, 159, 179, 180, 185, 186, 111n, 154n, 155n, 159n

ら

ラーナー，アバ（Lerner, Abba）　58, 59

ライカー，ウイリアム（Riker, William） 14, 15, 90, 91, 93-95, 100, 101, 104, 125, 194, 195, 76n, 92n, 94n, 101n, 195n

理想主義 9-11, 13, 21, 23, 57, 61, 67, 68, 74-77, 79, 81, 83, 85, 87, 89, 102, 115, 146, 228, 231, 20n, 268n

立憲主義とデモクラシーの対立問題（対立問題） 29, 117-119, 121-123, 130, 132, 133, 135, 139, 146, 148, 128n, 141n, 229n

リトル，イアン（Little, Ian） 27, 40, 41, 46, 48, 49, 61, 64, 156, 157, 60n, 76n

リベラリズム 14, 29, 76, 90, 94, 95, 101, 102, 105, 107, 110, 111, 113, 114, 117, 119, 122, 141, 267, 268, 270, 20n, 69n, 76n

リベラル・パラドックス 14, 29, 90, 92, 95-103, 105, 106, 108, 110, 113, 114, 118, 123, 25, 188, 280, 281, 284, 96n, 99n

ルーベンフェルド，ジェド（Rubenfeld, Jed） 30, 119, 123, 133-146, 148, 152, 157, 227, 235-238, 260, 118n, 134n, 136n, 139n, 146n, 147n, 236n

論理実証主義 50, 52

ロビンズ，ライオネル（Robbins, Lionel） 38, 41, 42, 52, 160, 52n

斉藤　尚（さいとう　なお）
東北学院大学経済学部共生社会経済学科　准教授
早稲田大学大学院政治学研究科博士後期課程修了　博士（政治学）
代表著作
「推論的ジレンマと司法審査の正当性」『年報政治学』（2014）
「道徳的ルールとしてのアローの社会的選好順序」『経済学史研究』（2016）
ほか

社会的合意と時間：「アローの定理」の哲学的含意

2017年3月31日　第1刷発行　ⓒ

著者との 了解により 検印省略	著　者	斉　藤　　　　尚
	発行者	坂　口　節　子
	発行所	有限 会社　木　鐸　社

〒112-0002　東京都文京区小石川 5 -11-15-302
電話（03）3814-4195　郵便振替　00100-5-126746番
ファクス（03）3814-4196　http://www.bokutakusha.com/

印刷　㈱アテネ社／製本　髙地製本所

乱丁・落丁本はお取替致します

ISBN978-4-8332-2493-2　　C 3036

平等とは何か
Ronald Dworkin, Sovereign Virtue, 2000
R. ドゥウォーキン著　小林公・大江洋・高橋秀治・高橋文彦訳
A5判・620頁・6500円（2015年5刷）ISBN978-4-8332-2327-0 C3012
　　1981～99年に発表した一連の論文で，一般的な平等理論とその具体的適用を体系的に展開。「平等な尊重と配慮」をもって人々を扱うことは「分配的正義」の文脈上，人々の「何を」平等にするかの問題であるとする。「資源の平等論」が他の諸理論の批判的考察から導かれる。2部は福祉プログラム，選挙資金問題などを考察する。

権利論 （増補版）
R. Dworkin, Taking Rights Seriously, 1977
R. ドゥウォーキン著　木下　毅・小林　公・野坂泰司訳
A5判・400頁・4000円（2013年10刷）ISBN978-4-8332-2326-3 C3032
Ⅰ・Ⅱルールのモデル　Ⅲ難解な事案　Ⅳ憲法上の事案　Ⅴ正義と権利　Ⅵ権利の尊重　Ⅶ市民的不服従　Ⅷ逆差別　エピローグ
　　正義，市民的不服従，人種差別などを論じながら，功利主義に対し「平等な尊重と配慮」を受ける自然権の優位を主張する。現代法哲学の代表的名著の邦訳。序文・序章をつけ加えて増補。

権利論 Ⅱ
R. Dworkin, Taking Rights Seriously, 1977
R. ドゥウォーキン著　小林　公訳 （立教大学名誉教授）
A5判・246頁・2500円（2012年2刷）ISBN978-4-8332-2299-0 C3032
　　先に訳出刊行した『権利論』の続編に当る。原書で訳出されなかった9～13章と付録の全体を訳出（9.自由とモラリズム　10.自由とリベラリズム　11.どのような権利を我々は有しているか　12.権利には異論の余地がありうるか　附.批判者への返答）。法実証主義への批判と権利のテーゼを擁護した社会哲学的詳説。

自由の法
■米国憲法の道徳的解釈
R. Dworkin, Freedom's Law, 1996
R. ドゥウォーキン著　石山文彦訳 （中央大学法学部）
A5判・522頁・〔品切〕（2003年2刷）ISBN978-4-8332-2280-8
　　著者の体系的法理論に含まれる純一性の理念を擁護するという主張を，米国社会の様々な現実問題に適用し，国論を二分している個人の基本権をめぐる憲法上の具体的事例と関連付けて論じる。

社会哲学・法思想

公正としての正義

J・ロールズ著　田中成明編訳（京都大学名誉教授）
46判・352頁・2500円（2013年16刷）ISBN978-4-8332-0064-6 C3022
1 公正としての正義　2 憲法上の自由と正義の概念　3 分配における正義　4 補遺　5 市民的不服従の正当化　6 正義感覚　7 倫理上の決定手続の概要　8 二つのルール概念　編訳者解説
　社会契約説の構造的特徴を分析哲学的手法やゲーム理論等を用いて現代的に再構成することで，功利主義に取って代る実質的な社会正義の原理を体系的に展開して注目を集めたロールズの正義論。

アナーキー・国家・ユートピア

Robert Nozick, Anarchy, State, and Utopia, 1974
ロバート・ノージック著　嶋津　格訳
46判・608頁・5500円（2014年12刷）ISBN978-4-8332-2170-2 C3031
■国家の正当性とその限界
　政治哲学を，思想史やメタ理論としてではなく，一つの知的営為として行うことが，現代においてもできるのか。政治・権利・正義等の価値的問題について，理論・認識・理性・哲学は何をなしうるのか。ハーバードの同僚ロールズとの議論は噛み合って生産的。

公共政策の基礎

Little, I. M. D., Ethics, Economics & Politics, 2002
I. M. D. リトル著　松本保美訳（早稲田大学大学院経済学研究科）
A5判・230頁・2800円（2004年）ISBN978-4-8332-2358-4 C3012
　「価値判断基準は社会により時代によって異なり普遍的な価値基準は存在しない」と考える著者は，理論の世界を常に現実世界の実態に照らして論じる。社会科学における実証的分野と規範的分野の関係に新しい可能性を示す。本書は，とりわけ社会の各方面で意思決定に関わる人々，学生に有益である。

裁判の正義

Ronald Dworkin, Justice in Robes, 2006

R. ドゥウォーキン著　宇佐美誠訳

A5判・380頁・4500円（2009年）ISBN978-4-8332-2416-1 C3032

　序論で，全体的理論枠組のなかに論敵たちを位置づけ，その上で，近年のポズナーらの法的プラグマティズムを批判的吟味の俎上に載せる。続いて，バーリンの価値多元主義とスカリアの原意主義を検討。そして，ハートらが唱える相異なった形態の実証主義的法理論が，最後に，ロールズの理論が，法哲学的観点から考察される。

法哲学

小林　公著

A5判・472頁・6000円（2009年）ISBN978-4-8332-2418-5 C3032

　本書の主たる狙いは，法哲学の主要テーマについて，実定法学の諸分野の基本的問題のなかに，哲学に固有の観点からみて，どれほど興味深い重要な内容が含まれているかを明らかにすることにある。実定法学と直接的に関係しない純粋に政治哲学的，倫理学的な問題は表だって議論されてはいないが，欧米における最新の動向まで周到に視野に収めて概説している。

権利・功利・自由

H. L. A. Hart, From Essays

H. L. A. ハート著　小林　公・森村　進訳

46判・304頁・3500円（OD版2008年）ISBN978-4-8332-9007-4 C3012

　1自然権は存在するか　2功利主義と自然権　3自然権　4法的権利　5法的権能　6効用と権利の間　7ロールズの自由と優先性他

　法を正当化する根拠は，功利主義に拠るべきか自然法論に求めるべきかという議論は近年ホットな論争を展開してきた。ハートのルール功利主義理論は，この分野において最も中心的論点を提示してきた。

自生的秩序

嶋津　格著

46判・328頁・3500円（OD版2008年）ISBN978-4-8332-9009-8 C3010

■ハイエクの法理論とその基礎

1序論　2人間―物理的世界における心の位置　3社会科学―人間の理性と社会　4法―二つの秩序と二つの法　5立法と政治　6結論

　経済学から出発したハイエクの知的活動は，社会と法の哲学へと集約する。その哲学は現代の「常識」の底にある前提を覆す力をもつ。本書はその法理論と哲学的基礎に光をあてる。

規範と法命題

井上達夫著

A5判・300頁・予価3000円

　規範概念は法学・法的思考にとって主要且つ不可欠の概念であるが，その理解は混乱・対立している。本書は規範と法命題に焦点をあわせ，第一部で多様な規範的ディスコースを解明し，第二部で在る法の性問題及び法学の基礎づけと関連させて法命題を考察する。

自由の構造

Randy E. Barnett, The Structure of Liberty, 1998

R. バーネット著　嶋津　格・森村　進監訳

A5判・448頁・5500円（2000年）ISBN978-4-8332-2296-9

■正義・法の支配

　古典的自由主義の主張を，法学の領域で雄弁に展開する著者の非妥協的な正義と法の支配についての捉え方は，分配的正義観や応報的正義観・共同体主義等とも根本的に衝突する。しかし，今日，この議論は真剣に考慮する価値と必要に迫られている。

合意による道徳

David Gauthier, Morals by Agreement, 1986

D. ゴティエ著　小林　公訳

A5判・456頁・5000円（1999年）ISBN978-4-8332-2281-5

　市場至上主義に立つ経済行為が必ずしも十分ではない所以を，ゲーム理論と合理的選択理論を駆使して説明し，契約と合意による道徳の優位を立証して学界に議論を呼び起こした名著。
1. 理論の概観　2. 選択：理性と価値　3. 戦略：理性と均衡
4. 市場：道徳からの自由　5. 協力：バーゲンと正義　6〜11。

議論の論理　■民主主義と議論

足立幸男著

46判・292頁・2800円（OD版2008年）ISBN978-4-8332-9006-7 C3030

序＝現代社会における議論の意義　第一部＝議論の論理と構造（1 古典的「議論」論　2議論と論争の一般理論　3ソフィストリー）第二部＝議論の実際（4 生命権はいつ始まるか）　参考文献

　議論による合意形成の意義とそのノウハウについて，綿密な分析と考察を行ったもの。もっぱら根回しと妥協に頼ろうとする「日本型民主主義」「日本的政策決定」の陥穽に気づかせてくれる今日的課題の書。